BITTA JAGJA

TÚLÉLJÜK MONGÓLIÁT

novum pro

www.novumpublishing.hu

© 2024 novum publishing

ISBN 978-3-99146-571-3
Lektor: Sósné Karácsonyi Mária
Borítóképek és fotók: Bitta Jagja
Borító, tördelés & nyomda:
novum publishing

A szerző által a kiadó rendelkezésére
bocsátott képek a legjobb minőségben
kerültek nyomtatásra.

www.novumpublishing.hu

Nyomtatva az Európai Unióban
környezetbarát, klór- és savmentes,
fehérített papírra.

Print product with financial
climate contribution
ClimatePartner.com/16547-2311-1001

Tartalomjegyzék

ELŐZMÉNYEK

2007 nyarán, Kapolcson betévedtünk egy jurta teaházba. Béke volt benn, illatos füstölők, szép kis csészékben zamatos teával kínálták a betérő látogatókat. Este nagy erejű szertartáson vettünk részt. Másnap délelőtt is visszamentünk, beszélgettünk, jó volt ott. Mondták, Mongóliában még sokan laknak jurtában. De jó lenne elmenni oda!

2008 tavasz. Tam ... tam ... tam ... tam ... tam ... Középen megszólal a dob. Révülő lelkem átlépi a bodzás kút káváját, a csúszós, mohás téglákon óvatosan ereszkedem a mélybe. Bár tudom, testem a tisztáson biztonságban fekszik, mégsem szeretnék váratlanul lecsúszni a kút sáros, hideg vizébe.

Mindig van bennem egy kis félsz, hogy egyszer eltűnik a jól ismert járat, s hiába tapogatom körbe a falat, nem jutok át az alsó világba. Végre itt az alagút! Megtalálom a hűvös nyílást, közvetlenül a vízfelszín fölött. Sötét, de száraz, biztonságos. Előbb lehajolva, majd ahogy tágul, felegyenesedve, egyre gyorsabb léptekkel haladok rajta, már nyílik a barlang, és igen! Itt van a csengő-bongó erdő! Népmesékből ismertem már, de hogy valóban létezik, azóta tudom, amióta magam is láttam az ezüst törzsű fákat, a drágakőgyümölcsöket, hallottam, hogyan koccannak egymáshoz a smaragd levelek. Gondolatban köszöntöm azt a táltost, aki talán sok ezer évvel ezelőtt itt járt, s élményét népmesében örökítette meg.

Továbbhaladva kijutok a barlang másik nyílásán a selyemfű rétre. Itt már nincs sötét, ragyog a világ, a fűszálak lágyan hajlanak a lábam alatt, majd újra felegyenesednek, nyom nem marad mögöttem, s árnyékot sem vetek.

Hívok segítő állatot, de most sem jön semmi. Soha nem jön semmi. Mozognak élőlények a réten és az erdőben, de hozzám egyik sem tartozik. Átszalad rajtam egy kis keserűség. Révülő

7

társaim mindegyike talált már segítő állatot, csak én nem. Nem tudom, miért van így, de elfogadom. Kérdésemet belekiáltom a szélbe:

– Eljutok-e, eljutunk-e a fiaimmal Mongóliába?

Ez az a kérdés, ami foglalkoztat. Nem tudom, mikor érlelődött meg bennem a vágy. Talán még gyerekkoromban, mikor Molnár Gábor mongóliai útikönyvét olvastam, talán egyetemista koromban, mikor a már vak, öreg író kísérője, felolvasója lettem. Mutatta a pókháló vékonyságúra kopott halványkék selyemkendőt, amit egy lámától kapott, a mongol démonok vicsorgó képét, a fényképeket a végeláthatatlan dűnékről. Most, hogy a kapolcsi jurtában jártam, ismét előjöttek a régi álmok. Soma fiam épp így érzi, hogy mennünk kell, de a *mikor* és a *hogyan* még rejtély. Mostani révülésem célja, hogy megtudjuk, készülődjünk-e, megkapjuk-e az engedélyt a túloldalról az útra?

Hangos szavamra szinte azonnal jön is a válasz, meglepő módon egy kérdéssel:

–Lóbőr tarisznyád van?

Hoppá, lóbőr tarisznya? Hát, az nincs. Pedig érzem, hogy ez feltétel, nélküle nem indulhatunk útnak. Kicsit szégyenkezve bevallom: Nem, nincs lóbőr tarisznyám.

–Akkor tessék, itt van. – Megjelenik egy kéz a levegőben, gyönyörű, csillogó vörös szőrű tarisznyát tart, lehajtóján hoszszú, fekete lófarok-díszítéssel. Elveszem, vállamra akasztom. Már van lóbőr tarisznyám, indulhatok. Megjelenik előttem egy térkép, és a kéz felemel belőle egy félhold alakú formát: „Ezt a részt nektek adom!"

A kéz eltűnik, de a tarisznya nálam marad. A távolban jurták fehérlenek. Már tudom, megyek Mongóliába.

2008 júliusában megépítjük a saját jurtánkat.

Augusztusban részt veszünk az I. Magyarországi Kurultajon.

Elkezdek faragással foglalkozni, fafaragó körbe járok.

Decemberben összebarátkozom egy debreceni bőrművessel.

Saját jurtával hagyományőrző bemutatókat tartunk művelődési házakban, falunapokon, találkozókon.

Fafaragó kiállításokon veszek részt, megtanulok bőrt metszeni, domborítani, medált, tarsolyt készíteni.

Betévedünk Magyar Gábor tanyájára, akinél mongolokkal találkozunk. Összebarátkozunk velük, címet, telefonszámot cserélünk. Minden egy irányba mutat.

Oroszul, mongolul tanulok.

Sikerül vörös színű lóbőrt találnom. 2010 tavaszán elkészül a tarisznyám, éppen olyan, amilyet révülésem alatt kaptam.

Részt veszünk a Mongol-Magyar Baráti Társaság újévköszöntő ünnepén. Segítenek tanácsokkal, tankönyvvel, jegyzettel. Szervezett utakat ajánlanak, de ahhoz nincs elég pénzünk. Nem tudjuk, mit tegyünk.

Soma moszkvai hagymakupolás templommal álmodik. Ezek szerint vonattal megyünk. A repülőre egyrészt kevés a pénzünk, másrészt érezni szeretnénk a távolságot Magyarország és Mongólia között, látni azt a tájat, amelyet őseink lovának lába taposott annakidején.

Jó barátunk, Toya, Budapesten lakó mongol lány segít szervezni az utat. Kell:
- meghívólevél
- orosz vízum
- mongol vízum
- vonatjegy Pesttől Moszkváig, Moszkvától Ulánbátorig, majd visszafelé Ulánbátortól Moszkváig és onnan vissza Pestig.

Csak ketten megyünk Somával, a lányom nem vágyik, a kisebbik fiamhoz pedig az apja ragaszkodik.

Problémák: A mongol meghívólevél nem lehet egy hónapnál régebbi, így csak ennyi időnk van a többi szervezésre. Orosz vízumot csak akkor kapunk, ha a mongol már megvan, és bemutatjuk az oda-vissza vonatjegyeket, vonatjegyet viszont nem érdemes venni addig, amíg meg nem tudjuk, mikorra kapunk vízumot, hiszen attól függ az indulás időpontja. Ráadásul a transzszibériai vasút csak hetenként háromszor megy, ahhoz kell igazítani a Budapest–Moszkva közötti utat is. Ki kell számolni, mennyi idő jut Moszkvában az átszállásra, figyelembe véve az időeltolódást. Kiderül: a transzszibériai vasútra jegyet csak egy utazási iroda árul Pesten, azért érte kell menni, de ezt a jegyet sem adják a kezünkbe, Moszkvában kell átvenni, az ottani jegyirodán. Visszafelé pedig egyáltalán nem lehet jegyet rendelni, ahhoz csak Ulánbátorban tudunk majd hozzájutni. Végül sikerül teljesen belezavarodnunk, már csak imádkozni tudok, hogy ne vesszen kárba valami bonyodalom miatt a sok pénz és idő, amit már belefektettünk. Ja persze, közben pénzt is váltunk. Természetesen mongol tugrukhoz nem lehet Magyarországon hozzájutni, így rubelt és dollárt veszünk.

Mikor már úgy néz ki, hogy minden készen, és elmegyünk az orosz nagykövetségre a vízumért – eddig szóba sem álltak velünk – közlik, szó sem lehet az engedélyről, nincs biztosításunk! Gondoltam én erre, kötöttem is nemzetközit, de az Oroszországra nem jó ám! Hétfőn már indulnánk, megvettük a jegyet, helyjegyeket, ez az előtte való csütörtök déli fél tizenkettő, a nagykövetség egy óráig fogad, pénteken egyáltalán nem. Rohanunk a biztosítóhoz, előttünk hosszú sor, számot húzunk, várunk, mindenki ideges, szó sem lehet róla, hogy előreengedjenek. Háromnegyed egykor visszarohanunk a nagykövetségre, könyörgünk magyarul, oroszul, azt mondják, jó, jöhetünk kettőig, egy perccel sem később.

Biztosító, újra. Végre sorra kerülünk, egy barátságos hölgy közli, Oroszország és Mongólia extrém útnak minősül, hat hétre a biztosítás százezres nagyságrendű összeg. Elkeseredünk, annyi pénzt tudtunk összeszedni, amennyi épp az oda-visszaútra elég, meg minimális tartalékot. Ha a biztosításra ennyit kell fizetnünk, egyszerűen nem tudunk elmenni, hiábavaló volt az egész készülődés, a rengeteg terv, utánajárás. A hölgy kedves, megértő, mikor látja kétségbeesésünket, halkan megsúgja, a barátnője egy másik biztosítónál dolgozik, ott fuvarozó cégekkel kötnek szerződést, menjünk hozzá, ő odaszól telefonon, akkor azonnal fogadnak bennünket. Újabb rohanás, megtaláljuk a másik irodát, megkötjük a szerződést, nem hat hétre, hanem három évre szól, és csak harmincezer forint kettőnknek. Újra a nagykövetség, lihegve, egymás szavába vágva beszélünk, kézzel-lábbal, oroszul-magyarul, szpaszíba-szpaszíba-szpaszíba – és megvan az orosz átutazó vízum tíz napra.

Péntek, szombat, vasárnap a pakolásé. Azt tanácsolták, maximum 15 kilós csomagokat vigyünk, azzal könnyű mozogni. 15 kilóba hogyan rakjunk be hat hétre való holmit? Sátor, hálózsákok, takarók, ruha hidegre és hőségre, cipők, esőkabát ... Ezek még könnyűek (?), de ott van a sok apróság – könyv, térkép, szótárak, füzet, íróeszköz, tájoló, telefonok, fényképezőgép, elemlámpák, töltők, rengeteg ajándék, hét napi vonatútra szánt ennivaló, főzőedény, ivócsanak, kések, evőeszközök, pálinka, gyógyszerek, tisztálkodási cikkek stb.stb.stb. –, még felsorolni is sok, nemhogy belegyömöszölni két hátizsákba. Összeszedjük,

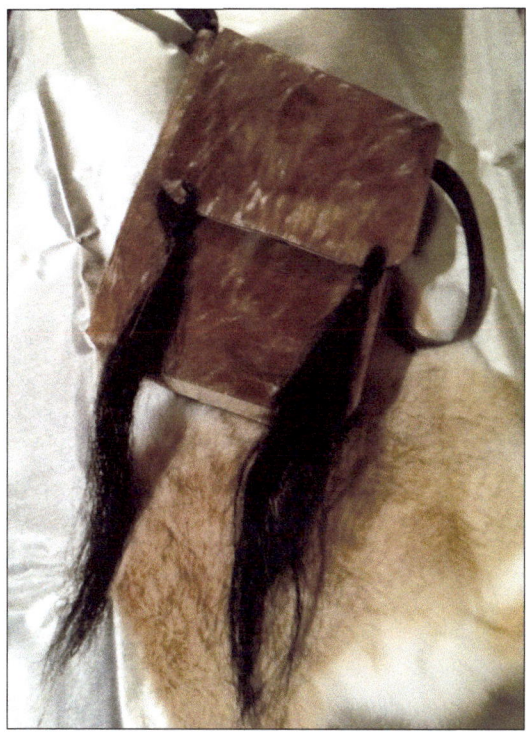

Vörös lóbőr tarisznyám

amit kell, aztán selejtezünk, végül marad két 25–30 kilós há-
tizsák, a lóbőr tarisznyám és egy szatyor néhány napi enniva-
lóval, ami talán kitart Moszkváig.

Gondot jelent, mi legyen az a tartós élelmiszer, amit a transz-
szibériai vasúton ehetnénk. A levesporok drágák, és azokba kell
valami sűrítőanyag is, több napon keresztül nem lehet rajtuk
megélni. Végül egy sós és egy édes müzli keverék mellett dön-
tünk, az egyiket ételízesítővel, a másikat csak forró vízzel, eset-
leg kakaóporral, cukorral áztatnánk. Valójában ugyanaz a kettő,
csak az édesben van kókuszreszelék, mazsola, aszalt gyümölcs is.
Két-két kilót pakolok belőle, emellett van egy kis keserű csoki,
kávépor, magvak. Szóval nem sok hat hétre, de reméljük, Mon-
góliában valaki vendégül lát minket.

INDULÁS

2010. 07. 05, hétfő

Este nyolckor, indulás előtt egy bő órával már kinn vagyunk a debreceni állomáson. Azt reméljük, a Tisza expressz a kiírt idő előtt megérkezik Pestről, de hiába várjuk. Az információnál még azt sem tudják megmondani, hányadik vágányra érkezik, pedig az nekünk nem mindegy, hiszen a súlyos, esetlen csomagokkal nem tudunk az aluljáró lépcsőjén gyorsan mozogni. Az én hátizsákom alá a férjem szerelt kerekeket, de billeg jobbra-balra, a hátamon pedig nem bírom. Lepakolunk a váróban, figyeljük a táblát, semmi. Bárkit kérdezünk, csak a vállát vonogatja. Az utolsó negyedórában a párom összeroppan, elviselhetetlen számára a tudat, hogy a felesége és nagyobbik fia beláthatatlan messzeségbe utazik, s neki esélye sincs, hogy segítsen rajtunk, ha valami baj történik. Egy váratlan pillanatban kirohan, mintha az autóhoz menne vissza valamiért, de mikor a másik fiút utána küldöm, beüzen, őt ez nem érdekli, menjünk el, ahogy tudunk. Szörnyű idegállapotban lehet szegény, de most nem tudok vele törődni. Levonszoljuk a táskákat az aluljáróba, ott várjuk, mikor mondják be a vonatot.

Végre kiderül, a 11. vágányra érkezik, rohanni kell, csak két percig áll az állomáson. A szerelvény végéhez szaladok a gyerekekkel, ott vannak a hálókocsik. Somával felpattanunk, Kristóf felnyújtja a két hatalmas hátizsákot, már indulunk is. A kalauz türelmetlenkedik mellettünk: adjuk a jegyeket, de azonnal! Nagyon csúnyán kiabál, hála istennek oroszul, nem értjük. Nem tudtuk, hogy a jegyeket rögtön felszállásnál oda kell adni, a táska legmélyén vannak, biztos helyen. Most elő kell kotorni, de közben a hátizsákokat is beljebb cibálni, hogy az ajtót becsukhassuk. A kalauz menne tovább, hely nincs, a kerekes táska elszalad, a másik felborul. Mire előkerül a jegy és a fülkéinket is megtaláljuk, Nyíregyházán vagyunk. A családnak nem tudtunk integetni, csak gondolatban köszönök el tőlük újra.

Elhelyezkedünk a háromágyas fülkékben. Én két szép fekete szemű csecsen kisfiúval, Soma egy szerb férfival utazik. Az egyik gyerek alszik alul, a kalauz ébreszti, felzavarja a felső ágyra. Megkapjuk az ágyneműt, kirakjuk a legszükségesebb holmikat, bámészkodunk az ablakban, nézzük, hol járhatunk. Nem ismerjük fel a tájat, nagyon gyorsan megyünk, mire beazonosítanánk egy-egy állomást, a helység utolsó házai is eltűnnek.

A magyar–ukrán határon sokáig várakozunk, a szerelvényt másik sínre pakolják. A kocsikat utasokkal együtt úgy megemelik, hogy a munkások feje fölé kerül. Sokáig tart, elunjuk, éjfél után lefekszünk. A sok izgalomtól szinte azonnal álomba zuhanok. Váratlanul kiabálás a folyosón, lábdobogás, az ajtó kivágódik, gyullad a villany, passzport, passzport! Adjam az útlevelet, de azonnal! Előkotrom a nyakamban lógó kis tasakból, kikapják a kezemből, elrohannak vele. Nézünk egymásra Somával: a jegyet sem kaptuk vissza, most elvették az útlevelünket is, azt sem tudjuk, kik és miért. Mi lesz most velünk? Az egyik fülkében a határőr magyarul kiabál: „Fogtam hat hontalant!" A másik: „Én meg hármat!" A vagonban huszonhét hontalan, semmilyen állampolgárságú, többségükben gyerek. Csecsenföldről menekültek, ottani állampolgárságuk már nincs, és semmilyen más állam nem fogadta be őket. Hálókocsikban utaznak egyik országból a másikba, sehová nem tartoznak, semmilyen iratuk nincs, csak egy papírjuk arról, hogy hontalanok. A határőrök bevilágítanak a tetőtérbe, a kocsi alá, a gyerekeket felrázzák, ellenőrzik, ugyanaz-e, akinek a képe az igazolványban van. Nagyhangúak, betöltik a folyosót, az utasok arcán félelem. Mi is rémültek vagyunk, ijesztő a fény, az erős hang, az egyenruhák, fegyverek, nem látunk otthon ilyesmit.

Elmennek, próbálok újra elaludni. Kár kísérletezni, hajnali háromkor megint jön egy kalauz, felráz, visszaadja az útlevelem.

Úton

2010. 07. 06, kedd

Az éjszaka hátralévő részében már nem tudok aludni, szokatlan az ágy, rövid, keskeny, rázkódik, a fejem alatt a tarisznyám, tarsolyom. Szorongatom őket, sem a csecsen, sem a szerb útitársakban nem bízom. Most, fél hatkor (ez még magyar idő) állok az ablaknál, csodálom a valószínűtlenül szépséges tájat. A rét fölött hajnali ködpárák úsznak, a síntől néhány lépésnyire patak csobog, a hegyek hol egyik, hol másik oldalon emelkednek. Sík vidékhez szokott szemem issza a látványt.

Hatalmas viadukt, rozsdás vas, csattog, érezhetően beleng, amíg végighaladunk rajta, alattunk kurjongatva terelik át a sovány, csíkos hátú teheneket. Ösvények. Betonutat a nap végéig nem látunk. Borzalmas, leromlott, élettelen üzemek, gyárak, mellette négyemeletes, lakatlan beton lakótelep. Tőlük 5–6 km-re szép kis falu, megmunkált parcellák, karóra futtatott bab, napraforgóval elválasztott telkecskék, benne krumpli, kukorica, cukorrépa, tök. Monokultúra sehol. Az élet megtalálja a neki megfelelő körülményeket, csak idő kérdése. Húsz-harminc kilométernyire ismét város nyomai, leromlott négyemeletes épületeket látok, az ablakok betörve, a lépcsőházak ajtó nélkül sötétlenek. Láthatóan lakatlanok. Tövükben kis faházacskák, az elgazosodott parkokban tyúkok kapirgálnak, bácsika zsákba füvet szed, odébb egy mama az udvaron dézsában mos.

Soma közben felébred, együtt nézzük a tájat. Ő jól elbeszélget angolul az útitársával. Éhesek vagyunk, van még egy kis hazai kenyér, sajt. Tábla csokit bontok, megkínálom a rémült szemű csecsen gyerekeket. Félénken vesznek el egy-egy pici kockát. Megjelenik az árus, de csak chipset, üdítőket árul, drágán –nem kérünk. A vonat minden harmadik, negyedik megállóban kissé hosszabb ideig tartózkodik, itt le lehet szállni, vásárolni, de semmi kedvünkre valót nem kapunk. Egy néni házi húsos derelyét kínál, de azt sem veszünk. Ajaj, baj lesz az evéssel!

Határátlépés természetesen újra éjjel, 2-kor. A hontalan csecsenek leszálltak Kijevben, a vámosok talán ezért nyugodtabbak.

Moszkvai „átkelés"

Éjjel kettőkor ébreszt a vámos, kitöltenivaló adatlapot hoz. Soma tud angolul, a szerb útitársunk is segít a kitöltésben, valahogy elboldogulunk vele. Lefeküdni, elaludni már nem akarunk, várunk. A határőrök másfél óra múlva jönnek, elviszik az adatlapot és az útlevelet. Félóra múlva visszaadják. Közben szépen virrad, a két óra eltolódás miatt hajnali négykor már süt a nap. Pakolunk, térképeket keresgélünk, gyors reggeli – és már meg is érkezünk Moszkvába. A kalauz –zömök, csupa izom, középkorú férfi, akit egész úton csak ordítani hallottunk, most ránk mosolyog, és kezét nyújtva lesegít a lépcsőn.

A moszkvai „átkeléstől" talán jobban félek, mint az egész mongol úttól. A férjem nyomtatott ki térképet Moszkváról, az útvonalat is bejelölte, de nehéz rajta eligazodni; a terekről rengeteg út vezet ki, félek, hogy elkavarodunk. A két vasútállomás több mint tíz kilométerre van egymástól, és nekünk még meg kell keresni az utazási irodát is, ahol vagy megkapjuk a jegyet a transzszibériai vasútra, vagy nem. A kezünkben csak egy kis fecni van, azzal igazolhatjuk, hogy Magyarországon befizettük. Taxira nincs pénzünk, a csomagok nehezek, a metrót nem ismerjük.

Szerb útitársunk, aki közben Somával összebarátkozott, felajánlja, hogy elkísér bennünket. Mint kiderült, megszállott szociális munkás, úgy él, hogy egyik segélytáborból a másikba utazik, fizetése gyakorlatilag nincs, a táborokban kap szállást, ennivalót, és fizetik a jegyét a következő táborig. Szereti ezt az életet, csak azt bánja, hogy családja nincs. Most mi vagyunk segítségre szorulók. Rábeszél, hogy a Vörös térig menjünk metróval, keressük meg az utazási irodát, vegyük fel a vonatjegyeket, aztán szintén metrózzunk a másik vasútállomásig. Még mindig nem bízunk benne, de amikor leszállunk a vonatról, rövid tétovázás után a lábunkhoz rakja a csomagjait és elmegy körbenézni, honnan indul a metró és hol a csomagmegőrző, mert ő este erről az állomásról megy majd tovább.

Utána megveszi a metrójegyeket, elvisz bennünket a Vörös térre, s mivel én a hátizsákot húzni sem bírom, kezembe nyomja a kis táskáját, s hátán viszi a csomagomat. Közben mesél, magyaráz, mutogat.

A Vörös tér valóban gyönyörű, egy kis időre még az aggodalmainkról is megfeledkezünk. Csodálatos már a környéke is. Elhaladunk egy vízi szoborpark mellett; állatok, mesefigurák életnagyságban, medencesor közepén a vízből emelkednek ki. Álmélkodunk, rengeteg az ember, ragyog a nap. Nekem könnyű a dolgom, csomagomat Ilja viszi, Somának nehezebb, ő rendületlenül cipeli a hatalmas hátizsákot. Itt nem fényképezünk, csak a szemeink isszák a látványt. A Vörös téren viszont már lepakolunk, körbejárjuk a hagymakupolás templomot, amiről Soma álmodott, fotózzuk oldalról, alulról. Nagyon szép, a pici részletei is kidolgozottak, a színei élénkek, tiszták, sokkal különlegesebb, mint a képeken. Napjainkban ilyen épületet már sehol nem emelnek. A mauzóleum előtt már nem állnak sorba a turistacsoportok, viszont a múzeum előtti őrök hagyományos ruhában, karddal díszelegnek. Alaposan megnézzük őket. Nem zavartatják magukat, biztosan megszokták már a bámészkodókat, aki akarja, néhány rubelért le is fényképeztetheti magát velük. A tér tiszta, sok a katona, rossz-kopott ruhás vagy ittas emberek nincsenek, a levegő is friss. A GUM áruházba a sok táskával nem megyünk be, én is türelmetlenkedem már, félek, hogy a vonatjegy átvétele nem lesz egyszerű. A Vörös teret elhagyva belekeveredünk a moszkvai körforgalom labirintusába. Három nagy kör ível egymással párhuzamosan, átjutni rajtuk csak alul-felüljárókon lehet, nagyon sokat gyalogolunk. Szegény Soma görnyed a hátizsák alatt, Ilja is izzad, de nekem sem annyira könnyű: a szatyrok, táskák mind rám maradnak. Kérdezősködünk, de a választ bizonytalanul értjük. Ha a szerb útitársunk nem lenne, az én orosz nyelvtudásommal nem igazán boldogulnánk.

Az utazási irodát nagyon nehezen találjuk meg a központtól távolabbi házak között. Egy félreeső, szűk, meredek kis utcába irányítanak bennünket, ahol nincs az a házszám, amit keresünk. Már nagyon ideges vagyok. Végül bejutunk egy hosszú udvarba, annak a leghátuljában egy kis kopott faajtó, nem nagyobb, mint egy szekrény, mellette féltenyérnyi táblácska. Ajaj, itt nem lesz semmi! Végigfut a fejemen, hogy itt ragadunk Moszkvában, meg kell keresnünk a nagykövetséget, átváltani a vonatjegyet, mehetünk haza, oda a rengeteg pénz, szervezés, idő! Bekopogunk, bemegyünk, benn szűk kis iroda, mondják a nevünket, igen, mi vagyunk. „Tessék, itt a jegy." Még alá sem kell írni, hogy átvettük, már kinn is vagyunk, kezdhetek izgulni, vajon nem a vonaton derül-e ki, hogy érvénytelen.

Újra metrózunk, aztán gyalogolunk. Barátunk mutogat, abban reménykedik, hogy ha a megőrzőben leraktuk a csomagokat, még visszamegyünk vele a városközpontba nézelődni. Már sem erőnk, sem kedvünk nincs hozzá, nagyon ideges vagyok, félek attól, hogy valami bonyodalom támad, szeretnék már a vonaton lenni, Soma is fáradt a cipeléstől. Az állomáson megőrzőbe tesszük a táskáinkat, aztán elköszönünk útitársunktól: tudjuk, hogy személyében igazi angyalt küldött nekünk a Jóisten.

Nagyon kimerültünk, reggel nyolc óta, több mint öt órája megyünk, cipekedünk. Azt reméljük, hogy a délután hátralévő részében pihenhetünk, de nincs hol. Kóválygunk az állomáson és környékén kettőtől este kilencig, pad sehol nincs – egész Moszkvában nem találunk –, szék csak a váróban, de az zsúfolt és büdös. A földre sem akarunk leülni, mint mások, mert mindenütt beazonosíthatatlan foltok vannak a kövön. Ez nem olyan szép, tiszta környék, mint a központban. Váltuk rubelt, iszunk kvaszt, veszünk kenyeret, vizet is, nagyon meleg van. Ennénk, de nincs hol, és az egész városrészt átlengi egy számunkra nagyon kellemetlen szag – köpés, hányás, alkohol, kipufogógáz. Iszonyú a forgalom, az autók 5–6 sávban állnak, a gyalogosok jönnek-mennek közöttük, a lámpával senki nem törődik. Rengeteg a katona, számtalan különböző egyenruhában, az állomás melletti bazárba mégsem merünk bemenni, mert rossz ruhájú, rossz külsejű emberek lökdösődnek ott. Nagyon fáradtak vagyunk. Még csak este hat óra, de reggel óta megyünk. Tántorgok, össze kell szednem magam, hogy ne menjek neki a többi járókelőnek. Leülünk egy szobor talapzatára, de a rendőr felállít. Szeretnénk találni valami kis zöldet, de fa szinte sehol nincs, ha mégis, zárt kapu mögött, körbekerített udvaron, ahol fegyveres őr álldogál. Végül találunk egy utcát, ahol nő néhány poros fa, alatta kevés fű, de pad itt sincs. Visszamegyünk az állomásra. Később, este nyolc körül kiváltjuk a csomagjainkat és mégis beülünk a váróba, egy csapat mongol mellé, figyeljük őket, mert nem tudjuk, honnan indul a vonatunk. Még mindig nem eszünk, nagyon rossz a levegő, mellettünk egy részeg öregember veszekedik a feleségével.

Megindultak a mongolok! Rohanunk utánuk, birkózunk a csomagjainkkal, a vonat néhány perc múlva indul. Már rutinosak vagyunk, előkészítem a jegyeket, a kalauz elveszi, hurrá, minden rendben, irány Mongólia! Felhuzakodjuk a csomagjainkat a vagon peronjára, szinte az utolsó pillanatban, visszanézve látjuk, hogy a vonat mellett még sokan lenn vannak, az utolsók már szaladva pattannak fel. A vezető nem törődik velük, egyre gyorsít, mi aggodalmaskodunk, még nem tudjuk, hogy a mongol vasúton ez mindennaposnak számít. Az utolsók átlendülnek a vonat és a peron közötti szakadékon. Lelki szemeimmel már látom, hogyan csúszik meg a lábuk, zuhannak be a kerekek alá, de végül senkinek nem esik baja, s mire az állomást elhagyjuk, mindenki biztos helyre jut.

Megtaláljuk a fülkénket, elhelyezkedünk. Ágyneműt, törülközőt kapunk, a takaró gyönyörű, fényes-ragyogó, mongol mintás bársony. Kicsit csalódunk, mert a transzszibériai vasútról látott képek alapján tágas helyiségekre, kényelmes mosdókra számítottunk, de néhány perc alatt rájövünk, hogy azok a turistavonatról készültek, a miénk „fapados". Valahogy kipakoljuk a legszükségesebb holmikat, a táskákat begyömöszöljük az ülések alá, mellé. Kicsit szélesebb a helyiség, mint a másik vonaton, viszont nincs benn mosdó, és négyszemélyes. Nem számít, a lényeg, hogy Mongólia felé tartson!

Átkelés az Urál hegységen

07. 08, csütörtök

Korán reggel, fél hatkor kelek. Az időeltolódás miatt már magasan jár a nap, ragyog a tajga. Soma velem egy fülkében, még alszik. Megmosakodom. A vagon két végén egy-egy picike mosdó, a WC és csap között éppen elférek. Az ablakon át gyönyörködöm egy kicsit a tájban, aztán visszafekszem. Már sokkal nyugodtabb vagyok, mint az előző napokban, s végre kialudhatom magam, nem zavar senki. Indulásunk óta még nem volt nyugodt éjszakánk. Két mongol fiatalemberrel utazunk együtt, még ők sincsenek ébren, hát visszaalszom én is. Kilenckor ébredek újra. Az este kimosott piszkos, büdös ruháim, amik az eddigi úton, Moszkvában rajtam voltak, most frissek, szárazak.

Egész nap a tajgában megyünk, sűrű fenyvesek sötétjéből előragyogó fehér törzsű nyírfák, méteres lila, sárga, fehér virágok között. Itt-ott faházas kicsi falvak bújnak, sehol műút, a látóhatárig erdő, rét, a megművelt föld csak néhány kertecske. Perm előtt átmegyünk a Káma folyón, szélessége a Dunának jó kétszerese, hozzá még az árterület. A vonat csattogva halad a kilométernyi hídon. Egész délelőtt az ablakban állunk, gyönyörködünk. Forró vizet bármikor engedhetünk a vagon végén működő szamovárból, úgyhogy délben kipróbáljuk a müzli keveréket. Jóllakni ugyan nem lehet vele, de legalább elmondhatjuk, hogy ettünk. Isszuk a kvaszt, beszélgetünk, jól érezzük magunkat. Délután szundítunk egy kicsit, este sokáig fenn akarunk maradni, hogy lássuk az Uralt.

Este hat körül kezdünk érezhetően felfelé menni. Izgatottan tapadunk az ablakra. Hatalmas fennsíkok, széles lankák... Várjuk, hol a hegy? Nézzük a lemenő napot, majd ismét nézzük, a harmadik naplementénél jövünk rá, hogy mivel folyamatosan emelkedünk, a nap újra meg újra felbukkan nyugaton, este kilenc után is látjuk. Végül teljesen besötétedik, de hegy még sehol sincs, a látóhatáron sem, végül úgy kelünk át az Urálon, hogy észre sem vesszük.

Naplemente a vonaton

Mongol barátaink a vonaton

Korán ébredek, de az Ural hegység már sehol nincs, hegyeket a látóhatáron sem látok. A nap nagyon unalmasnak indul. Már otthon szépen elterveztük, hogy hajnalban köszöntjük a felkelő napot, áldozni fogunk az isteneknek, annak örömére, hogy átlépjük Európa és Ázsia határát. Most viszont, mire felébredünk, az időeltolódás miatt már szinte délelőtt van, ám az égbolt sötét, szürke felhős, esik az eső. Egyszer, egy villanásnyi ideig kisüt a nap, de mire szedünk a kanálba egy kis müzlit, már megint elbújik. Állomás is jön, büdös, füstös, így elhalasztjuk az ételáldozatot, a tiszta, érintetlen természetbe szeretnénk szórni a magvakat. Áll a müzli a kanálban, aztán jön az ebédidő, bekeverjük a többi közé: csak két kanalat hoztunk, azzal eszünk. Délután négykor végre ismét kisüt a nap, sietünk, kapkodunk, egy-egy kanál müzlit áhítattal kiszórunk az ablakon, áldozunk Ázsiának és az isteneknek, de a szél visszafújja, szemünk, szánk tele lesz vele. Mongol útitársaink jóindulatú mosollyal figyelik kísérleteinket.

Izgatottan várjuk a megállókat, hátha azok hoznak egy kis változatosságot a tájban való gyönyörködés mellé. Ez jelenti most a szórakozást. A vonat két-három óránként megáll, néha csak pár percre, máskor egy negyedórára is. Ilyenkor leszállunk, kinyújtjuk egy kicsit a lábainkat és próbálunk vizet, esetleg egy kis ennivalót is venni. Nem csak az a probléma, hogy takarékoskodunk, hanem az is, hogy az állomásokon zömében chipseket, kólákat árulnak, az meg nem kell, mint ahogy a forró vízzel felengedős kínai készétel sem. Így egy kis orosz kenyérrel bővítjük az étlapot. Már ennek is tudunk örülni!

A szórakozás ettől függetlenül megvan. A vonat még fékezni sem kezd, a mongolok már a folyosón tülekszenek hatalmas köteg lakktáskával – iszonyú narancs, lila, virító kék, sárga táskák –, felöltöztetett próbababákkal, ruhacsomagokkal, ládákkal felpakolva, a fürgébbek ugrálnak le a mozgó vonatról, a fennmaradtak az ablakon keresztül adják le nekik az árut. Mire a vonat megáll, egy fél Mihály-napi vásár tolong a peronon. A helyiek szaladva jönnek, negyedóra alatt összekapkodják a cuccokat, megvesznek mindent, tolonganak a kínai festett műporcelán étkészletért, a metszett műkristály poharakért, este már a próbababa is pucér, lehúzták róla a lila gumis derekú fekete sztreccsnadrágot, a narancssárga tarka selyemblúzt.

Mi is leszállunk, de helyi árus alig van. Messzire elmenni nem merünk, a vonat néha szisszen egyet-egyet, félünk, hogy elindul. Mi lenne velünk, ha minden holmi nélkül itt ragadnánk egy orosz kisvárosban? Így hamar visszaszállunk, onnan figyeljük az eseményeket.

A vonat pedig alattomos módon, minden jel, füttyszó, egyéb nélkül, szinte settenkedve indul. A mongolok, mikor észreveszik, hogy a hátuk mögött mozog a szerelvény, felpattannak, összekapkodják a kirakott holmit, az árut és a gyerekeket – rengeteg gyerek utazik velünk – felhajigálják, némelyiket már az ablakon keresztül, mert az ajtónál óriási a tolongás. A bentiek elkapkodják, közben nevetnek, látszik, hogy élvezik a felfordulást. Aki még mindig lenn van, futásnak ered a vagonok mellett, és felugrál, ahol nyitott ajtót lát. Néha még a kalauz nénink is teleteregeti a vonatajtót narancssárga, lila, zöld csipkés függönyökkel, akkor szedi csak le, mikor indulunk tovább. Aztán néhány óra múlva a következő hosszabb megállásnál kezdődik elölről az egész pezsgés, addig próbáljuk valahogy eltölteni az időt.

Soma, hogy az izmait kicsit megmozgassa, jóga-állást gyakorol a folyosón. Két öt-hatéves mongol kisgyerek megáll mellette, nevetgélnek, aztán beállnak ők is, utánozzák. Élénkek, vidámak, nem zavarja őket a bezártság. Aztán mikor Soma dobolni kezd a hátizsákján, odajönnek már a felnőttek is, kiveszik a kezéből a dobverőt, próbálgatják, nevetnek, magyarázunk kézzel-lábbal. Hiába beszélünk magyarul, oroszul, németül, angolul, ha ők csak mongolul tudnak. Az egyik srácnak Mongólia feliratú pólója van. Soma mutatja a sajátját, amin egy magyar harcos lóról hátrafelé nyilaz, alatta rovásírásos „magyar" felirat. Dzsingisz kán! – mondják. Soma tiltakozik: „Nem, ez magyar!" „Á, magyar!" Örülnek, minden tetszik nekik, beszélgetnek, barátkoznak.

Ráérő időmben szerelni kezdem a hátizsákom görgőjét, a moszkvai „átkelésnél" két guriga kitört, azok helyett teszem be a tartalékokat. Nagyon nehéz, nem illeszkedik, beerőltetem, utána pillanatok alatt szétesik az egész. Madzaggal kötözgetem, órákig kínlódok vele. Mikor végre kihozok belőle valamit, a gyerekek elkérik, visongva játszanak vele a folyosón, rendetlenkednek, tolják-húzzák egymást, hajtják, mint a rollert. Persze öt perc alatt szétverik, sajnálkozva hozzák vissza, látszik a bűntudat az arcukon. Újabb kínlódás. Már ott lesik, mikor lesz készen, persze, hogy megint odaadom nekik. Titokban figyelem: boldog ujjongás a folyosón, aztán hirtelen csend, suttognak egymás között... Persze, megint szétesett! Vajon mit csinálnak? Nem hozzák vissza, valahol eltűnnek vele, oda a kerék! A vagon elejéből kalapálás, csattogás. Soma nevet: „Na, anyu, most teszik rendbe a szekeredet!" Végül mosolyogva újra megjelennek a gyerekek, hozzák vissza a görgőt. Tökéletes, szétverhetetlen, nem csak a csavarokat húzták meg, de a kilógó fémrészeket még rá is kalapálták. Hogy honnan szereztek szerszámokat, nem tudom, nem is érdekel, lényeg, hogy nincs rá többé gondom. Ujjongunk Somával, a kicsik pedig boldogan játszanak tovább. Ekkor még nem tudom, hogy a mongolok nemcsak bármit meg tudnak szerelni, de ez a legfőbb szórakozásuk is.

Nagyon tetszik nekik a lóbőr tarisznyám, simogatják, dicsérik. Kérdezik, van-e lovunk? Már tudunk pár szót, értjük a kérdést, van kezünk-lábunk, mutogatunk, egészen jól megy a beszélgetés. Mondjuk, hogy van két hucul paripánk, az anya és a kiscsikója, közben kiszedem a kezükből a tarisznyát, mielőtt kiborogatnák a tartalmát, vagy eltűnne a folyosón. Inkább mutogatom a gyönyörű, narancsvörös nyúlbőrt, azt is vittem párnának a fejem alá. Magyarázom, hogy ez a mi nyulunk. Csodálják, milyen nagy, selymes, sűrű puha szőrű. Kérdeznek valamit, nem értjük. A kisfiú megismétli a kérdést, közben látványosan huzigálja a kezét a torka előtt, fülig érő szájjal vigyorog. Nevetünk mi is, igen, nyissz-nyassz és ham-ham! Begyűlnek a fülkébe, szemmel láthatóan remekül szórakoznak, tetszik nekik, hogy ilyen vad népet találtak, akik csak úgy egyszerűen levágják a nyulat, és még meg is eszik! Rengeteget nevetünk, tanulunk, írjuk fel az új szavakat. Közben Soma dobol, tanít különböző ritmusokat fiatalnak és idősebbnek, játszik velük kő-papír-ollót, náluk ez olló-kő-vászon, örülnek, hogy mi is ismerjük

A vonaton utaznak velünk franciák, velük Soma néha angolul beszélget egy kicsit. Helyes fiatal pár, ők is vonattal mennek Ulánbátorig, Mongóliában maradnak egy hétig, aztán repülővel mennek haza. Ők is az eredeti, igazi Mongóliáról ábrándoznak, a pusztába szeretnének eljutni, nomádokhoz. Kíváncsi vagyok, hogyan sikerül az útjuk. Több külföldi is van a vagonban, angolul beszélnek, de annyira zárkózottak, hogy még azt sem sikerül megtudnunk, honnan valók. A mongolok csak velünk barátkoznak. Később rájövünk, hogy az embereket négy csoportba sorolják:

1. Mongol
2. Keleti külföldi (koreai, kínai, japán stb.), őket meg tudják különböztetni
3. Nyugati külföldi (angol, francia stb.) egyformák, gazdagok, kényesek, követelőzőek
4. Magyar – rokonnak számít, lehet vele barátkozni, Dzsingisz kán vére folyik az ereiben, épp úgy, mint a mongoloknak. Mi ebbe a kategóriába esünk, lassan elhatárolódunk külföldi útitársainktól, a mongolok pedig egyre barátságosabbak.

Utazás a transzszibériai vasúton

A mai napon sem történik semmi jelentős esemény. Reggel – hajnalban – ébredek, kimosom a ruháimat, megmosdok, kihasználom az alkalmat, hogy útitársaim még alszanak. A vagon két végén van egy-egy WC-fülke, benne picike mosdókagyló, de olyan kicsi az egész helyiség, hogy ha a csap mellett állok, a lábam a WC-t éri. A víz csak akkor folyik, ha alulról megemelem a csap kifolyóját, ha elengedem, akkor nem jön víz. Ez azt jelenti, hogy mosdani, mosni csak fél kézzel lehet. Kínlódok vele egy ideig, majd bölcs belenyugvással lemondok a teljes tisztálkodásról. Nem tudom, a többi külföldi hogyan csinálja, de van köztük olyan asszonyka, aki a nap közepén bevonul, benn tölt bő félórát – ami nem szép dolog, hiszen több mint ötvenen vagyunk a két fülkére –, aztán kijön boldogan fürdőlepedőben, frissen mosott hajjal, kipiperézve magát, tökéletes sminkkel az arcán.

Tisztálkodás után óvatosan költögetem Somát, hogy ő is tudjon nyugodtan mosni, mosdani. Ő persze nem kel, de a nap igen, és olyan csodálatos a táj, hogy nem bírom tovább, felráncigálom fiacskámat, gyönyörködjön ő is velem! Igaz, hogy moszkvai idő szerint még csak fél négy van, de az időeltolódás és a ragyogás miatt nekem sokkal későbbnek tűnik. Aztán egész nap hallgatom a szemrehányásokat, mert szegény gyermekem felkelni nem bír, de visszaaludni sem, mint mondja, behunyt szemmel, de álmatlanul kínlódott a reggel hátralévő részében. Nem igazán törődöm vele – zokon is veszi –, egyedül nézem a kilátást. Gyönyörű erdős tajga, másutt látóhatárig érő óriási mező, vastag törzsű, hatalmas, vadon növő nyírfákkal, ilyeneket még életemben nem láttam. A vonat végig töltésen fut. Látszik, hogy a rét csalóka, a főcsomók között meg-megcsillan a láp vize, száraz, szabad földterület csak a dombokon van.

A velünk utazó egyik mongol fiatalember csak este, aludni jár be a fülkébe, a másikkal viszont hamar összebarátkozunk – igaz, csak a harmadik nap reggelén, addig félkómában alszik a felső ágyon. Eleinte azt gondoljuk, beteg, de aztán elmondja, a bűnös az a fél liter vodka, amit az apjának vitt volna ajándékba, ha meg nem issza az indulás estéjén. Moszkvában tanul, az ulánbátori egyetem egyik tanárának a fia. Számítógép-programozónak készül, beszél folyékonyan mongolul, oroszul, angolul. Somával azonnal összebarátkoznak. Nagyon sok közös vonás van bennük, akár testvérek is lehetnének, mindketten soványak, balkezesek, sötét szeműek, a hajuk is egyforma hosszú. Játszunk kockás papíron honfoglalósat, amőbát, kártyázunk, közben tanít bennünket mongolul. Nagyokat nevet, mert ugyanaz a szó másképp kiejtve teljesen mást jelent, és a mi fülünk nem hallja meg a különbséget. Aztán meg mi nevetjük ki őt, mert odaadjuk neki az orosz-magyar szótárt, keresgél egy darabig, aztán büszkén mondja: „Kérek egy üveg szart!" Ha az „S"-t „Sz"-nek olvassa, az „Ö" betűt meg nem ismeri, könnyen eltéveszti a „sör" szót! Aztán, mikor megmagyarázzuk neki, hogy mit mondott, ő is jól szórakozik magán.

Váratlanul beperdül az ajtón a két kisgyerek, leülnek nálunk, kártyázni kezdenek, lassan egyre több helyet foglalnak el. Arról szó sem lehet, hogy odébb tessékeljük őket. Rájöttünk már, hogy a mongoloknál a gyerek szent: bárhová megy, mindenütt otthon van. A kislányt ölembe ültetem, együtt kártyázunk, bár a szabályokat még nem ismerem igazán, mégis nyerünk! Somával is jót játszanak, rajzolnak, dobolnak, fényképeznek.

Soma megdicséri mongolul a kicsi lányt, milyen szép cicát rajzolt.(Felismerjük, hogy cica, mert nyávogott is mellé). A gyerek felcsillanó szemmel kap az alkalmon: Akkor a fiúcska rajza ugye csúnya? Soma nem igazán érti, rábólint, erre a kislány kiviharzik az ajtón, karjánál fogva cibálja hozzánk testvérét, hogy Soma ismételje el neki is mongolul: A cica szép, a másik rajz csúnya! Soma utánamondja, a kislány ragyog a boldogságtól, a kisfiú duzzog, csak akkor enyhül meg, mikor megmagyarázzuk, hogy ez nem igaz, csak vicceltünk, az ő képe is gyönyörű. Már elég jól kommunikálunk, a gyerekek türelmesen tanítgatnak bennünket, bár kicsik még, a kiejtésüket nem mindig tudjuk követni, ők meg a mi kiejtésünkkel nem elégedettek.

Az étkezést lassan megszokjuk. A vagon elején, a szamovárban mindig van forró víz, kérni sem kell. Reggelire capuccinót iszunk, mellé egy kis áztatott édes müzlit. Az ebéd delikátos forró víz, szintén müzlivel, a vacsora az, amit éppen találunk. Kenyeret, kvaszt, vizet általában veszünk az állomásokon, még van egy pár marék héjatlan tökmagunk, két tábla keserű csokink, a harmadikat odaadtam a csecsen gyerekeknek, mikor leszálltak. Éhen halni nem lehet rajta, elvileg minden tápanyag megvan benne, amire a szervezetnek szüksége van, de mindig éhesek vagyunk. Kiosztok apránként egy rúd marcipánt, dióbelet, fél zacskó mazsolát, de kevés. A fekete, savanyú orosz kenyeret esszük magában vagy a meleg vízben áztatott müzlivel, vaj, margarin nincs hozzá, nem tudnánk hol tárolni, elolvadna, öszszekenné mindenünket. Soma az úton több mint két kilót fogy. Útitársaink – a mongol fiú és a külföldiek – boldogan eszik az előre gyártott kínai tésztás leveseket, de mi olyan kellemetlennek érezzük még a gőzét is, hogy nincs hozzá gusztusunk, így nem veszek, pedig minden állomáson tömegével árulják.

Lassan esteledik, a naplemente gyönyörű, órákig tart. Elkezdődik moszkvai időszámítás szerint már délután négykor, és este hét körül még pirosan fénylik az ég alja. Lakott terület sehol, a különleges formájú, gomolygó felhők éjszakára összetömörödnek, a lenyugvó nap alulról vörös fénnyel vet nekik ágyat. Mikor elhalványul az utolsó fénycsík is, azt várnánk, hogy teljes sötétségbe borul a táj, de nem így történik, csak a színek tűnnek el a világból. Szürke lesz a nyírfa fehér törzse, a feketefenyő is. Sokáig állunk az ablaknál, beszélgetünk, tervezzük az érkezésünket.

A vonat elcsendesedik, mi is ágyazunk, fekszünk. Ez nem olyan egyszerű, mert a csomagoknak nincs hely. Napközben az üléseken vannak, éjjelre el kell őket pakolni, de nincs hova. Végül beállítjuk őket a két fekvőhely közé, így leszállni csak artistamutatvánnyal lehet, de legalább nem az amúgy is rövid, keskeny ágyon foglalják a helyet. A hullámzást, csattogást már megszoktuk, nem zavarnak az alvásban.

Jó étvágyat!

Mongólia felé

A Bajkál-tónál

Éjfél után negyed egykor érkezünk Irkutszkba. A folyosón nagy rohangálás, a mongolok készülnek a vásárra. Mivel Oroszország óriási és mindenütt a moszkvai szerint számolják az időt, itt, jóval keletebbre már kél a nap, teljesen világos van. Egyedül nem akarok leszállni, pedig állunk sokáig. Mikor elindulunk, lelkiismeret-furdalással költöm Somát, tartok tőle, hogy megint rosszulesik neki a korai ébresztés, de elvileg itt vagyunk legközelebb a Bajkál-tóhoz. Persze megint hiába verem fel szegényt, kínlódunk egy darabig az ablaknál, gyönyörű ködpászmák úsznak a mezőn, ám a tóból egy foszlányt sem látunk

Visszafekszem, négykor ébredek ismét. Kimegyek a folyosóra, hirtelen szétnyílik az erdő, és a látóhatáron túl érő, hatalmas szürke tó hullámzik előttem, szinte a sín mellett. A lélegzetem eláll a látványtól, lenyűgöz a monumentális víztükör. Rohannék Somáért, már lép a lábam, de abban a pillanatban a fák összezárulnak. Várok sokáig, de hiába állok az ablaknál, nem látom újra a tavat. Még jó, hogy nem ráztam fel a fiamat, hallgathattam volna egész nap a zsörtölődését!

Utána hat körül Soma költ engem: boldog mosollyal hoz egy friss „hósort" kistányéron. A hússal töltött tésztáról már olvastunk, hallottunk, de még soha nem kóstoltuk, pedig a mongol újévköszöntő ünnepen, amin még Pesten voltunk, ilyet is kínáltak. A mostanit a kalauz nénik készítették, és adtak kiéhezett gyermekemnek is. Mivel látták, milyen elégedetten eszi, küldtek vele nekem is. A hagymás hússal töltött, derelye-szerű főtt, aztán kicsit pirított tészta tényleg nagyon finom, szucsog a zsírtól, de jó sós, friss, meleg. Egyhetes éhezés után el sem tudunk képzelni ízletesebbet! Soma is ragyogó arccal falja, pedig ő tizenhat éves koráig egyáltalán nem evett húst, akkor kezdte csak, mikor elhatároztuk a mongóliai utat. Azóta havonta egy-két alkalommal megeszik néhány kis fecnit, és állítja, hogy nem vegetáriánus.

A határt megint éjjel lépjük át. Előtte a vonaton óriási nyüzsgés, a mongolok dugdossák a holmijukat, ahová lehet. Meg van szabva, ki hány csomaggal utazhat, ők ennek a mennyiségnek többszörösét szállítják. A mi fülkénket is telenyomják áruval, az ülésünk alá, a tetőtérbe szuszakolják, préselik be a táskákat, remélve, hogy a külföldieket nem ellenőrzik annyira. Egy élelmes árus végigszalad a vonaton, szabadidőruhákat, ingeket kínál, aztán mivel persze nem kérünk, otthagyja nálunk „letétben" azzal, hogy még gondolkozzunk rajta egy kicsikét. Persze a vámáru-nyilatkozatba be van írva, ki hány táskával utazik, ha valamelyiknek nem lenne gazdája, az simán elkobozható. Először az oroszok jönnek, rengeteg egyenruhás, hatalmas kutyákkal, felszedik a szőnyeget, alánéznek a kocsinak, leszerelik a lámpatestet, nagy hanggal tesznek-vesznek. Négy óra hosszáig tart a vizsgálatuk, addig nem lehet WC-re menni, sem az ablakot lehúzni. Utána az emberek megrohamozzák a mellékhelyiséget, de csak néhányan jutnak be, mert már jönnek a mongol határőrök, ők is vizsgálódnak, állunk tovább. Somának nagyon fáj a feje, valószínűleg huzatot kapott a nyitott ablakban. Szédül, hányingere van és csikar a hasa, de a mosdóba nem jut be, a külföldiek előretolakodnak, ő meg udvariasan engedi őket, utána meg kínlódik. A vagonban iszonyú meleg, szellőztetni nem szabad. Hajnalodik, mire minden rendben van, indulunk tovább. Ez az utolsó éjjelünk a vonaton, holnap megérkezünk Ulánbátorba!

Érkezés Ulánbátorba

07. 12, hétfő

Reggel korán ébredünk, az ablakra esik az első pillantásunk: Látjuk-e végre az igazi mongol tájat? Valóban megjelennek a képekről már jól ismert, vágyott füves puszták, a szelíd lankák, a valószínűtlenül kék ég, a sehol-sem-vége távlatok. Soma áradozik; elhatározza, ahogy leszáll a vonatról, nekiindul az első emelkedőnek, és meg sem áll a tetejéig! Lelkesedem én is, már indulnék vele. Nem sokáig gyönyörködhetünk, pakolni kell, késő van már, hiszen a határ átlépésekor egyszerre négy órával kell előrébb állítani az óránkat. Nem könnyű a holmink összezsúfolása a lehető legkisebb helyre, csak a két flakon víz majdnem négy kiló, nem akarjuk kiönteni, ki tudja, mikor és hol ihatunk újra. Izgulunk, bár Toya, pesti mongol barátnőnk megnyugtatott, több testvére is lakik Ulánbátorban, az állomáson várnak bennünket, nagy táblákon a nevünkkel, csak figyeljük! Ne lepődjünk meg, ha sokan vannak, népes a család!

Amikor fékez a vonat, már ki-kilesünk az ablakon, amennyire tudunk. A táblát még nem látjuk, de nem idegeskedünk miatta, sok a gondunk a súlyos, terjedelmes táskákkal, szatyrokkal. A sátrat rákötöttük a hátizsákra, de le kell szedni, mert így nem fér el a folyosón, a görgős meg minden irányba megy, csak arra nem, amerre húzom. Két kéz kellene hozzá, hogy irányítani is tudjam, de a másik foglalt. Mikor sikerül végre megküzdenünk a leszállás feladatával, még rengeteg az ember, pakolnak, üdvözlik egymást, rakosgatják a megmaradt árukat. Nem is számítunk rá, hogy meglátunk valakit, aki minket vár. Keresgélni nem nagyon tudunk, nehéz a hátizsák ahhoz, hogy céltalanul járkáljunk vele. Végül oszlik a tömeg – minden utast legalább 8-10 rokona, barátja várja –, nézelődünk. Vannak táblák, de a mi nevünkkel egy sincs. Várunk még egy negyedórát, lerakom Soma mellé a csomagomat, elmegyek nézelődni, aztán Soma megy el, hátha ő többet lát, végül lassan tudatosul bennünk, hogy minket bizony senki sem vár. Próbáljuk Toyát felhívni telefonon, kerül, amibe kerül, de a magyar telefon nem működik Mongóliában. Moszkva környékén még tudtunk beszélni az otthoniakkal, de már nem sikerül kapcsolatot létrehozni. Soma kérdez:

– Most mit csináljunk, anyu?

– Mit csinálnánk, kisfiam? Hát leülünk ide, az állomás mellé a járda szélére, és sírunk!

Valóban nincs más lehetőségünk. Hétnapi, hat óra idő eltolódásnyi távolságra az otthonunktól nem lehet lazán rácsörögni a férjemre: „Apuci, itt ragadtunk, gyere értünk!" Mongol pénzünk nincs, azt sem tudjuk, hol válthatnánk, de ha váltanánk, sem jutna szállodára, étteremre. Annyi van, hogy a visszafelé-utat kifizessük, meg kicsike költőpénz. Számítottunk a vendéglátásra, most itt vagyunk idegenben, és nem tudjuk, mi lesz velünk. Így hát ülünk búsan a járdaszélen, eszegetünk, mert hát mit csinálnánk, meg ezzel is könnyebb lesz a csomagunk. Mikor nagyon ránk süt a nap, kicsit odébb megyünk, az árnyékba. Hála Istennek az állomás tiszta, teljesen modern épület, üvegfalas, aluljárós. Nézelődünk. Itt látunk először rossz ruhás, hajléktalannak tűnő, alkoholista külsejű embert. Mongóliában nagyon kevesen vannak, csak a nagyvárosok utcáin néhányan, vidéken egyáltalán nem. Nem sírunk éppen, de csak azért nem, mert mi másztunk bele ebbe a helyzetbe. Kaland kellett, hát megkaptuk, akkor meg minek panaszkodnánk? Titokban azért imádkozom rendesen, csak úgy magamban, nem akarom Somát megijeszteni. Ő is olyan nyugodt természetű, mint én, bízik a sorsban, ha már idáig elvezéreltek bennünket az istenek, csak nem hagynak cserben!

Bő félóra üldögélés után odajön hozzánk az a mongol fiú, akivel összebarátkoztunk a vonaton. Apja, anyja, testvére is vele van –bezzeg őt várták, nem úgy, mint minket! Kérdezi, mi a gondunk, látja rajtunk, hogy valami baj van. Ő tud angolul, elmagyarázzuk neki, hogy mi a probléma. Kölcsönadja a telefonját,

végre sikerül elérnünk Pesten Toyát. Elpanaszoljuk neki, milyen bajban vagyunk, de teljesen lazán kezeli a nehézségeinket:
– Ó igen, nekem most sajnos minden rokonom vidéken van, ott meg nincs térerő, senkinek sem tudtam szólni az érkezésetekről! – csacsogja – Ezért nem ment elétek senki!

Szíven üt bennünket a dolog, de vigasztal.

– Semmi baj, van egy barátnőm Ulánbátorban, odaszólok neki, csak üldögéljetek tovább nyugodtan az állomáson, majd értetek megy valaki!

A mongol fiú és családja elköszön tőlünk, mi meg üldögélünk tovább „nyugodtan" az állomáson.

Telik az idő. Aztán egyszerre, teljesen váratlanul mellettünk terem egy iszonyú nagydarab ember, olyan igazi szumós alkat, legalább kétméteres és száznegyven kiló, elkezd velünk ordítani. A mongol nyelv szép, de ha valaki mérgesen hangsúlyozza, nagyon ijesztő ám, olyan, mintha folyamatosan káromkodna. Hát ez az ember kiabál bizony rendesen! Amikor látja, hogy nem értjük, mutat egy papírt, rajta nagybetűvel a nevünk, aztán két kezébe felkapja a két harminckilós hátizsákot, és elkezd vele rohanni. Mi meg persze utána! Az állomás mellett a két csomagot bevágja egy autóba, aztán integet, hogy üljünk be mi is. Ez az első találkozásunk ulánbátori házigazdánkkal, Erdzsallal. Később rájövünk, hogy egy végtelenül barátságos, jóindulatú és jó humorú ember, de ott, abban a pillanatban bizony nagyon meg vagyunk szeppenve.

Ijedtségünket hamar elfelejtjük, eltereli róla a figyelmet a sajátos mongol közlekedés. Bár a jobbkéz-szabályt többé-kevésbé igyekeznek betartani, teljesen természetes, hogy ha az ellenkező irányban rés nyílik, oda azonnal becsusszan egy igyekvő autós és ügyesen próbál előrébb jutni. A szemköztiek dudálnak, de kitérnek előle, jobbról-balról, járdán vagy a másik sáv résein, az utak három-négyautónyi szélesek, útburkolati jel nincs, senki nem számolgatja, hol a fele. A duda meg nem számít, azt mindenki folyamatosan nyomja. Közben az oldalutcákból előbukkanó autók óvatosan fúrják magukat előre, mindig egy-egy kicsikét, míg sikerül beékelődniük és besorolniuk. A gyalogosok a forgalommal egyáltalán nem törődve jönnek-mennek; ha elég merészen indulnak el és nem néznek semerre, akkor elengedik őket, aki bizonytalan, az elé bevágnak. Az győz, aki határozottabban nyilvánítja ki az akaratát. Ez még a kóbor kutyáknál is működik, őket is hagyják, kikerülik, ha becélozza a túlsó oldalt és nem bizonytalanodik el, simán átjut. Számunkra szokatlan, hogy vita, káromkodás egy esetben sincs, a konfliktusok nem megoldódnak, hanem el sem kezdődnek. Lámpa csak a belváros közepén van, de azzal sem törődik senki, nem is lehetne, rengeteg az autó és egy-egy zöldnél alig tudna átjutni néhány.

Rendőri irányítást egyszer látunk, mikor dugó alakul ki egy útkereszteződésnél. Helyes fiatalember áll középen, fehér kesztyűs kézzel hadonászik, és közben folyamatosan fújja a sípot. Mivel nagyon sok az autó, egy irányba túl hosszú ideig engedi őket és ezt a merőleges sáv első járművének vezetője nem bírja, odaszól neki valamit. Hűha, végre látunk egy kis veszekedést is! Hiába várunk. A rendőr nem idegesíti fel magát, hosszú sípszóval leinti az egész forgalmat, kényelmesen leszáll az emelvényéről, odaballag a türelmetlenkedő autóshoz, előveszi a noteszét. Jogosítványt, forgalmit kérhet, mert az autós kotorászik, iratokat szed elő. Közben a rendőr háta mögött spontán, először csak óvatosan settenkedve, aztán egyre lendületesebben megindul a forgalom: megy, ki merre tud, járdán, parkon, építési területen át. Ránk sem néz, mikor mi is odébb araszolunk, már mindenki halad, csak az az egy sáv áll, amelyikben a nagyszájú sofőr van, bár az élelmesebbek már őt is kikerülték jobbról-balról.

A mi vezetőnk is az ügyesebbek közül való, pillanatok alatt észreveszi, ha valahol rés nyílik a forgalomban, erőszakos, hihetetlen reflexei vannak. Befurakodik olyan helyekre, ahol látszólag az autó fele sem férne el, gátlás nélkül szorítja fel a többieket a járdára vagy át a másik sávba. Mikor útkereszteződéshez ér, dudálva fejest ugrik a forgalomba, a többiek kitérnek előle, jobbra-balra rántja a kormányt, és már el is jutunk egy átlagos lakótelep egyik épületéhez. Itt a termetes férfi kiszáll, kitessékel bennünket is, felragadja a csomagjaink egy részét, betessékel egy lépcsőházba, ahol váratlanul nagy hangon kurjant egyet. Meghökkenünk, de kiderül, a lépcsőház világítása hangérzékelős, felgyullad. A második emelet egyik lakásába jutunk. Még mindig nem tudjuk, kihez érkeztünk, kísérőnk csak mongolul beszél, mi meg kevés szót ismerünk.

A lakásban kedves, mosolygós, kerek arcú mongol fiatalaszszony fogad, ő beszél angolul. Végre sikerül tisztázni, hogy ő Toya barátnője, Burma, náluk leszünk addig, míg a rokonokkal sikerül felvenni a kapcsolatot. Rendkívül barátságosak, segítőkészek. A lakás óriási, szinte hihetetlen, hogy egy egyszerű lakótelepen ilyen luxussal találkozunk. Három szoba, két fürdőszoba, hatalmas, amerikai típusú, egybenyíló nappali- ebédlő-konyha, előszoba, ragyog a mennyezetig érő széles tükör, a konyhában óriási, jégkocka-adagolós hűtő-fagyasztó, a szobában hatalmas plazmatévé. Csak jó helyre segített bennünket a Jóisten! Megmutatják a szobánkat, mire megmosakszunk, kipakolunk, kész az ebéd. Burmáék a legjobb falatokat teszik Soma elé, magyarázzák, hogy nagyon sovány, ennie kell! Erdzsal mutatja hatalmas mellkasát, pocakját, dicsekszik. Itt a nagy test az erő és szépség jele. Fiacskám valóban rémesen néz ki. Azelőtt is csont-bőr volt, de a hét napi vonatút még a maradékot is leszedte róla. Nyaka hosszú, ádámcsutkája kiugrik, válla csupa csont. Viccesen, látványosan bosszankodnak, hogy mi csak csipegetünk, mutatják, hogy a mongol gyorsan eszik és sokat, mire mi igazán belekezdünk, az ő tányérjuk már üres. Hiába, a gyomrunk beszűkült, a hirtelen, csupa hús, bőséges étellel nem tudunk megbirkózni.

Ebéd után megkérdezik, nincs-e kedvünk elmenni a Nádamra, mert van fölösleges jegyük, szívesen elvisznek bennünket.

Ó, a Nádam! Hiszen ezért tettük napokkal előbbre az indulásunkat, erre vágytunk, s csak titokban reméltük, hogy az utolsó versenyeket még láthatjuk! Mongólia kis-olimpiája, az egész népet megmozgató hatalmas sportfesztivál éppen ekkor zajlik. A birkózásból, lovaglásból, íjászatból álló versenyeket még Dzsingisz kán tette hivatalos állami rendezvénnyé, azóta egy évben sem marad ki. A fiatalok közül alkatától függően bárki megmutathatja ügyességét a lóversenyen, erejét a birkózásban, vagy célzó tudását, rezzenéstelen nyugalmát az íjászatban. Házigazdánk, ki szintén birkózott néhány évvel ezelőtt, meglátogatja a stadionban régi versenytársait, ha érdekel bennünket, mehetünk. Jaj, hát hogyne mennénk! Ebéd közben felébred Burmáék pici, kétéves fiacskája is. Igazi kis vasgyúró, széles mellkasú, pocakos. Előballag, mikor meglát bennünket, szemöldökét összehúzza, száját összeszorítja, birkózóállást vesz fel, keze ökölben. Olyan mérgesen néz ránk, hogy rögtön látszik, apja fia! Az első negyedórában sehogy sem tudjuk magunkhoz édesgetni, de aztán az ősi trükkök – mászik a pók, jaj, elestem, hű, de félek tőled – beválnak, s mire észbe kapunk, velem legózik, csikizik, Somával verekszik, betölti a lakást. Szeretjük nagyon a gyerekeket, biztosan érzi. Persze nekünk is jobb így, a kisfiú sok feszültséget kiold belőlünk.

Ebéd után odaadjuk Burmáéknak a pénzünket – nekünk is muszáj megbíznunk valakiben –, hogy váltsák át tugrukra. Egy kevés dollárt, rubelt hagyunk meg csak, hogy visszafelé úton Moszkvában is legyen egy kis pénzünk. Utána beülünk az autóba, és elmegyünk a stadionba. Az utakon óriási a forgalom, rengeteg a jármű, dudálnak, furakodnak, a gyalogosok cikáznak közöttük, lépésben haladhatunk csak. A Nádamra sok turista érkezett, a vidéki mongolok közül is sokan ideutaznak, hiszen ez az ország talán legnagyobb látványossága.

A stadion körül különösen sok a jármű, tömeg fogad bennünket. Nyüzsög a nép, árusok kirakodóvásárt tartanak, enni-innivalókat, kínai játékokat, ruhákat, apróságokat árulnak. Oldalt lovasok várakoznak, néha felülnek a nyeregbe, tesznek néhány kört a tömegben, de a gyalogosok alig húzódnak el az ügető lovak elől. A mi házigazdánkat mintha mindenki ismerné. Jókedvűen beszélget a rendőrrel, aki eltereli az autókat az útról, de nekünk persze akad parkolóhely! Burma mutatja, amíg az emberek között áthaladunk, jól szorítsuk magunkhoz a táskánkat, mert van, aki lop. Vigyázunk, de azért nekünk nem igazán ijesztő a helyzet: Magyarországon már rutinos vásárjáróknak számítunk, kevés nálunk maradt pénzünk, útlevelünk a ruhánk alatt, nyakunkban lógó kis bőrtasakban, apróságok a tarsolyunkban, nálam van a lóbőr tarisznyám, de annak a fedelét még én is nehezen nyitom. A stadion hatalmas, több emelet magas kör alakú épületének egyik kapujánál beállunk a sorba. Burma tyúkanyóként terelget bennünket, nehogy elkallódjunk a sok ember között. Házigazdánk a bejáratnál hangoskodik egy kicsit, nem tudjuk még, hogy ez vita vagy baráti beszélgetés, de végül beengednek bennünket. Áthaladva a folyosón kibukkanunk a lelátón. A napsütés, a fény és a hőség megcsap bennünket, csak hunyorogva tudunk körülnézni. Lenyűgöző a látvány. A pályán hihetetlenül szép, ragyogó színes délekben (hagyományos, oldalt gombolós, kaftánszerű ruhadarab) süvegben, selyem vagy veretes övvel, nagy mongol csizmában pompáznak a szervezők, bírók. A versenyzők a szertartásos birkózóruhában sastánccal járják körbe a vezetőjüket, aztán összekapaszkodnak, s mint tülekedő, vad jakbikák, hatalmas testüket egymásnak feszítve birkóznak a füvön, négy-öt páros is egyszerre, azt sem tudjuk, melyiküket figyeljük. Aztán az egyik hirtelen mozdul, egy rántás, és az ellenfél már a levegőben, a mázsás test döndülve csapódik a földre. A győztes megérinti a hátát, aztán a pálya lófarokdíszes emelvényét körbetáncolva hirdeti erejét. Úgy érezzük, meg sem érdemelt ajándékként nyertük meg álmunk valóra válását. Ábrándoztunk mi otthon a Nádamról, de el sem tudtuk képzelni, hogyan tudunk eljutni, pénz nélkül, a nyelvet, körülményeket nem ismerve. Most itt vagyunk, és isszuk a tiszta színekben ragyogó jeleneteket.

A közönség felé is fordul figyelmünk. Idősebbek, fiatalabbak, férfiak, nők ülnek a lelátón, sokan népviseletben. Mozgóárus járkál a sorok között, Burma is vesz a kisfiának egy flakon ásványvizet. Pénztárcájában keresgél, de csak nagy címletű tugrukot talál, nálunk kb. 10000 Ft-nak megfelelő összegűt. Az árus nem tud visszaadni, de semmi baj nincs, Burma odaadja a pénzt, elveszi a vizet, az árus eltűnik a tömegben. Félóra múlva visszajön, leszámolja a visszajáró összeget az utolsó fillérig. Meghökkenünk, de úgy látszik, ez itt természetes.

Akármennyi ideig elbámészkodnánk a Nádamon, még a tűző nap, a nagy hőség sem zavar bennünket. Burma minket is kínál vízzel, de nem kérünk –látjuk, pénzbe kerül neki, nálunk meg egy fillér tugruk sincs, nem tudnánk mivel viszonozni a kedvességét. Tartok egy kicsit a napszúrástól, féltem Somát, bár a fejfájása elmúlt már. Végül szünet lesz a mérkőzések között, a kicsi fiú is nyűgösködni kezd, indulunk, ragyogunk a boldogságtól, ez a nap több csodát hozott, mint amennyiről álmodni mertünk. Házigazdáink átkalauzolnak bennünket ismét az árusok között. Erdzsal előttünk töri az utat, utána Soma, Burma engem igazgat, úgy óvnak, mintha kisgyerekek lennénk, pedig az emberek körülöttünk mosolygósak, biztonságban érezzük magunkat. Itt nincs hangos szó, nincs kiabálás, vita, a lökdösődés is kisebb, mint nálunk. Visszajutunk az autóhoz, még nem tudjuk, hogyan folytatódik a napunk. A parkolóból kifurakodunk, mikor végre besorolnánk a forgalomba – mögöttünk nyomakodik a többi autós –, a gyerek nyűgösködik, kapaszkodik visszafelé,Erdzsal befékez, megáll az út közepén, kiszáll a kicsivel, és válogatni kezdenek az útszéli árus előtt kipakolt játékok között. Végül visszajönnek egy kiröptethető forgóval. A gyerek ragyog, egy másik sátornál még színes reklám-esernyőt is kaptak. Hogy közben hányan várakoznak a hátunk mögött, az szemmel láthatóan senkit nem érdekel, még az út szélén a forgalmat irányító rendőrt sem.

Visszamegyünk a lakásba. Megkérdezik, akarunk-e menni még valahová, vagy fáradtak vagyunk, pihennénk inkább? Hát hogyne akarnánk menni! Bizonygatjuk, soha nem vagyunk fáradtak! Pedig régen volt már az álmatlan éjszaka, a reggeli érkezés izgalma. Azóta csak sodornak bennünket az események, de még nem teltünk el, úgy sietünk, mintha egy álomba cseppentünk volna és félnénk a felébredéstől, attól, hogy egyszerre eltűnik ez a mesevilág. Így aztán újra beülünk az autóba, elindulunk, még nem tudjuk hova. Elhagyjuk a várost egy hatalmas városkapun át. Hátul ülünk, a nyitott ablakon besüvít a szél. Nem bánjuk, nagyon meleg van. A táj kinyílik, feltűnnek a füves lankák, elhagyjuk a faházas-jurtás külvárost is. Tapadunk az ablakra, ujjongunk az úttesten békésen sétáló kecskék, jakok láttán. Félelem nélkül épp csak hogy félreszökellnek, mikor Erdzsal teljes sebességgel közéjük hajt. A távolban jurták fehérlenek. Lehajtunk az útról, s kiderül, Burmáék az egyik legismertebb kirándulóhelyre, jurta múzeumba hoznak bennünket. Kb. 300 forintnak megfelelő összegért bemehetünk a tiszta, fehér vászonnal fedett jurtákba, megcsodálhatjuk az ott lévő tárgyakat – régiségeket és a Dzsingisz kánról szóló film kellékeit –, megfoghatjuk, ha akarjuk, be is öltözhetünk a délekbe, ruhákba, fegyverekbe. Somát az egyik jurtában az őr öltözteti be, mellvértet ad rá, sisakot a fejére, pajzsot, szablyát a kezébe, majd trónszékbe ülteti, vicsorító fogú farkasbőrt terít a térdére, lefényképezi. Burma is a fejére illeszt egy hosszú szalagokkal, apró, kék pötytyös tollakkal díszített kalapot, nagyon jól áll neki. Én nem öltözködöm, inkább mindent megfogok, megtapogatok, próbálom megjegyezni a tárgyak alakját, formáját, készítési módját.

A jurták között a főtéren állványra kifeszített száradó marhabőr, a napfényben, szélben már kopogósra szikkadt. Távolabb hatalmas, méteresnél nagyobb átmérőjű fatörzseket pillantok meg heverni a földön. Odamegyek, amúgy is nagyon szeretem a fákat, és itt kevés van. Aztán a többiek csak azt látják, hogy ujjongva rohangálok közöttük, tapogatom őket, közben magyarázok:

– Ide nézz! Ide nézz! Látod, ez tejopál, ez itt mézopál, ez meg itt, nézd, tűzopált találtam!

A fák több tízezer éves, megkövesedett törzsek, a kéreg, az erezet, a repedés rajta mind-mind opál, mindenféle fajta, be sem tudom azonosítani az összes ásványt. Emlékszem, mikor a miskolci ásványbörzén ezer forintot adtam egy darabka tűzopálért, itt meg csak hever, több köbméternyi! Burmáék elnéző mosollyal figyelnek, de Soma megért, ő tudja, mennyire rajongok az ásványokért. A földön letört darab hever, felveszem, kis ideig töprengek, hiszen olyan egyszerű lenne zsebre vágni, hazavinni emlékbe. Megborzadok a gondolattól; úgy érzem, mintha ezzel azt a segítő szellemet lopnám meg, aki elvezetett ide. A követ felteszem a fatörzsre és tisztelettel, kezemet összetéve hajolok meg. A törzsön több ásvány hever az enyém mellett – már tudom, a mongolok nem lopnak, soha, semmit.

Burmáék tapintatosan elterelik a figyelmemet: még meg kell nézni Dzsingisz kán jurtáját is! Eddig is láttam, de igazán most fordul tekintetem a hatalmas építmény felé. Egy óriási, díszes, fehér jurta magaslik mellettünk, huszonkét méter magas, az átmérője legalább harminc méter lehet. Ajtaja rézdomborításos, gyönyörű ötvösmunka.

Bemegyünk, álmélkodva nézünk fel a hatalmas tetőkarikára, megsimogatjuk a húsz méteresnél hosszabb, toldás nélkül felállított faoszlopokat, amelyeket több száz kilométerről, a tajgából hoztak idáig. Körbesétálunk az emeleti galérián és meghajlunk Dzsingisz kán huszonnégy kiló arannyal bevont szobra előtt. A kezén ülő tömör ezüst sólyom éles szemmel figyel bennünket. A jurta mongol mintás faragott fa asztalokkal, székekkel van berendezve –mint megtudjuk, konferenciákat tartanak itt.

Odakinn megnézzük, körbejárjuk a hatalmas jurta szállító szekereket, hiszen a nagy, nehezen összerakható, díszes jurtákat annakidején nem bontották le a hosszú vándorlások ideje alatt, hanem szekérre rakták, ökrökkel vontatva szállították új helyre. Súlyos, tömör fa kerekek vannak a kocsik alatt, de a sziklás talajban nem süllyedtek el. Egyszerűbb volt így, mint naponta lebontani, este újra felállítani, berendezni.

Körbenyargaljuk a tábort Somával. Burmáék türelmesen várnak bennünket, nekik már nem olyan érdekes, többször voltak itt. Akkor kezdenek egy kicsit noszogatni, mikor visszamegyek a fákhoz, és nem is megyek el onnan addig, míg nem indulunk hazafelé.

Otthon vacsorázunk. Burmáék közben beváltották a pénzünket, a napi árfolyamnál jobban. Többet kapunk, mint amennyire számítottunk, s Burma fillérre kiszámol minden tugrukot. Utána felajánlják, hogy ha mi ennyire szeretnénk látni a mongóliai nevezetességeket, ők meg szívesen kirándulnak, másnap, ha fizetjük a benzinköltségeket, elvisznek bennünket Dzsingisz kán régi fővárosába, Karakorumba, a mai Harhorinba.

Dzsingisz kán jurtája

Megkövesedett fák

Karakorum

Reggel korán kelünk, reggelizünk. Erdzsal még bemegy autószerelő ismerőséhez, átnézeti a kocsit. Nem értjük, minek ez az elővigyázatosság, hiszen a mai fővárosból a régibe utazunk, nem lehet olyan nagy gond. Persze, még nem ismerjük az itteni utakat! Utána irány Karakorum! Soma már otthon erről álmodott, azt mondta, ha eljut Mongóliába, itt már akár gyalog is elmegy Dzsingisz kán egykori fővárosába. Gyalog ugyan elég hosszú lenne, négyszáz kilométer Ulánbátortól, itt autóval is legalább nyolc órás út. Erdzsal gyorsan, ügyesen vezet, a gond az, hogy a betonutat még építik, ötven kilométer után le kell térnünk róla, mellette hajtunk a pusztában. A jármű hatalmasakat ugrál a keréknyomban, kapaszkodunk az ülésbe, nagyon élvezem, olyan, mint a Vidámparkban. Tetszik a táj, a levegő tiszta színe, az elénk keveredő nyájak, kecskék, birkák, jakok. A gyerek egy darabig játszik a forgójával, eszik, iszik, aztán mond valamit. Az anyja fölkapja, kilógatja az ablakon, és a kicsi végigrókázza az autó oldalát. Ekkor állunk meg először, három-négyórányi út után éppen ideje. Takarót terítünk le, Burma igazi kis pikniket varázsol elénk, teát is próbálunk főzni, de a mini melegítő nem működik. Nem baj, nekünk így is túl bőséges az ebéd, a gyomrunk beszűkült, a hósorból kettőt bírok legyűrni, Soma hárommal csúcsot javít. Pisilünk is, engem zavar egy kicsit, hogy a látóhatárig sík a vidék, itt-ott a néhány kis bokor csak a lábszáram közepéig ér. Burma eljön velem 10-12 méterre, aztán mutatja, ő itt elvégzi a dolgát, én, ha akarok, még mehetek pár lépést. Mivel senki nem törődik velem, próbálom túltenni magam a belém gyökeresedett nevelésen, aztán hirtelen rádöbbenek: itt vagyok Mongóliában, nehogy már egy kis pisilés legyen a probléma! Mikor visszamegyek a többiekhez, Burmáék mosolyognak: lehet, tudják, a nyugatiakban sok beépített gátlás működik. Egyre kedvesebbek. Remélem, nem csak arról van szó, hogy barátságos természetűek, hanem mi is megfelelően viselkedünk, igyekszünk maximálisan alkalmazkodni a családhoz. Könnyű, hiszen jókedvűek, segítőkészek, úgy bánnak velünk, mintha rokonok lennénk.

Délután érkezünk meg az ősi Karakorum köveinek felhasználásával épült Erdene Dzuu kolostoraihoz. A pusztában hirtelen hatalmas fal tűnik fel, óriási területet határol. A falakat bástyaként őrzi száznyolc sztúpa, belül kolostorok, szentélyek. Burmáék végre szabadfoglalkozást adnak, elköszönnek tőlünk. Esik az eső, nem akarnak velünk bámészkodni, inkább elmennek uzsonnázni valamerre. Hívnak minket is, de nem vagyunk éhesek, bőven elég volt az útközben elfogyasztott étel, már rohannánk be a hatalmas kapun. Végre egyedül maradunk, ki törődik az esővel! Az első épületben a porta-bolt önmagában is látványosság, tele emléktárgyakkal, régiségekkel. A területen szabadon lehet nézelődni, ha jegyet is váltunk, azzal be lehet menni a kolostorokba, angolul tudó idegenvezető kalauzol bennünket. Ekkor már szakad az eső. Pár perc alatt hihetetlen víztömeg zúdul le, mindenütt hatalmas tócsákban áll a víz, a sziklás talajon nem tud elszivárogni. Két kolostort végiglátogatunk, szaladva egyiktől a másikig, mi még mennénk tovább is, de azt mondja a vezetőnk, inkább jöjjünk holnap ugyanezzel a jeggyel, záróra! Bőrig ázva jutunk vissza a portásfülkéhez, egy darabig válogatunk a turistaboltban, aztán kimegyünk, hogy végignézzük a fal melletti néhány bazárt. Ott is zárnak már, pakolnak össze, topogunk, kinn még esik az eső, Burmáék sehol. A harmadik bódéban végre foglalkoznak velünk. Észreveszek egy hihetetlenül szép, aranyszállal átszőtt, nehéz selyem női viseletet, délt. Megtapintom, tudom, hogy nincs rá pénzünk, de legalább megsimogatom! A mama odapattan, potenciális vevőt lát bennem, már akasztja is le fecsegve a vállfáról, adja rám, forgat a tükör előtt. Persze a ruha gyönyörű, látja rajtam, hogy nagyon tetszik, sóvárogva simogatom, ráteszem az övemet, tökéletes. Kérdezzük, mennyibe kerül? Ötvenezer tugruk! Ez jó ürügy arra,

45

hogy levessem és kiosonjunk, de a mama nem engedi. Mennyit adunk érte? Gyors összepillantás Somával. „Mondd, anyu a felét, akkor úgyis kihajít bennünket!" A néni látja, hogy tanakodunk, nem várja meg a javaslatot, pillanat alatt lealkudja magát, mosolyogva mondja: Huszonötezer! El sem merjük hinni, ez magyar pénzben kb. ötezer forint, már fizetjük is, le sem vetem a ruhát, hideg van, az eső miatt lehűlt a levegő. A mama még anyáskodva végigsimítja rajtam, és már kinn is vagyunk. Burma, mikor meglátja, el sem hiszi, hogy ennyiért megkaptuk. A barátnője varrónő, tudja, hogy ötven-hatvanezer tugruk a modern anyagú dél, ezen meg látszik, hogy régi, aranyszálas selyemanyagból van, sokkal értékesebb. Ráadásul meleg, nem is ázik át, pedig az eső változatlanul esik.

Burmáék autóba ültetnek bennünket, elvisznek rokonlátogatóba. A település, ahová megyünk számunkra szokatlan: beton sehol, egyenes, köves talajú utcákból áll, az utcákon hatalmas, mély tócsák, nagy részük kikerülhetetlen, a gyalogosok a magas fa kerítések oldalában próbálnak haladni. A házak fala egyrétegű széldeszka, előtte víz, azon keresztülvezetett pallók, amin bejutunk a két helyiségből meg egy picike előszobából álló épületbe. Belül sem vakolás, sem festés nincs, a falakon rengeteg drapéria, szőnyeg, szőttesek, amik otthonossá, meleggé teszik a szobát. A falak mellett heverők, matracok, ládák, a főhelyen a televízió. Rengeteg a gyerek, tágra nyílt szemekkel bámulnak bennünket. Magasra emelt lábbal lépjük át a küszöböt, hangosan köszönünk mongolul. Nem ismerjük a szokásokat, zavartan álldogálunk, míg egy néni megmutatja, hová ülhetünk le. Kapunk egy-egy kis kerekaljú szilkét, töltenek bele igazi szuutej cajt, a híres forró, sós tejes teát, amiről már annyit olvastunk. Rá is kérdezünk, hogy valóban az-e, mert sokkal rosszabbra számítottunk. Meglepően ízletes, kérünk még! Jólesik a melege, az enyhén sós íz oltja a szomjat, a tej az éhséget, óriási találmány. Kapunk szárított túrót –aaruult –, mongol házi süteményt. Otthonosan érezzük magunkat, mosolygunk, visszamosolyognak ránk. Néhány mondattal is próbálkozunk. Nem tökéletes, de látják az igyekezetünket; érezzük, hogy nem vagyunk idegenek.

Közben besötétedik, még mindig nem tudjuk, hol fogunk aludni. A sátor velünk van, nem idegeskedünk, Mongóliában nem gond a vadkemping, hiszen az ország lakóinak túlnyomó része folyamatosan vadkempingben él. Még örülnénk is, ha a szabadban tölthetnénk az éjszakát. Burmáék kevésbé nomádok, mint mi, elvisznek egy Karakorum melletti jurta-kempingbe, ahol éjszakára lehet bérelni a központi épületben szobát, vagy a lekerített részen egy egész jurtát. Nagyon tetszik, lelkendezünk, hogy milyen gyönyörű a szálló a fafaragásos oszlopokkal, tornáccal, csodálatos a díszes, négyágyas, meleg szőnyeges jurta is – már nagyon fázunk – aztán fájó szívvel kénytelenek vagyunk közölni, hogy mi mégis a kemping mellett, a pusztában verjük fel a sátrunkat, egyszerűen nem jut pénzünk szállásra. Ez valóban így igaz: nem tudjuk, mennyi lesz az útiköltség a nomádokhoz, a visszafelé szóló jegyet sem vettük meg még Moszkváig, be kell osztani minden fillért. Burmáék bemennek a recepcióra, ők mindenképpen fedett helyen alszanak a kicsi fiúval, mi ketten Somával elmegyünk a szakadó esőben sátorhelyet nézni.

A hőmérséklet nincs tíz fok sem, rajtam a nyirkos dél, Somán csak egy átázott, vékony pulóver van a vizes póló felett, vacog. Fény sehol, csak a kempingben világít néhány lámpa. Járkálunk a környéken az éjszakában. Találunk egy folyót, sötétlik a gyorsan rohanó jeges hideg víz, a partja sáros, nem igazán barátságos. A kemping kerítésén kívül lenne hely, de minden nagyon nedves, kicsi patakocskák bujkálnak a lábunk alatt. A talaj köves, sziklás, sima terület sehol. Hová verjük fel a sátrat?

Mikor átfagyva visszaérkezünk, Burma meghív bennünket, aludjunk mi is a jurtában, ők mindenképpen kifizetik, négyszemélyes, nekünk is jut hely. Persze tiltakozunk – eddig is olyan sokat tettek értünk, etettek-itattak, nem akarunk a terhükre lenni. A férj mongolul nagyon mérgesen morog valamit – tényleg félelmetes ember –, Burma fordítja: „Erdzsal azt mondja, aggódik értetek, és ha nem fogadjátok el a szállást, akkor igazán meg fog haragudni!" Erdzsal nyomatékképpen nagyon csúnyán néz ránk, úgyhogy ez a végső érv, bár a szeme nevet. Berendezkedünk a jurtában, középen begyújtják a kályhát, forró teát hoznak, végre levesszük a szétázott ruhákat, a csomagból veszünk elő szárazat, lassan felmelegszünk. A kicsi összekakilja magát – még nincs hároméves, de már nem pelenkás –, a popsiját már nevetve együtt mosogatjuk. Csodálatosan alszunk, végre igazi jurtában!

Az első obó, a Kis-Góbi

Másnap reggel ragyogóan süt a nap. Somával előző este láttunk egy „közeli dombon" – öt-hat kilométernyi távolságra, és inkább hegy – emelt obót, nagyon szeretnénk felmenni. A hátsó gondolatunk az, hogy végre, ideérkezésünk sokadik napján gyalog felmászhassunk egy gyönyörű, teljesen kopár hegyoldalon. Soma visszaemlékszik, hogy amikor megérkeztünk Mongóliába, már a vonaton elhatározta, ahogy leteszi a lábát a sín mellé, nekiindul az első hegynek, meg sem áll a tetejéig, ott hanyatt fekszik, és órákig bámulja az eget. Hát ebből az elképzelésből eddig semmi nem lett, de már nagyon vágyunk rá. Burmáéknak megmagyarázzuk, mit tervezünk. Rábólintanak, tessékelnek be a kocsiba. De hát mi gyalog akarunk menni! Nem, arról szó sem lehet. Hiába mondjuk, hogy mi hamarabb ott leszünk, mint ők autóval, hajthatatlanok. Kezdünk rádöbbenni, hogy a mongolok gyalog maximum tíz métert hajlandók menni saját kedvükre, ahogy annakidején ló hátán éltek-haltak, most ezt a szerepet a járművek töltik be. Nem véletlen, hogy a sziklás talaj ellenére a hagyományos mongol csizmának csak egy puha, könnyű bőr, nemez talpa van: a földet szinte soha nem érintették vele!

Beülünk hát a kocsiba, nekiindulunk. Betonúttal Ulánbátor óta nem találkoztunk, az autó nem bírja a toronyiránt meredeket, kanyargunk jobbra-balra, végül feljutunk a szomszéd hegycsúcsra. Sóváran nézzük a völgy túloldalán, légvonalban néhányszáz méterre emelkedő, hatalmas, színes szalagokkal díszített kőhalmot. Mondjuk, hogy akkor már inkább tényleg gyalog mennénk, de nem engedik. Tudjuk, hogy ha ránk lenne bízva, itt le, ott fel, tíz perc alatt megmásznánk az emelkedőket! Így az autóval átegyensúlyozunk a két csúcs közötti, csak az Erdzsalhoz hasonló vezetőknek járható gerincen, végül eljutunk az obóhoz. Ez nem egy egyszerű kőhalom, hanem igazi turista-látványosság: monumentális, emeletnyi magas, rajta rengeteg kék és fehér selyemsál, nyakláncok, ajándékok. Ráadásul fallal körbekerített, a falon freskók, buddhista jelképek. Meghajlunk, nap-irányban háromszor körbejárjuk, minden kör után újra hajlok, mellemet, homlokomat összetett kezemmel érintve. Nem vagyunk buddhisták, de ez a hitvilág közel áll hozzánk, egyébként is megadjuk a tiszteletet minden olyan vallásnak, ami jobbá teszi az embereket. Végül az obót méltónak találva elhelyezem rajta Kövesi Pétertől, Reiki mesteremtől kapott kis kerámia ajándékot.

Körbenézünk a fal mellett kipakolt árusok asztalain. Sok mindenre vágynánk, de nem ismerjük még az itteni árakat, nem merünk költeni. Lesz még rá időnk!

Utána ismét autóba ülünk, visszamegyünk Erdene Dzuuba. Burmáék reggelizni indulnak, hívnak minket is, de inkább újra megnézzük a kolostort, felhasználva a tegnapi jegyünket. Nem vagyunk éhesek, reggel ittunk teát, a táskában van mazsola, dió. Házigazdáink lassan rájönnek, hogy legszívesebben étlen-szomjan, alvás, pihenő nélkül, egy menetben rohannánk végig Mongólián, gyűjtve az élményeket, képeket. Kimenőt kapunk délig, sietnünk kell, ha mindent látni akarunk!

Körbejárjuk a területet, benézünk az épületekbe, tele tüdővel szívjuk be a füstölők fanyar illatát. Szép idő van, süt a nap, fúj a szél, a délem – természetesen az van rajtam – ragyog a fényben. A kolostor hátsó kapujánál kis ösvény indul a pusztába, turisták sétálnak rajta. Van még egy kis időnk, nekiindulunk. Negyedóra gyaloglás után eljutunk Dzsingisz kán hatalmas kő-teknőséhez. A két méteres tömbből faragott szobor áll a mezőn, bölcs tekintettel nézi a messzeséget, szája sarkában kis mosoly. Tudja, hogy a körülötte bámészkodó emberek jönnek és elmúlnak, mint az éjszakák és nappalok, de ő itt marad az idők végezetéig. Fényképen láttam már, de nem is gondoltam volna, hogy ilyen hatással lesz rám. A nap szórja sugarát, a látóhatáron Karakorum falai, más épület sehol, csak a föld, az ég és hatalmas, bölcs, jóságos teknős. Megsimítom az érdes követ, fejemet ráhajtom, megmártom kezem a hátán lévő kis medence vizében, nem tudok tőle elszakadni. A turisták gépeiket kattogtatják körülöttünk, de nem érdekel, hiszen annyira jelentéktelen az emberek nyüzsgése a szobor időn kívül álló mozdulatlansága mellett! Soma lefényképezne, de nem akarom, szentségtörésnek érzem. Így nem hozok el mást, mint az emléket, és az átforrósodott, mégis hűs kő érintését a tenyeremen.

Erdene Dzuuba visszaérve Burmáék már várnak. Titokzatosan mosolyognak egymásra, de nem mondják, hová megyünk még, vagy ha mondják is, nem értjük. Az út hullámzik, a nap egyre melegebben süt. Egy váratlan kanyar után a maradék növényzet is eltűnik, a forró homokon tevék álldogálnak, távolban, a sivatagban jurták fehérlenek, az út mellett parkoló autók, turisták. Ez a Kis-Góbi, szintén kedvelt kirándulóhely. Akinek nincs ideje délre utazni, az itt, a nagy sivatag északra nyúló területén csodálhatja meg a látóhatárig ívelő homokdűnéket. Mosolygós, kerekarcú mongol férfi vezeti hozzánk a tevéjét, s ajánlja, fillérekért tevegelhetünk a sivatagban. Soma szabadkozik, de tudom, ez évek óta a szíve vágya, utunk tervezésekor nagyon nehezen nyugodott bele, hogy a Góbiba nem lesz lehetőségünk eljutni. Van annyi aprópénz nálam, hogy be tudom fizetni. Tekintetemmel követem őket, amíg el nem tűnnek a dűnék között. Felmegyek a közeli dombra, a homok süti a lábamat, de már onnan sem látom őket. Bő negyedóra múlva kerülnek elő, Soma ragyog, lefényképezem. Én is felülök, de nekem túlságosan billeg már felállásnál, magas is, a kengyelből kicsúszik a lábam, ennyi elég is, örülök, hogy épségben lejutok róla. Utána, bár Burmáék sürgetnek bennünket, nekirohanunk a sivatagnak: Soma addig akar menni, míg minden, civilizációra utaló jel eltűnik a szeme elől. Egyik dűnét másszuk meg a másik után, előre, mindig távolabbra... A nagy semmiben leülünk egy tüskés akáciabokor mellé, körülöttünk a homok, felettünk az ég, nincs hangunk szólni, beleolvadunk a mindenségbe, a csendbe, a „sehol"-ba. Nem tudom, meddig maradunk itt, nekünk évszázadoknak tűnik. Aztán szaladgálunk, bohóckodunk egy kicsit, Soma kúszik a homokban – „Vizet, vizet...!" – hörgi –, én meg fényképezem.

A Kis-Góbiban tett kitérő után órákon keresztül rázódunk a fűcsomók között. Kérdik, fáradtak vagyunk-e, nem lenne-e kedvünk hazafelé menet megnézni egy hegyen épült kolostort? Dehogynem! Mi, fáradtak? Soha! Mennyi az a kitérő? Á, nem sok, csak ötven kilométer az úttól. Ó, hát az maximum egy órányi lehet. Örömmel megyünk, nem vagyunk kimerültek, az élmények feledtetik az éhséget, szomjúságot. Azt viszont nem mondják, hogy a letérőn az út csak két kéréknyom, óriási huppanókon, fűcsomókon, kiszáradt patakmedreken át vezet! Legnagyobb sebességünk sem több húsz km/óránál, Soma mégis rendszeresen veri a fejét az autó tetejébe. A gyerek most nem kezd hányni, mi meg még élvezzük is, olyan, mint a hullámvasút és a rázkódó szék keveréke. Kapaszkodunk az ülésekbe, nevetve dőlünk jobbra-balra. A távolban kavicsok tűnnek fel, egymás hegyén-hátán hevernek, olyan, mintha óriási gyerekek játszottak volna velük. Közelebb érve látjuk, hogy igazi kavicsok, simára koptatottak, mintha folyó hordta volna össze őket, csak éppen 2-3 emelet magasak. Soma tudja, hogy nagyon szeretem az ásványokat, minden kirándulásról teletömött zsebbel térek haza. Biztat:

– Anyu, innen vigyünk haza néhány követ!

Vinném én, boldogan, ha elég nagy zsebem lenne! Iszom a látványt: a kavicsokból hegyek emelkednek, minden átmenet nélkül a pusztában, itt-ott a résekben gyökeret vert néhány csenevész, szélfútta fa, másutt még fű sem nő rajtuk. A kavics-hegyek öblében megállunk, a szemközti oldal tetején kicsi kolostor fehérlik. Burmáék azt mondják, ők nem jönnek, mi felmászhatunk, ha akarunk, de legfeljebb negyedórát kapunk, szeretnének sötétedés előtt hazaérni. Ha nem jövünk vissza idejében, bizony, itt hagynak! Nekiindulunk hát rohanva a meredélynek. Fa, bokor alig, csak egy kis, hordalékkavicsos ösvény vezet fel. Lábunk mellett a mélység, kapaszkodó, korlát sehol, Somát fékezném, tartanám, de az én lábam is csúszik, inkább én kapaszkodom belé. A kövek kifordulnak talpunk alól, pattognak le a hegyoldalon, nem merünk utánuk nézni, nehogy leszédüljünk a mélységbe. Sietünk, néha még a kis nyom kanyarulatait is sikerül lerövidíteni. Végre lihegve feljutunk a kolostor picike tornácára, korlát persze itt sincs, de nem bánjuk. Kinyílik előttünk a táj, alattunk a szakadék, még az a kis terület sem vízszintes, ahol az épület emelkedik. Lenn romok, a távolban hegyek és a puszta, Magyarországon soha nem látott távlatok. Követ teszünk a kolostor melletti obóra, és indulunk vissza. Lefelé egy kicsit nehezebb – kiszámíthatatlanul gördülnek a lábunk alatti apró kövek –, de visszajutunk időben. Mikor újra felnézünk, el sem tudjuk hinni, hogy bő negyedóra alatt megmásztunk egy ekkora hegyet, és még nézelődni is volt időnk.

Patakmedreken, zsombékokon át zötykölődve jutunk vissza az éppen épülő főútra. Kis ideig haladunk a megépült szakaszon, aztán jön egy útlezárás, megint le kell hajtanunk a pusztába. A gyerek nyűgösködik, Erdzsal is türelmetlen lehet már egy kicsit, mert párszáz méterrel odébb nyaktörő lendülettel nekirohan a hárommmétes töltés oldalának, felkapar az autóval, és mosolyogva hajt tovább a félig kész, salakos úton. Beton ugyan még nincs alattunk, de legalább sima! Több kilométerrel odébb, az útlezárás másik végénél lehajt – ez legalább olyan félelmetes, mint a feljutás – aztán vissza, végre betonon megyünk.

Sötétedéskor érünk vissza Ulánbátorba. Burmáék valami kempinget emlegetnek, meg Burma szüleit. Nem értjük, mit beszélnek, már valóban fáradtak, éhesek vagyunk, sem kedvünk, sem pénzünk nincs kempingbe menni. Úgy véljük, azt akarják, hogy mi aludjunk valahol másutt, ők meg mennek haza. Mikor látják, hogy nem értjük őket, nem magyaráznak tovább, s mi is úgy gondoljuk, eddig is a sorsra bíztuk magunkat, majd csak lesz valahogy. Akkor élénkülünk fel ismét, amikor felmegyünk az Ulánbátort övező jurta városba. Szűk, nagyon meredek kis utcák kanyarognak, útburkolat, járda sehol, hatalmas, mindent ellepő tócsák – a sziklás talajban nem tud leszivárogni a víz, minden mélyedésben megáll. Az udvarokat magas deszkakerítés övezi, mögötte faházak, jurták. Felhajtunk egészen magasra, a legszélső házakig, ott befordulunk egy kapun, tessékelnek ki az autóból.

Meredek hegyoldalban kis faházikó fogad bennünket. A kicsi fiú örömmel szalad az elősétáló idős házaspárhoz, Burma anyukájához, apukájához. Kiderül, hogy ez valóban kemping, a területeket, faházakat kibérelhetik azok az emberek, akik már nem kívánnak a pusztában egyedül élni, de a forgalmas nagyvárosba sem szívesen költöznének. Itt kapnak egy független, körbekerített udvart épülettel. Ha kedvük van, beköltöznek a faházba, de ha nekik jobb, felütik a jurtát a telken. Sokan élnek így, nyáron a jurtában, a pusztában, télen a város szélén, vagy – mint Burma szülei – nyáron a faházban, télen, mikor bejönnek a mínusz ötven fokos hidegek, leköltöznek lányukhoz a városba. Itt vizet a patakról hordanak, WC-nek meg ott az egész erdő, közvetlenül a kerítés mögött. Nagyon kedvesek, behívnak, megvendégelnek, van forró sós, tejes tea, mongol sütemény, vaj, sajt, kenyér. Beszélgetünk: ők mongolul, mi magyarul, valahogy mégis értjük egymást. Közben a kicsi elalszik, készülődnénk lefekvéshez, kivesszük az autóból a sátrat, keresünk neki helyet az udvaron, de nem találunk. Vízszintes terület sehol nincs, még a ház is féloldalas, a lejtő felől alácölöpözött. Közben a hőmérséklet hirtelen lehűl, jeges, hideg, erős szél támad föl, az eső is egyre jobban esik, már vízesésszerűen zuhog, a villámok egybeérnek a dörgéssel. Benn láttuk, hogy nincs hely, egy szoba van, abban a két öreg, Erdzsalék és a kisfiú. A sátrat felverni nem tudjuk, a szél tépi ki a kezünkből. Ki-kipillantanak ránk, nézik a kínlódásunkat, végül megelégelik. Kijön Burma, félig mongolul, félig angolul magyarázza, hogy az anyukája nagyon aggódik értünk – már megint! –, semmiképpen nem hagyja, hogy kinn maradjunk. A tetőtérben van egy alacsony kis padlás két matraccal, ha az jó nekünk, mehetünk oda. Hát hogyne lenne jó! Szétáztunk, a fogunk vacog, egy rossz létrafélén felkapaszkodunk a tetőtérbe. Ott két szép kicsi ágy fogad bennünket, feljön a konyha melege, boldogan elhelyezkedünk, és a villámokkal mit sem törődve óriásit alszunk.

Kis Góbi

Kilátás egy kolostorból

A Gandan kolostornál

Ragyogóan süt a nap. Reggelit kapunk, a háziak szabadkoznak, amiért csak ilyen kényelmetlenül tudtak elhelyezni bennünket. Nem is sejtik, hogy boldogan aludtunk el és boldogan ébredtünk: nem csak a szállás volt csodálatos, hanem az a szeretet is, amivel bánnak velünk. Aztán lehajtunk a hegyről... így, a világosban az estinél is rémesebb az út. A hegyoldal még el sincs egyengetve, a mélyedésekben áll a tegnapi zivatar vize, másutt vízmosásokat mar az útba, a kocsi bukdácsol, csúszik. Itt a busz sem jár, aki le akar jutni a városba, jó darabig mehet gyalog. Vízvezeték nincs, látjuk, hogy kis kocsin húzzák fel a tele hordót. Az emberek mégis mosolygósak, tiszta tekintetűek, az utcán a friss tócsákban gyerekek játszanak kacagva.

Ez az első pihenőnapunk. Lemegyünk Burmáék lakására, megint eszünk – állandóan etetnek bennünket, azt mondják, Soma túl sovány, aggódnak érte –, pakolgatunk egy kicsit, megnézzük a számítógépen az e-mailjeinket, írunk a családnak. Burma eljön velünk a vasútállomásra, megvesszük a visszafelé szóló jegyet. Sajnos elszámoltuk magunkat egy nappal, a vízumunk csak harminc napra érvényes, a július pedig 31 napos. Ráadásul a transzszibériai vasút csak heti három alkalommal jár, így hazafelé menet Moszkvában két napot kellene töltenünk, arra meg kevés az orosz átutazó vízum tíz napja. Meghosszabbítani az itt tartózkodásunkat nem tudjuk, a legközelebbi magyar nagykövetség Pekingben van. Burma biztat, vegyük meg nyugodtan a jegyet, Moszkvában becserélhetjük a Tisza expresszre szóló helyjegyünket két nappal előbbre, biztos nem lesz akadálya. A jegy olcsóbb, mint amire számítottam, így marad annyi, hogy Burmáéknak megadjam a jurta szálló ránk eső részét. Persze nem akarják elfogadni, de összevonom a szemöldökömet, mély hangon kezdek morgolódni:

– Irgum-burgum, vaslapát!

Soma fordít:

– Anyu azt mondja, ha nem fogadjátok el, nagyon meg fog haragudni!

Nevetnek, értik a célzást, így már elfogadják a pénzt. Nagyon sokat köszönhetünk nekik, valóban a Jóisten sodort hozzájuk. Ebéd után elvisznek bennünket a Gandan kolostorba. Ez nekem volt régi álmom, még Molnár Gábor könyvében olvastam róla, tizenéves koromban. Azt hittem, távol van a várostól, nem tudtam, eljutok-e oda. Mostanra a házak körbefolyták, mégis jól elhatároltan, hatalmasan magasodik a domb tetején, kontúrja élesen rajzolódik ki a kék ég háttere előtt. A hozzá vezető teraszokon gyerekek árulják kis tasakokban az áldozati búzát. Veszünk mi is, szórunk a rengeteg galambnak. Körbejárjuk háromszor az épület előtti, hófehér, feldíszített sztúpát, minden kör után meghajlunk. Kicsit lemaradok, visszafordulva nézem a tájat, a város, mint térkép simul előttem. Soma előbb lép be a két oldalon oroszlánokkal őrzött bejáraton a kolostorba, mint én, s visszaszól:„Anyu, most jól nyisd ki a szemed, hogy minden beleférjen!" Nem értem, miért mondja, csak akkor, mikor én is átlépem a küszöböt és elém hatalmasodik két tökéletesen kidolgozott arany lábfej. Emelem tekintetemet egyre feljebb… a lábhoz monumentális, kb. 25 méter magas, méretarányos szobor tartozik, mint megtudom, több tonnányi rézből öntve, több mint száz kiló arannyal bevonva. Jóságos mosollyal, titokzatosan néz le ránk, nyakláncának ökölméretű drágakövei emeletnyi magasan vannak felettünk, korall, türkiz, smaragd fényében ragyognak. Kezei áldást osztanak, mindegyik mozdulatnak jelentése van. Körben a falak polcain három emelet magasságig több ezer kicsi szobor, egy-egy szinten száznyolc – a bűvös szám –, s minden emeletre több szint jut. Kézzel mintázottak, és nincs közöttük két egyforma. Ragyog az egész a gyertyák fényétől, az aranytól. Fülem zsong a mantrák mormolásától, a füstölők illata, imamalmok pörgése szédít, mintha nem ezen a világon lennék, visszajutottam volna régi-régi korokba. A rengeteg ember halkan mormolva halad nap-irányban körbe. Körbemegyünk mi is, megpörgetjük az ősrégi, talán több millió kéz érintésétől fényesre koptatott, szent szavakkal teleírt, domborított imamalmokat, közben mondom a mantrámat és köszönöm újra és újra, hogy itt lehetek. Kábultan lépünk ki a félhomályból ismét a ragyogó napfényre. Meglátogatjuk a kívánságokat teljesítő fát. Nekem nincs semmilyen személyes óhajom, úgy érzem, már eddig is sokkal többet kaptam a sorstól, mint amennyire valaha vágyni mertem. Csak azt kérem, jussunk majd haza épségben – nem magam miatt, hanem mert tudom, hogy az otthoniak féltenek bennünket.

Aztán megint autóba ültetnek, kivisznek Ulánbátor legismertebb emlékművéhez, a szocializmus idején készült, szovjet–mongol barátságot jelképező monumentális mozaik-ívhez. Két enyhe lejtésű domb emelkedik egymás mellett, egyiknek az oldalában hatalmas mongol címer, a másikén Dzsingisz kán mellképe látható, több száz méteres ábrák, fehér kővel kirakva. A harmadik, legmagasabb domb tetején koronaként rajzolódik ki az emlékmű.

Burmáék nem jönnek fel a nagy melegben a több száz lépéses, meredek lépcsőn. Mi már indulunk rohanva – lassan menni szinte fáj –, de visszahívnak bennünket és a lelkünkre kötik, hogy feltétlenül a lépcsőn haladjunk, eszünkbe se jusson a kopár domboldalban felmászni, mert „aggódnak értünk". Szabadkozunk, nem is tudjuk, miért feltételezik, hogy mi ilyesmit tennénk! Úgy látszik, ismernek már bennünket. Szófogadóan indulunk hát, megmásszuk a rengeteg lépcsőfokot, fenn ámulva gyönyörködünk a hatalmas, orosz típusú emlékműben. Körmozaik, orosz és mongol katonák, civilek barátkoznak a képeken. Jellemző az országra, hogy ezt az emlékművet nemhogy nem bántották, de ma is viszik ide a turistákat, büszkén mutogatják történelmük szocialista emlékeit. Kár is lett volna lezárni vagy lerombolni, nagyon szép. A kilátás is csodálatos: lábunk alatt terül el Ulánbátor, a völgyben a központ, pagodatetejű, ősi templomai mellett a legmodernebb, csupa üveg szállodák, körben a külváros magas kerítések között kanyargó szűk kis utakkal, az apró telkeken faházak, jurták. Távolabb eltűnnek az emberek nyomai, a puszta hegyek óvó karéjba ölelik a várost. Az emlékmű túloldalán kis ösvény vezet a hegygerincen a szomszéd csúcsra, ahol obó szalagjai kéklenek. Körbenézünk, Burmáéktól nem lehet idelátni, így merészen nekiindulunk a keskeny, veszélyes utacskának. Csúsznak a görgelékkövek, közvetlen a lábunk mellett meredek, fa és bokor nélküli oldal, száz méteres mélységben lenn autóút, korlát sehol.

Elegyensúlyozunk az obóig, követ teszünk rá, Soma körbe is járja, én nem merem, nagyon bizonytalan a túloldala, félek, hogy lecsúszom. A távolban hatalmas, arany Buddha szobor emelkedik. Jól megfér egymással az őshit obója, a buddhista jelkép és a szocialista emlékmű. Az emberek, hittől függetlenül, mindegyiknek megadják a tiszteletet, de egyikkel sem törődnek túl sokat.

Hazafelé még megállunk egy épülő téren, itt hatalmas táblán látható, milyen lesz néhány év múlva a teljes hegyoldal látképe. Szállodák, parkok, szórakozó- és pihenőhelyek épülnek ide. Gyönyörű lesz, de mi sajnáljuk a kopár hegyoldal látványát. Amíg nézelődünk, Erdzsal eltűnik. Negyedóra múlva kerül elő, hatalmas csomag frissen készült étellel. A tésztából nagy lap húsok lógnak ki, közte mustár, zöldségek. Kebab, mongol módra. Kezünkbe nyom egy-egy adagot, a leve csurog a kezünkön végig, nem vagyok éhes, de annyira ízletes, hogy muszáj megennem. Soma is ragyogó arccal falatozik, pedig ő Magyarországon iszonyodott a húsos, zsíros ételektől. Gyomra hamarabb kiürül, mindig enne szegény. Erdzsal boldog, mi is. Otthon persze ismét vacsora, este még eltervezzük nagyjából a másnapot.

Furgonnal a pusztában

Arra számítunk, ismét lesz egy pihenőnapunk, bár a szívünk már húzna tovább.

Megbeszéljük, hogy délelőtt múzeumokba megyünk, délután a piacon veszünk Somának is egy délt, és mindkettőnknek hagyományos mongol csizmát. Tartunk tőle, hogy vékony vászoncipőnk nem sokáig bírná a köves talajt. Erdzsal közben próbál kocsit szerezni, amivel elmehetünk Toya testvéreihez. Várjuk már nagyon, hogy nomádabb körülmények közé kerüljünk. Bevisznek autóval a természettudományi múzeumhoz, de annyira „aggódnak értünk" – már megint –, hogy Burma kölcsönadja a telefonját, és a lelkünkre kötik, ha végeztünk, hívjuk fel őket, akárhol vannak, értünk jönnek, hogy átvigyenek a két sarokkal távolabb lévő másik múzeumba. Szabadkozunk, de azt mondják, a mongol közlekedés annyira veszélyes, hogy aki nem szokta meg, könnyen autó alá kerülhet. Nem tudják, hogy Magyarországon milyen a vezetési stílus! Mi nem félünk, de végül mégsem kell hívnunk őket, mert a Természettudományi Múzeumnak háromnegyedénél sem tartunk, amikor telefonálnak, hogy jönnek értünk. Mi még maradnánk, hiszen csak a Góbiban talált hatalmas dinoszauruszok termében több mint egy félórát töltöttünk, lenyűgöz bennünket a két emelet magas, óriási, teljesen ép csontváz, a vödörnyi tojások, a csak filmekről ismert sok különleges élőlény maradványa. Hívnak bennünket, muszáj mennünk.

Átsietünk a hátralévő helyiségeken, odakinn már türelmetlenül várnak bennünket. Erdzsal talált egy furgont, de az délután öt körül már indul, addig még a piacon be kell vásárolni, telefont venni, összepakolni, elmenni az indulóhelyre és már dél elmúlt. Nagy rohanás kezdődik! Autónk a forgalomban lassú lépésben

„nyargal" a piac felé, útközben Burma bemegy egy nagyáruházba, SIM-kártyát vesznek a kölcsönkapott telefonba. Beugrunk egy könyvesboltba is, Erdzsal segít térképet választani, bár ez elég nehéz, mivel a bejelölt utak vagy még nem épülnek, vagy egészen máshol vannak, vagy sohasem voltak. Közben én boldogan fedezem fel és vásárolom meg a mongolul írt, tradicionális Reikiről szóló könyvet. Sietünk, nincs sok időnk nézelődni. Az egyik piac be van zárva, át kell jutnunk a város túlsó végébe a másikhoz. Gyalog gyorsabban mennénk, de az természetesen szóba sem jöhet.

A piac csodálatos, el is határozzuk, hogy ha visszaérünk, külön erre szánunk egy napot, de majd egyedül, mert most Erdzsalék úgy őriznek bennünket, mint kotlósok a csibéket. Előttünk, mögöttünk jönnek, terelgetnek, mutatják, hogyan szorítsuk magunkhoz a táskánkat, mert, mint mondják, a piacon vannak „rossz mongolok" is, akik lopnak! Mi a magyarországi vásárokhoz, zsibogókhoz szokva már rutinosan jönnénk-mennénk, nekik riasztó a lökdösődős, kizsebelős, nyüzsgéstől hangos vásár, amit mi éppen így szeretünk. A délt hamar megveszszük, egyetlenegy van csak, ami árban még elviselhető, és jó a Soma majdnem kétméteres magasságához –, a csizmával viszont bajban vagyunk. Három sor cipőárusa szalad össze. Mikor meglátják Soma 47-48-as lábát, röhögnek, egymás és a Soma hátát csapkodják, átkiabálnak több sorral odébb, pillanatok alatt csizmák, cipők tömege van körülöttünk. Minden visszafogottság nélkül, annyira őszintén tudnak derülni, hogy az nálunk szinte elképzelhetetlen. Nekünk persze éppen ez a jó: a családunk itthon jóval felszabadultabb, mint az illő lenne, gyakran kifejezetten kellemetlen, hogy az érzelmeinket, gondolatainkat savanyú álarc mögé kellene gyömöszölnünk, csak azért, hogy ne váltsuk ki mások rosszallását.

Soma lábára műanyag zacskót húznak, hátha attól jobban csúszik, próbálgatják egyik csizmát a másik után, már azt sem tudjuk, melyik lábbeli kié, de ha kicsi, akkor kicsi, nem lehet mit tenni. Végül találnak egyet, ami éppen jó, arra alkudunk, de adják is olcsóbban, tetszik nekik a nagylábú magyar gyerek.

Végül mindkettőnknek egy-egy pár csizmát majdnem annyiért kapunk, mint amennyiért eredetileg egy pár lett volna. Utána Erdzsal elrohan Somával a csizmákat talpaltatni, én bemegyek Burmával egy boltba, útravalót venni. Van némi kis nézeteltérésünk: Burma az éhen- és szomjan halástól féltve bennünket a fél boltot megvetetné, kínálja a kínai készételeket, kekszeket, konzerveket, de nekem csak kiló kenyér, kevés sajt, túlélő-csoki és sima ásványvíz kell, nem is férne a táskánkba több. Utána rohanás haza, egy negyedórát kapok, hogy tisztességesen bepakoljak. Reménytelen vállalkozás, így csak begyömöszölöm a hátizsákokba a szárítóról, fiókokból, ajtó háta mögül összekapkodott ruháinkat, takarókat, hálózsákokat, ajándékokat, sok szükséges és fölösleges holmit. Burma rábeszél, hagyjuk ott az összes iratunkat, vonatjegyeket, mert ha azok elvesznek, eláznak, nem tudunk hazamenni, de azt tanácsolja, hogy a pénzünket viszont mindet vigyük el, ha valami baj lenne, ne maradjunk ott a pusztában fillér nélkül. Én eredetileg pont fordítva akartam – meg sem fordult a fejemben, hogy igazolványok nélkül utazgathatunk –, de ő jobban tudja, hallgatok rá. A csomagolás törvényeinek megfelelően a holmink nem fér bele azokba a táskákba, amikben idáig hoztuk, a lóbőr tarisznyám mellett még szatyrot is kell vinnünk, de végül mindent összeszedek.

Lerohanunk az autóhoz – Erdzsal a táskáinkat felkapva siettet bennünket, mi még mindig nem tudjuk, hová megyünk. Térképen megmutatják ugyan Rashaant pöttyöcskéjét, de hogy ott ki, mi vár bennünket, nem tudjuk, csak azt, hogy kb. 500 km-re, magyarországnyi távolságra van Ulánbátortól.

A város másik végén, parkoló autók, kisbuszok között egy téren állunk meg. Erdzsalék egy ócska, ütött-kopott, borzalmas furgonhoz terelnek bennünket. Háromszor három ülés van benne, szorosan egymáshoz tolva, a hátsó és középső sor előre néz, az első ülés szembefordítva a középsővel, köztük kb. tizenöt cm távolság, ahol a lábaknak kellene lenniük. Nem lehet nagyobb helyet hagyni, mert a kocsi hátuljában vannak a csomagok, a két táskánkat már oda sem tudják begyömöszölni, odapréselik az első üléssor és a vezető széktámlája közé. Még szerencse, hogy nincs benne törékeny holmi! A hátsó soron már ülnek egymás hegyén-hátán öten, a második soron szintén. Somát bepréselik az első sorba negyediknek, Erdzsal kiharcolja, hogy én, mint idősebb nő és külföldi, előre üljek, a vezetőfülkébe. Ott sem kényelmes, ölemben a szatyrok az enni-innivalóval, tarisznyám, tarsolyom, lábamon a hatalmas mongol csizma – felvettük, mert nem tudtuk hová tenni –, mellettem a sofőr holmija, de össze sem lehet hasonlítani a többiekével. Öt körül indul a kocsi. Burmáék integetnek, bennünk lassan kezd tudatosulni, hogy milyen bizonytalanságba kerültünk. Ennivalónk épp hogy két napra elég, irataink ottmaradtak, és azt sem tudjuk, hová, milyen körülmények közé jutunk.

Az autó elindul ugyan ötkor, de nyolc óra tájban érjük el Ulánbátor határát. Én bírom valahogy, de Soma már nagyon rosszul van. A városon átvezető főút, amin lépésben haladunk, 4-6 sávos, mi középen megyünk, jobbról-balról rengeteg autó, folyamatosan lassítunk-gyorsítunk, harminc fokos a meleg, és a picike ablakon dől be a tömény kipufogógáz. Én legalább kilátok a vezetőfülkéből, de Soma szegény háttal ül, olyan magas, hogy a furgon ablakának felső széle a szemmagassága alatt van, semmit nem lát, csak a mellettünk haladó autók kerekeit, meg a szürke betoncsíkot. Ráadásul csak összegörnyedve tud elhelyezkedni, a fejét így is minden zökkenőnél beleveri a tetőbe. Nem tudok rajta segíteni, hátra-hátranézek rá, biztatom, hogy mindjárt túl leszünk rajta, de három óra elteltével már nem igazán hatásos a vigasztalásom. Nagyon szenved szegény, fáj a háta, dereka. A hirtelen rántások is kikészítik, a gyomra felfordul, küzd a hányingerrel. Itthon az autópályán is megállunk pihenni néhány óránként, de most szó sem lehet róla, rengeteg pöfögő, dudáló, fojtó gázt eregető jármű veszi körbe a furgont. Ráadásul még csak a város szélén vagyunk annyi idő alatt, amennyi Magyarországon 200-300 km-re elég.

Végül kijutunk Ulánbátorból, az autónk leparkol egy magányos benzinkút közelében. A tapasztaltabbak kiszállnak, elmennek a pusztába pisilni, a férfiak csak néhány lépést, a nők kicsit távolabb. Mi maradunk a kocsi mellett; nem tudjuk, mi van, meddig állunk. Eltöltünk itt majdnem egy órát, próbálom Somát etetni, délben a nagy sietségben nem volt rá időnk, de nem kér, felkavarodott a gyomra, türelmetlen, ideges, menne már tovább, hiszen négy órája vagyunk úton, és nem haladtunk ötven kilométernél többet. Végül megérkezik a sofőr váltótársa és barátnője. Engem csomagostól kitessékelnek a vezetőfülkéből, begyömöszölnek Soma mellé ötödiknek a három ülésre, helyemre felszáll a most érkezett nagydarab mongol fiatalember, a lány meg bekuporodik közéjük a két ülést elválasztó kis pakolóhelyre. Persze nem örülök neki, de legalább így Soma mellett lehetek.

Végre újra indulunk. A három ülésen az ablaknál van egy fiatalasszony, aztán én, mellettem Soma, rajta túl egy hatalmas, széles vállú, csupa tömör izom fiatalember, túlsó szélen egy termetes, bajuszos öreg, jó magyaros külsejű. A bácsi, ahogy elindul a furgon, az ablak felé fordul, keresztbe ül az üléseken, a két kezét csípőre rakja, legalább másfél helyet elfoglal, a maradékon osztozunk mi négyen. Sem hátra, sem előrehajolni nem tudunk, csak élével, féloldalasan ülünk, a szatyrok a lábunk alatt és az ölünkben. Még szerencse, hogy a kemény mongol csizma van rajtunk, mert a szemben lévő ülés és a mienk között picike a hely, tíz embernek húsz térde szorul össze, folyamatosan tapossuk egymást. Így utazunk megint egy órát, akkor ismét megállunk egy városszéli étteremnél. A többiek bemennek, nekünk nincs étvágyunk, a hagyományos húsos mongol ételt le sem bírnánk nyelni. Az épület mellett csipegetünk egy kis kenyeret, sajtot, jön egy kóbor kutya, adunk annak is. Elmegyünk a sötétbe, elvégezni a dolgunkat – fény csak az étteremnél van –, aztán indulunk tovább. Félóra múlva megint megállunk, a pusztában ekkor már teljesen sötét van, méterekre sem lehet látni, még a hold sem világít. A szembejövő furgon lerobbant, a sofőrünk odamegy, segít neki, nem mond semmit, mi benn maradunk, várunk.

Eltelik félóra. Az ajtónk bezárva, senki nem száll ki. Nem tudjuk, mikor indulunk tovább. Újabb félóra. Ülünk a sötét autóban, nyomorogva, összeszorulva, alig kapunk levegőt. A mongolok próbálnak szunyókálni. Nekünk nem megy, a vállunkat nem tudjuk kiegyenesíteni, a gerincünk elcsavarodott, a fejünk fáj, a hasunk csikar – szóval minden bajunk van már, csodáljuk a mongolok türelmét. Végül a bácsi sem bírja, feláll, és igazi magyar parasztember módjára elkezd ordítani, szidja a sofőrt és az egész világot, közben tenyérrel csapkodja a kocsi oldalát. Nem értjük, mit mond, de a hanglejtés egyértelmű. A vezetőnk otthagyja a másik autót, odaballag hozzánk, szelíden magyaráz valamit. Az öreg megenyhül, leül, a sofőr visszamegy az elromlott autóhoz, szerelnek tovább... Fél tizenegy, mire újra elindulunk.

A betonút régen elfogyott, a puszta keréknyomaiban haladunk. Borzalmasan ráz. Teljes sebességgel hajtunk bele húsz cm mély árkokba, gödrökbe, ahogy kiugrunk belőle, jön a következő. Felkészülni rá nem lehet, egymást érik. Menetiránynak háttal ülünk, nem látunk ki, sötét van. Soma minden zökkenőnél beleveri a fejét a tetőbe, kínjában összegörnyed, de ha a gyomra összeszorul, rátör a hányinger. A mellette ülő fiú – mázsányi tömör izom – elalszik, fokozatosan dől rá, egyszerűen nem bírja odébb tolni. A bácsi szintén alszik, ő is mifelénk dől, én tartom a súlyt, Soma meg beszorul közénk. Ráadásul indulás óta teljes hangerővel szól valami iszonyú mulatós mongol CD: egy énekes, alájátszott gépzenével, a dal és zene ritmusa csak véletlenül találkozik itt-ott. Soma megbolondul az elrontott ritmustól, feljajdul, mikor csúsznak. Mikor lejár a CD, kezdi elölről magát, aztán megint, egy óra múlva ismét, vég nélkül. A sofőr valószínűleg az időveszteséget akarja behozni, nyargal keresztül-kasul a keréknyomokon, köveken, árkokon, út sehol. Senki nem beszélget csak mi halkan, a többiek is kínlódnak, végül hajnaltájban a többség elalszik, dőlnek egymásra, fejük a szomszéd vállán, elborulni nem tudnak, sűrűn ülünk. Én még bírom, nincs még hányingerem sem, Somát próbálnám etetni, itatni, de nem kell neki, szenved. Végül lassan felkel a nap.

„Nagyon rosszul érzem magamat!"

07. 17., szombat

Egész éjjel ébren szenvedünk. Mozogni nem tudunk, még kicsit fészkelődni sem, legfeljebb annyit, hogy odébb toljuk alvó, ránk dőlő útitársunkat. Az ablakon át csak a sötétséget látjuk, benn végig ég a villany, és hangosan szól a mulatós. Hajnalban megállunk tíz percre, keservesen kimászunk, próbáljuk kiegyenesíteni merevre gémberedett lábainkat. Fél öt van, még lusta állatként ül a reggeli köd a tájon. Ki-ki elvégzi a dolgát a pusztában. Szoknom kell ezt is: fa, bokor nincs, még egy nagyobb fűcsomó sem, hiába megyek akármilyen messzire, tökéletesen látnak. A dél rajtam van, az takar valamennyit, de nem is számít, annyira kimerült vagyok, hogy az ilyen apróságok már nem érdekelnek. Tegnap délután öt óra óta, majdnem tizenkét órája utazunk. Azóta most pisilek másodjára, egy napja nem ettem, nem aludtam. A többiek sincsenek sokkal jobb állapotban, pedig ők legalább szunyókáltak éjjel egy kicsikét. Soma is csak lazán félremegy néhány lépést. Aztán persze panaszkodik: nem szokta még meg a délt, azt mondja, ha szembe áll a széllel, minden a lába szárára megy, ha háttal fordul, a délt előre csapkodja a szél, éppen a folyadéksugár útjába.

Ennél nagyobb gondunk az, hogy az autózás sohasem volt erőssége. Magyarországon is nyitott ablaknál, folyamatosan a távolba kifelé nézve bírja az utat, most egyre erősebb hányingerrel küzd. Kínálnám reggelivel, de nem kér, nem is erőltetem; nem baj, ha üresen marad a gyomra, talán akkor jobban elviseli a további rázkódást. Beszálláskor előkészítek neki néhány zacskót, hogy bármikor előkaphassam, ha kell. Indulás után a sofőr vérszemet kap, rákapcsol, hajt, mint őrült árkon-bokron keresztül: most, hogy az enyhe fényben már lát is valamit, egyre merészebb.

Nagy vigaszunkra szolgál, hogy nem Soma kezd először hányni a kocsiban. A vezető befékez, még meg sem állunk, már tépik fel belülről az ajtót. Akinek már nagyon sürgős, öklendezve, nyögve mászik át a többieken, jó esetben ki is jut. A többiek iparkodnak utána, az autótól néhány lépésnyire megállnak hányni, mások odébb mennek néhány lépést, pisilnek. Aztán robogunk tovább. A picike nyitott ablak ellenére egyre kellemetlenebb, tömény savanyú szag terjeng az összezsúfolódott emberek között, a beszivárgó kipufogógáz is csökkenti az oxigén mennyiségét.

Soma zacskója mindenre készen az ölében, de már a rosszulléttől remeg, nem is veszi észre, amikor a kis nylon – az utolsó, mert a többi már megtelt – lecsúszik a lábak alá. A velünk szemben ülő fiatalasszony öklendezik, férje segítően öleli, majd kotorászni kezd, előhúzza a mélyből a Soma zacskóját, odaadja a feleségének. Tíz percig rettegek, hogy szegény fiacskám nehogy most kezdjen hányni – nincs mibe! Hála Istennek többen újra jeleznek, hogy ki akarnának szállni, így megállunk, Soma is kibírja addig, csak a kocsi mellett kezd rókázni, bár már csak szárazon, tegnap óta nem evett-ivott, ami meg volt benne, már rég kijött. És ez így megy délután fél egyig; összesen tizenkilenc órát utazunk, tizennyolcan egy tizenegy személyes ócska furgonban, csomagokkal együtt, úttalan utakon.

Fél egykor feltűnik egy kis faház a pusztában, rajta a felírás cirill betűkkel: Delguur. Tudjuk, hogy ez boltot jelent. Mindenki kiszáll, kinyújtjuk a lábainkat, van, aki bemegy vásárolni, mások eszegetnek szatyorból. A sofőr pakolni kezd, kirakja a táskáinkat a bolt mellé, int, hogy fizessük ki az utat, idáig kellett hoznia bennünket. Magyaráz valamit, nem értjük, mit akar, csak mongolul beszél, de a jelzései egyértelműek. Odaadom neki a kialkudott összeget, a táskáinkat behúzgálom a bolt melletti árnyékos területre – ahhoz nincs erőm, hogy fel is emeljem őket. Már nem érdekel, hogyan tovább, teljesen elfásultam, örülök, hogy eljutottunk épen idáig. A vezető társát bánthatja a dolog, nem sok idegen utazhat ilyen körülmények között. Odajön hozzánk, megkérdezi, hogy vagyunk. Soma beesett, szürkére sápadt arccal ül a csomagok között, karikás szemekkel felnéz rá, és tökéletes mongolsággal mondja:„Nagyon rosszul érzem magamat!"

A férfit sokkhatásszerűen éri a kijelentés, hiszen egyértelműen külföldiek vagyunk, egész úton egy árva szót nem mondtunk mongolul, nem is reagáltunk mások beszédére, ő nem tudja, hogy Soma ezt a mondatot már otthon megtanulta. Meghökken – tökéletes az arcjátéka –, aztán elkezd röhögni, odahívja a többieket, elismételteti Somával újra meg újra a mondatot, nevetnek, tetszik nekik, hogy ez az idegen fiú „Nagyon rosszul van!" A derűjük őszinte, semmi rosszindulat nincs benne. Nem bánt bennünket a dolog, tudjuk már, hogy a mongolok jó kedélyű, tiszta lelkű emberek, szívesen nevetnek, nem csak a más kárán, de a sajátjukon is. Mosolygunk hát mi is, a nap süt, és bárhogyan is alakul, a furgonos utazást már túléltük. Utána a felvidámodott csapat visszaszáll, indulnak tovább, még integetnek is, minket meg otthagynak a nagy semmiben, 500 km-re Ulánbátortól, 8000 km-re az otthonunktól, a legközelebbi pici faluból is csak néhány fakerítés látszik a látóhatáron.

Ülünk a bolt mellett a füvön, előszedem a meglangyosodott maradék vizünket, harapunk vele egy kis barna kenyeret, pár falat sajtot, amit a táskából kotrok elő. Burma pakolt mongol süteményt is, abból csak egy picit bírunk enni, mert nagyon zsíros. Olyan érzésünk van, mintha a föld még mindig rohanna, hullámzana alattunk, nincs étvágyunk. Soma kérdezi:

– Most mit csináljunk, anyu?

–Mit? Hát ülünk és sírunk! Tehetünk mást? Az állomáson egyszer már bevált!

Nem sírunk éppen, de lehet, hogy csak azért nem, mert már nincs erőnk hozzá, hogy végiggondoljuk a helyzetünket. A boltból kijönnek, végignéznek bennünket, visszamennek, ülünk, beszélgetünk.

Így telik el egy bő óra. Akkor hirtelen a bolt elé kanyarodik egy autó, mosolygó fiatalasszony száll ki, jön oda hozzánk. Mongolul üdvözöl, beszél, csak foszlányokat értünk belőle. Mutatja, hová rakjuk a csomagjainkat. Beülünk, indulunk. Nem tudjuk, nem is kérdezzük, merre, a helységneveket nem ismerjük, a térkép pontatlan, elfáradtunk, majd lesz valahogy! Élvezzük a kényelmet, hiszen csak négyen vagyunk az ötszemélyes kocsiban. Út sehol, vágtatunk a pusztában, megkerüljük a falut, áthajtunk egy szélesebb patakon is, végül odakanyarodunk egy faház elé, leparkolunk, leszedjük a holminkat, csodálva bámuljuk a tájat. Lábunk alatt rövidszárú, szálas fűcsomók, a völgy két oldalán sziklás, kopár dombok, hegyek emelkednek, tetejükön erdőcske ragyog a nap fényében. Végre olyan helyen vagyunk, ahová igazán vágytunk!

A faház mellett karámok, távolabb hidegvizű, széles patak kanyarog, a legközelebbi ember-lakta hely egy kicsi házcsoport a látóhatáron. Behívnak az egy helyiséges lakásba, mosolyognak ránk. Félve, magasra emelt lábbal lépjük át a küszöböt – nem tudjuk még, hogy mi a szokás, olvastuk, nem mindegy, hogy ki hol foglal helyet. Megállunk az ajtó mellett, megvárjuk, hogy beljebb invitáljanak, megmutassák, hová ülhetünk le. A szemközti heverőn kismama szoptatja a babáját, benn van még két-három asszony, köztük Toya lánytestvére, Ardna, férfiak és gyerekek. Nem tudjuk, ki tartozik a családhoz, ki jött csak azért, hogy lásson bennünket. Zavarban vagyunk, nem ismerjük rendesen a nyelvet, de a kedvességük hamar átsegít a kommunikációs hézagon. Kapunk szuutej cajt, kecskejoghurtot, aaruult, és hagyományos mongol süteményt. Mindenből kérünk, amivel kínálnak, a teából diszkréten kiszedegetjük a szőrszálakat, a salakot otthagyjuk az alján. Mi is osztunk ajándékokat: nagy zacskó cukorkát, leveskockát, magyar paprikát, a kislányoknak gyöngyös kitűzőt, rengeteg színes képes kártyát ehető és dísznövényekről. Utána kiülünk a ház elé – nagyon sokan vagyunk benn –, barátkozunk a gyerekekkel, kacagva tanítanak bennünket mongolul, jól szórakozunk, játszunk, és hasznos is, mert türelmesek, javítják a kiejtésünket, ha kell, százszor ismétlik a szót. Aztán megmutatják, hol verhetjük fel a sátrat –a háztól viszonylag távol, a patakparton. Hoznak termoszt forró vízzel, hogy tudjunk teát készíteni, utána végre egyedül maradunk, és nekiindulunk a dombtetőnek.

Nem meredek, könnyebb rajta haladni, mint vártam, csak visszanézni nem szabad. A végén már csak négykézláb merek menni, annyira riaszt a száz méteres, harminc-negyvenfokos, teljesen kopár lejtő. Végül nem bírom, oldalra araszolok a kiserdőhöz, a fák között haladok tovább, kiabálok Soma után, de ő mellét a szélnek feszítve rendületlenül megy, tudomást sem vesz anyja aggódásáról. Feljebb, az erdőszélen leülök, hallgatom a csendet, nézem a tájat, a dombok miatt a ház sem látszik, sehol ember. A fejem teljesen kiüresedik, beolvadok.

Az erdő aljában kurjongatás: a nyiladékon nagyszarvú ökörcsorda ballag át, nyomukban lovas, épp alattam zendít rá egy nótára. Megszakítja, míg odaszól a kutyáinak, rákiabál a lemaradozó állatokra, aztán fújja tovább. Nem vesz észre sem ő, sem a kutyák, mintha nem is léteznék. Nézek utánuk, amíg eltűnnek a völgyhajlatban, nincsenek gondolataim, belélegzem a hegyeket, völgyeket, fákat, mezőt.

Mikor újra eszmélek, keresem Somát. A fölöttem lévő hegyoldalon hever, egy öreg fa gyökerének támaszkodva. Rám néz, szeme tiszta, ragyogó. Nem kell beszélnünk: tudjuk, erre vártunk, ezért jöttünk.

Lefelé, amíg lehet, a fák között megyek, egyensúlyozom egyiktől másikig: nem szeretnék megcsúszni, legördülni, sokfelé kell még mennünk, nem hiányzik egy baleset.

Visszasétálunk a házhoz. Látjuk, hogy odalenn, a karámnál nagy a nyüzsgés! Beterelték a kecskéket, juhokat. A tolongó rengeteg állat között férfiak, festékes vödörrel a kezükben éppen jelölik a jószágaikat. Egyikük utánakap a jelöletlen állatnak, elragadja a hátsó lábát – az persze szabadulna, vergődik, ahogy bír –, aztán ketten legyűrik, befestik a szarvát, vagy a hátára kennek nagy foltot. Én még nem tudom megkülönböztetni az itteni hosszú szőrű kecskét a juhtól, de nem számít, úgysem ismerem a mongol nevüket. A karámot körbeállva a család lelkesen biztatja a férfiakat. Kell is: egy-egy 50-60 kilós, vergődő állatot nem könnyű elkapni, földre dönteni, közben elkerülni a rúgásokat! Bemegy egy asszony is, meg egy kisfiú. A gyerek a gidákkal birkózik, az asszony kéz alá tereli a jószágot, mert azok már nagyon menekülnének, megriadva, egymáson átugrálva, a másik mögé bújva. Mi is azonnal bekapcsolódunk, kívülről mutogatjuk, a tömegben hol rejtőzik jelöletlen állat. Tudjuk mongolul, hogy „ott" (tend), kiabálunk meg hadonászunk, szívvel-lélekkel veszünk részt a felfordulásban. Persze nevetünk is nagyokat, mikor a birka erősebb, és ő dönti sárba a támadóját. Nem gond, ők is nevetnek. Végül elkészülnek, a festék is elfogy, kinyitják a karámot, szélnek eresztik az állatokat, mindenki boldog.

Másik elkerített területen két néhány hetes kisborjú van kikötve. Este leballag a nyájból két tehén, a lányok már figyelik őket. Engedik a csöppségeket szopni egy kis ideig, aztán a teheneket kipányvázzák, megfejik. Én is próbálom, de nekem nem megy. A tehenek elég vadak, a hátsó lábukat kikötik, hogy ne rúgjanak, de még így is óvatosan kerülik őket. Míg egyikük fej, a másikuk tartja az állatot, beszél hozzá. Utána újra a kisborjúkon a sor: lelkesen szopják ki a maradékot. Mikor befejezik, anyjuk nem marad velük éjszakára, elballag, vissza a csordához, hamarosan eltűnik a dombok között.

A házban már várnak bennünket, meghívnak vacsorára, mormotát lőttek. Büszkén mutatják a levágott fejét az éles rágcsálófogakkal, karmos mancsocskáit, étvágygerjesztőnek. Elfogadjuk a meghívást, eszünk is néhány falatot az édeskés, alig megsózott mormotahúsból, dicsérjük, mennyire finom – ezt már tudjuk mondani –, elfogyasztunk a hósorból is egy keveset, és isszuk a teát. Ahogy kiürül a csészénk, már töltik újra. Tegnap reggel, Burmáéknál kaptunk ennivalót, Soma még azt is kihányta, azóta éhezünk.

Evés után megkérdezi Ardna, nem lenne-e kedvünk felmenni a patak túloldalán a hegyre. Ott van egy régi buddhista kolostorrom, még a szocializmus kezdeti időszakában robbantották fel. Persze, hogy van kedvünk! Mi, fáradtak? Soha!

Nekivágunk. Út az nincs, de nem baj, megyünk toronyiránt. Kicsit meredek, de bírom. Attól félek, hogy lemaradok, de feljutok lihegés nélkül. Nagyon vigyázok rá, ne rontsam Soma élményeit azzal, hogy hátráltatom, vagy tekintettel kelljen lennie rám, de eddig még nincs ilyen probléma. Fáradtságot sem érzek, pedig az éjszakánk nem volt éppen pihentető. Az élmények átmosták a lelkemet. Mikor jövünk lefelé, már sötét van, a lábunkkal tapogatjuk a meredek utat, mesterséges fény a látóhatáron sem dereng, csak a felkelő hold világít. A levegőben csodálatos, ánizsos illat száll. Megmutatják a picike, kék virágot, s elmagyarázzák, a lányok ezzel dörgölik be frissen mosott hajukat. Lámpa nincs nálunk, de eljutunk a sátrunkhoz baj nélkül.

Pihenő

MEGTALÁLJUK ŐSAPÁNKAT

Érkezés Mörönbe

07. 18, vasárnap

Reggel már magasan jár a nap, mikor frissen, kipihenten felébredünk. Nem sietünk, úgy gondoljuk, maradunk néhány napig, amíg tovább nem sodor a sors bennünket. Reggelizünk: a szokott savanyú, fekete kenyeret, kicsi sajtot, magvakat, meg amit találunk a szatyorban. Mikor meglátják, hogy mozgolódunk, Ardna és a gyerekek hoznak nekünk termoszban forró vizet a teához. Megérkezik Toya másik lánytestvére is. Helyes fiatalasszony, ő beszél egy picit angolul, „én jól vagyok, te hogy vagy?" szinten. Mutogatják, mennek a patakhoz, hajat mosni. Persze megyek én is velük. Beállunk a patak kiöblösödő részében a vízbe, hajnali-hideg, de nem baj. Előrehajolva hosszú hajunkat úsztatjuk a patakban, majd furcsa ellentétként márkás samponnal mossuk. A hideg vízben öblítjük, szétberheljük a nap fényében. Mezítláb illatos virágot szedek a patak partján, tegnap mutatták, melyik jó a hajápoláshoz. Hozok a lányoknak is, bedörzsöljük a hajunkat vele, élvezzük édes, ánizsos illatát, aztán elballagunk a házhoz.

Ott már folyik a munka: birkanyírás van! Hatalmas ponyva leterítve a földön, az asszonyok elkapják a birkát, ugyanazzal a mozdulattal körültekerik kötéllel a lábát, és hanyatt fordítják. Az állat meghipnotizálva nyúlik el, nem is vergődik. Birkanyíró ollóval szinte összefüggő darabban szabadítják meg a gyapjától. Persze én is azonnal odaülök közéjük, kapok egy ollót, kicsit lassú vagyok – félek, hogy belecsippentek a bőrbe is –, de azért nyírok rendesen. Mosolygunk, beszélgetünk – én magyarul, ők mongolul, mégis értjük egymást.

Mikor elkészülünk, behívnak a házba, kapunk teát, süteményt. Ardna felajánlja, hogy ha fizetjük az útiköltséget, ő és a testvére eljönnek velünk Mörönbe, aztán fel a Hövszgöl-tóhoz, Mongólia legnagyobb tavához. Nagyon szeretnek kirándulni, s a Hövszgöl

Nemzeti Park Mongólia egyik legismertebb nevezetessége. A hatalmas tó észak-déli hosszúsága 136 km, legnagyobb szélessége 36,5 km, legmélyebb pontja 267m-re rejtőzik a csillogó víz tükre alatt. Hegyek, csodálatos ősvadon tájak, ember nem járta rengetegek között fekszik. Környékén modern település, város nincs, csak a déli sarkában egy kis üdülőterület. Az úttalan sűrűségekben, több ezer méteres hegycsúcsok közti völgyekben lakik a cátán nép, nyelve, szokásai teljesen eltérnek a mongolokétól. Rénszarvast tenyésztenek, szőrét, bőrét, húsát, csontjait felhasználva ősi módon élnek. Soma boldog: többek között ezt a területet nézte a térképen sóvárogva, álmai lépésről lépésre válnak valóra.

Délelőtt a patak partján elsétálunk a faluba. Nincs messze, öt-hat kilométer. Jön velünk Toya két húga, és néhány gyerek. Kicsit zavaró, hogy Toya mindkét testvérének nevét Ardnának értem, a minimális kiejtésbeli változtatást nem érzékeli a fülem. Így előfordul, hogy szólok valamelyiküknek: „Ardna!" Ő mosolyogva mutat a testvérére:„Nem én vagyok Ardna! Ő Ardna!" Úgyhogy inkább kerülöm a megszólítást, de azért beszélgetünk sokat. Tanítanak mongolul. A színek könnyen megjegyezhetők: a sárga *sár*, a barna bar, a fekete *har*, mint nálunk a „harag" szó, és így tovább. Végül rájövünk, hogy azért tudunk ilyen sikeresen kommunikálni, mert sokszor elég, ha magyarul beszélünk, a hanglejtés és a mozdulatok kiegészítik az összecsengő szavakat. A falu kicsi boltjában veszünk megint kenyeret, vizet, cukrot a gyerekeknek. Nekem már hasmenésem van, Soma még tartja magát, ő a furgonút utáni rosszulléten túljutva elég jól bírja az itteni ételeket.

Hazafelé mellénk csatlakozik egy hatalmas kutya. Már a vonaton Tamír is riogatott bennünket a mongol fél-farkas jószágokkal, Toya is figyelmeztetett, óvakodjunk tőlük, veszedelmes fenevadak, félelmetesebbek, mint az igazi farkasok, mert nincs bennük az embertől való félelem, hamar támadnak, szétszedik azt, aki nem vigyáz. A puszta közepén valóban körbefog bennünket három hatalmas állat. Mély hangon ugatnak, egyre szűkebb körben keringenek körülöttünk. A gyerekek a lábunkhoz kuporodnak, lányok kiabálnak, leguggolnak, rángatnak bennünket is le maguk mellé, köveket keresgélnek a földön, hajigálnák a kutyákat, de füves, sziklás a talaj, követ alig lehet a körmünkkel felszakítani. Szerencsére kiderül, hogy nem minket támadnak, hanem a hozzánk csatlakozott kutyát; mikor az eliramodik, utánaszaladnak, békén hagynak minket. A kóbor eb végül valahogy csak eljut a sátrunkig, előbb csak távolabbról, sunyítva figyel, de aztán összebarátkozunk vele. Végül a „rettenetes fenevadat" sajtdarabkákkal, kenyérhéjjal kézből etetem, szívem szerint haza is hoznám. Gyönyörű fekete farkasbundájában csuklóig turkál a kezem, nem bánja, tűri, mint itthoni kutyáink, oldalára fordulva tartja a hasát, vakargassam meg ott is.

Ülünk egy órát, még egyet, nem tudjuk, mi van. Szeretnénk elmenni, csavarogni egy kicsit, de nem merünk, várjuk, Ardnáék milyen híreket hoznak a további utunkkal kapcsolatban. Hirtelen ott teremnek, s két óra tétlenség után még ők sürgetnek bennünket: indulunk, de azonnal, rögtön itt az autó! Hát ez lett a néhány napos pihenőből! Nem bánjuk, pillanatok alatt lekapjuk a sátrat, holminkat a hátizsákba gyömöszöljük. Mire készen leszünk, oda is kanyarodik a semmiből egy ütött-kopott, rozoga furgon. Meglátjuk, rosszul leszünk mindketten. Úristen, mi ilyenbe be nem ülünk többé! – gondoljuk. De szólni nem merünk. Végül imánkat meghallgatja a Jóisten, a járműben csak mi négyen vagyunk utasok: a sofőr és felesége, egy kedves, mosolygós néni jön még, többen nem.

A táj gyönyörű, itt már hegyek is emelkednek. Az út elején köszöntünk egy obót. A sofőr háromszor körbehajt az autóval, aztán megáll, kiszállunk, követ rakunk a halomra, áldozunk aaruult, tökmagokat, gyalog is körbejárjuk háromszor, minden kör után meghajlunk. Megadjuk a tiszteletet, segítséget kérünk, pedig még nem is tudjuk, hogy az utunk most valóban veszélyes lesz. Földúton, hepehupák, gödrök között haladunk föl és le, a furgon a dombok oldalában, a keréknyomban veszélyesen megdől. Felettünk a hegy kis erdőcskével, alattunk a mélyben patak zúg, ott már nincsenek bokrok, fák, ha megbillen az autó, semmi nem állít meg bennünket a zuhanásban. Nem félünk; a zökkenők ellenére ez az út csodálatosan kényelmes az előző furgonunkhoz viszonyítva. Az ablak is nagyobb, kilátunk, és csak hárman ülünk a három ülésen. Még az sem zavar, hogy egy különösen meredek emelkedőnél a sofőr kiszállít bennünket, gyalog kell átmásznunk a hegyen. Az autó próbálkozik egy darabig, hátha üresen fel tudná küzdeni magát az emelkedőn, de mikor többszöri próbálkozás után is kifarolva visszacsúszik, halljuk, hogy elkanyarodik, hátha egy másik emelkedőn sikerül végre feljutnia. Somával egymásra nevetünk – megint kinn vagyunk a pusztában, táska, ennivaló, víz nélkül –, de most tudjuk, nem hagynak itt, velünk vannak Ardnáék is, meg a néni. Valóban, jó órás hegyi túra után a túloldalon találkozunk az autóval. A völgyben ismét obó – gondolom, akik erről indulnak, itt kérik az Istenek segítségét a hegyen való átjutáshoz. Kell is! Az obó mellett több ezer éves szkíta kőszobor, előtte kis emelvényen ennivaló, vodkásüveg, pénz. Innen soha, senki nem lop el semmit.

Körbejárjuk a napsütéstől átmelegedett, érdes felületű szobrot. Először a magyar szablya tűnik a szemünkbe. Veretes övön lóg az oldalán, félreismerhetetlenül, klasszikus ívvel, mintha egy ősi magyar kardműves, fegyverkovács kezéből került volna ki, valamikor a honfoglalás idejéből. Másik oldalán tarsoly lóg. Soma melléáll, úgy mutatja a sofőrnek, Ardnáéknak a saját tarsolyát: mindkettő kerek, egy felfüggesztéses, méretében, arányaiban teljesen egyforma. A sofőr forgatja Soma tarsolyát, nézegeti, összehasonlítja a kőszoboréval, magyaráz a feleségének is, nem értjük, de a hangsúly jólesik. Végül betetőzésképpen felfedezzük a szobor arcán a kackiás, felfelé pödört bajuszt, amit a hortobágyi csikósok a mai korban is büszkén hordanak. Végtelen megnyugvás tölt el bennünket. Úgy érezzük, eddig utazók voltunk, de most végre hazaérkeztünk, igen, itthon vagyunk. Csak ezért is érdemes volt eljönni. Megtaláltuk az őseinket, hiszen ez a harcos, akiről a szobrot mintázták itt, Ázsia közepén, a mi vérünk, egyik ősapánk, akihez a fiam és én, messzi utódok visszataláltunk. Ívet húztunk Magyarország és Mongólia, a XXI. század, és időszámításunk előtt ki tudja hány ezer év között. Nem tudjuk, ki vagy mi irányította ide a lépteinket, de úgy érzem, valami nagyon komoly spirituális feladatot teljesítettünk. Jó ez az érzés, szinte szédülünk bele.

A furgonba visszaszállunk, némán ülünk, az élmény elveszi a hangunkat. A sofőr az autóval háromszor körbejárja a szobrot és obót, aztán hajtunk tovább. A csendet a sofőr felesége töri meg. A néni kotorászik a táskájában, előhúz egy saját készítésű, kék gyapjúfonál hímzéssel díszített nemez süveget. Somának nyújtja: „Bilig, bilig" – mondja. Ezt már értjük, azt jelenti: „ajándék". Úgy gondolhatja, ha már tarsolya van ennek a „rokon" gyereknek, legyen süvege is hozzá! Én egy nemez szütyőt kapok. Magyarázza, ő maga készítette. Meghatódunk, jólesik az ajándék, mi is adunk a néninek magyar háziipari készítésű tűpárnát, horgolt, piros-fehér-zöld babát, zacskó szegedi pirospaprikát. Lassan szürkül, a furgon gyorsan halad az alkonyatban, a zökkenőket már alig érezzük, mindenki boldog.

Ősünk

Este van már, sötétedik, mikor Mörönbe érünk. Ez Mongólia egyik legnagyobb városa Ulánbátor után. Váratlanul tűnik fel, áthajtunk egy hídon, utána betonút kezdődik, elhaladunk egy benzinkút mellett, és már a főutcán vagyunk. A lányok mindenképpen szállodába akarnak menni, mi tiltakozunk: szívesebben vernénk fel inkább a sátrat valahol a házaktól távolabb, még nem teltünk be a puszta látványával. Alig két napja szabadultunk ki Ulánbátorból, nem hiányzik megint egy város, s a pénzünket sem akarjuk szállodára költeni. Ardnáéknak viszont már elegük lehet a nomád életből, szeretnének lezuhanyozni, rendes ágyban aludni. Végül megegyezünk, hogy közösen kiveszünk egy lakosztályt, a felét ők fizetik, a felét mi. Valószínűleg nem hiszik, hogy szinte semmivel utaztunk Mongóliába.

Elgémberedve, merev lábakkal szállunk ki a furgonból. Ez csak négy-ötórás út volt, mégis belefáradtunk. Ardnáék intézkednek, előkerül egy fiú, a szálloda cipelő embere – micsoda luxus! –, a magas házak között egy lépcsőházhoz terelnek bennünket. A fiú belép a teljesen sötét előtérbe, mi bizalommal utána, a falon keressük a villanykapcsolót, de hiába. A sofőr már rutinosabb, pici zseblámpával világít, mi tapogatózva botladozunk a nyomában. Próbálnánk egyenletesen lépkedni, de a lépcsőfokok között még véletlenül sincs egyforma: az egyik négy cm magas, a másik tizenöt, a szélességük is teljesen eltérő, s a fokok száma sem egyforma a szintek között. Burkolat nincs rajta, nyers, töredezett beton, jónéhányszor letenyerelünk a porba, mire feljutunk a negyedik emeletre. A két harminckilós táskát Soma viszi, meg a fiú, de nekem is jut néhány nagyobb szatyor, a sátor, még a falba sem tudok kapaszkodni, mindkét kezem foglalt. Korlát természetesen nincs. Hallom, hogy Soma is botladozik, el-elsuttog néhány szelídebb magyar szólást a foga között, amin már kínunkban csak nevetni tudunk. Aztán kulcscsörgés, kitárul a lakosztály ajtaja, felragyog a villanyfény, s mi csak álmélkodni tudunk a nem várt luxus láttán. Előszoba, hatalmas nappali, benne két kihúzható rekamié, oldalt nyílik egy tágas fürdőszoba káddal, zuhanyozófülkével, hideg-meleg víz, tisztaság. Előkészített törülköző, fürdőlepedő, puha WC papír.

A nappaliból lehet bejutni a két szobába, mindkettő tágas, a falak dombornyomásos, aranymintás tapétával borítottak, az ablakokon préselt mintás, selyembrokát függöny. Az egyik szobába Ardnáék költöznek, a másikba mi. Ágyunk fölött hatalmas, kézzel szőtt szőnyeg: Dzsingisz kán ül trónusán. Fel sem tudjuk mérni, mennyit érhet. A mi szobánkból lehet jutni a konyhába, a szoba és konyha között pakolófal, hogy az étel átadásához ne kelljen körbemenni. Gyönyörködünk, kipakolunk. Én megyek először a fürdőszobába, csurgatom magamra a forró vizet, kimosom a szennyeseinket is. Utána a konyhát foglalom el: szeretnék egy kis levest főzni, hasmenésem van, Soma sincs teljesen jól.

Lassan felfedezzük a lakosztály rejtett hibáit is. Szerencse, hogy nyár van, mert fűtőtest nincs, csak a sarokban egy kopott kis fekete vaskályha. A konyhában szeretném felgyújtani a villanyt, de nem találom a kapcsolót. Végigjárjuk az összes helyiséget, minden kapcsolót beazonosítunk, a konyháé nincs meg. A szobából bevilágít egy kis fény, Soma nevet:

– Anyu, ne keresd a villanykapcsolót, itt villany sincs!

Tényleg, a mennyezeten ott van a világítótest helye, rajta a burkolat, de ha alaposabban megvizsgáljuk, látszik, hogy fénycső nincs benne. A villanytűzhelynek egyáltalán nincs zsinórja, a vízforraló működik egyedül, meg a hűtőszekrény, aminek örülök, mert a sajtunk már nagyon folyós. Forralok hát vizet, leöntöm vele a müzlis keverékünket, amit a vonaton is ettünk – Istenem, a régi ízek! –, teszek bele egy kis delikátot. A lányok nem kérnek, azt mondják, ők inkább elmennek zuhanyozás után valahová vacsorázni.

Nekilátunk a híg levesnek, Soma felvevőre mondja a nap élményeit, mikor kiabálást hallunk a másik szobából. Nem értjük a mongol szót, de egyre inkább segítségkérésnek hangzik. A lányok kopogtatnak belülről a szobájuk ajtaján. Botor fejjel berántották az ajtót maguk után, nem tudnak kijönni. Kinyitnánk nekik, de sem kívül, sem belül egyáltalán nincs kilincs. Kínlódunk egy darabig, végül a konyhából hozok egy kanalat, annak a nyele pontosan illeszkedik a résbe, el tudom fordítani vele a zár nyelvét. Ardnáék hálálkodnak, indulnak, hívnak bennünket is vacsorázni, de inkább maradunk. Nem jól van a gyomrunk, nehezen bírjuk a zsíros, húsos mongol kosztot, el is vagyunk fáradva. Mikor egyedül maradunk, megvizsgáljuk a mi szobánk ajtaját is, nehogy mi is bennragadjunk. Nekünk mindkét oldalon van kilincs, zár is, de a zár nyelve nincs kivezetve az ajtón, érintetlen az ajtólap éle. Tiszta haszon, így legalább nem tudunk bennragadni! A biztonság kedvéért résnyire nyitva hagyjuk a szoba ajtaját, úgy alszunk el.

A Hövszgöl Nemzeti Park

07. 19, hétfő

Reggel sokáig heverünk, jó a levegő, kényelmes az ágy. Főzök teát, iszunk sokat, egyikünk sincs jól. Nekem hasmenésem van a mormota óta, Soma szédeleg, mindig éhes szegény. A lányokkal megbeszéljük a további terveinket. Ők még maradnának Mörönben, de mi semmiképpen nem akarunk még egy éjszakát szállodában tölteni. Van kevés pénzünk, de majdnem egy hónapra be kell osztani, és nem tudjuk, milyen kiadásaink lesznek még. Végül azt javasolják, maradjunk a szállodában, ők elmennek, szereznek kocsit, amivel továbbmehetünk a Hövszgöl-tóhoz. Szívesen eljönnek oda velünk, a Hövszgöl Nemzeti Park igazi turistalátványosság mongolnak és külföldinek egyaránt. Persze örülünk nagyon: a nyelvet nem beszéljük, csak vezetővel boldogulunk, s így együtt minden sokkal egyszerűbb. Nekik is jobb: úgy egyezünk meg, hogy az útiköltség háromnegyedét mi fizetjük.

Várunk a szállóban, közben nézegetünk ki az ablakon. Az erkélyre kiállni nem merünk, kívülről díszes, tele faragványokkal, faberakásokkal, belülről még betonozva sincs, korhadó deszkák tartják. Előttünk útkereszteződés, a sok sávos úttesten nincs sem felezővonal, sem más útburkolati jel, mindenki jön-megy, amerre lát, de senki nem ideges: mosolyogva, békésen járkálnak az autók között a gyalogosok, néha a járdán az autók. Elég nagy a forgalom, de a járművek lassan hajtanak – itt nem sietnek az emberek. Szemben velünk szép, gondozott park, magas fakerítéssel határolva, nyírt bokrokkal, kavicsos utakkal. Ez különlegességnek számít, a sziklás talajban nehezen gyökeresednek meg a dísznövények. A parkban megjelenik egy idős bácsi, tempósan átsétál a füvön, rá sem hederít az utakra. Figyelem, merrefelé iparkodik, mert toronyiránt tart a park sarka felé, ahol nincs kapu. Az öreg kényelmesen ballag, mikor a kerítéshez ér, ritmusából mit sem veszítve lép fel a deszkákra, lendíti a lábát, mászik át a túloldalra, lelép a járókelők közé, megy tovább. Senki nem szól neki, még csak nem is csodálkoznak, hogy egy hatvan év körüli bácsika átmászott a park kerítésén. Jobban megnézve valóban nem lehet szokatlan a dolog, a pázsiton át jól látható ösvény vezet a sarokhoz – úgy látszik, ez a közlekedési mód itt teljesen természetes.

Ardnáék megjönnek, pillanatok alatt összekapjuk magunkat, holminkat újra begyömöszöljük a táskákba, már indulunk is. Kifizetjük a szállót, elmegyünk a térre, ahonnan az autók, buszok indulnak, közben intenzíven imádkozunk, nehogy furgonnal menjünk tovább. Imáink meghallgatásra találnak: a jármű egy iszonyúan leromlott városi autó, ócska batár, alacsony járású, elöl a jobboldali, hátul a baloldali ajtaját nem tudja nyitni, csak a vezető, de ő is csak kívülről, és neki sem sikerül mindig. A mosolygósabb Ardna ül a sofőr mellé, ez a legkényelmesebb hely, neki jut, hat hónapos terhesen ne szorongjon hátul. Csak az a baj, hogy ha szegény ki-be akar szállni, vagy a sebességváltón, sofőrülésen kell átmásznia, vagy a hátsó ülésekhez áttornáznia magát, és akkor kiszállhat az én oldalamon. Nem bánja, kacagva, fürgén helyezkedik el. Hátul középen Soma ül, túloldalán a másik Ardna. Ő nagyon szép, csinos, karcsú, csodálatos, klasszikus arcvonásai, óriási, ragyogó szemei vannak. Tudja is magáról: reggel minimum negyven percet szánt arra, hogy kisminkelje az arcát. Toya felkészített bennünket, hogy a mongol nők nagyon szeretnek szépítkezni, némelyikük túlzásba is viszi, de Ardna valóban rendkívül ízlésesen festi ki magát. Mi mégis a másik, tiszta arcú, nevetős húgát szeretjük jobban.

Tizenegy óra körül elhagyjuk Möröntt. Nincs külváros, nincsenek fogyó házak: egy kanyar, egy benzinkút, és vége a városnak. A beton még tart 500-600 méteren keresztül, aztán egy patakon átvezető fahíd után elfogy az is. Újra a pusztában vagyunk, haladunk észak felé.

Egy-két órán keresztül még látunk a domboldalakon jurtákat, nyájakat, aztán eltűnik minden emberközelségre utaló jel.

Egész délután döcögünk a végeérhetetlen dombok, hegyek között, fel és le, gyönyörű, hosszú füvű legelőkön át. A keréknyomot időnként másik keresztezi. Sofőrünk, Bata néha átvált rá, máskor nem, de az is megtörténik, hogy váratlanul letér az útról, húsz, huszonöt percig hajt a pusztában, majd mikor újra talál ösvényt, azon halad tovább. Tartunk attól, hogy eltéved, de nagyon magabiztosan halad, mintha útjelző táblák vezetnék, pedig olyat Ulánbátor óta nem láttunk.

Nem értjük, miért nem élnek itt emberek? Ardnáék elmagyarázzák, hogy ez is sivatag, hiába füves, több mint kétszáz kilométeren keresztül egyetlen patak sincs. A növényzet zöld a kevés esőtől, bő harmattól, de annyi víz már nincs, hogy állatokat itatni lehessen. Kutat fúrni lehetetlen, a köves talajba egy ásót sem lehet lenyomni. Izgulunk is egy kicsit, mert az autónk defektet kap a hegyes köveken, egyetlen pótkerekünk van, rémes állapotban: puha, fújtatni kell, szürke gumicafrangok lógnak róla. Azzal megyünk tovább. Ha ez is kilyukad, sehonnan nem remélhetünk segítséget, más járművel órák óta nem találkoztunk, térerő sincs, nem lehet telefonálni. Akinek itt lerobban az autója, gyalogolhat! Ardnáék nem izgulnak, beszélgetünk, megállunk falatozni, Soma eszi a maradék füstölt sajtot, nagyon éhes szegény. Nekem elég egy kis kenyér, mazsola, tökmag.

Késő délután jelennek meg újra a jurták a távolban. Elérkezünk a Hövszgöl Nemzeti Park határáig. Az útlezárás mellett őrbódé, belépőjegyet kell venni. A katona benéz az ablakon, mondja a belépő árát: mongoloknak háromszáz, külföldieknek háromezer tugruk. Mi fizetjük, és nagyon helyeseljük, hogy a külföldiektől több pénzt kérnek. Igen, a mongol föld a mongoloké, nem is lenne igazságos, ha ugyanannyit fizetnének saját országukban.

Alkonyodik, amikor elérjük a tavat. Már nem is tudunk gyönyörködni igazán benne, nagyon kimerültek vagyunk, legszívesebben ott, az út mentén bebújnánk a hálózsákba és aludnánk. Ardnáék kemping után néznek, de mi tiltakozunk: nem akarunk újra szállásra költeni, itt a sátrunk, bárhol felverhetjük. Magyaráznak, de nem értjük, mit. A sofőr megunja a vitát, átveszi a szót. Ugat, morog, ordít, csattogtatja a fogait, mutogat a hegyre, aztán mikor látja, hogy mi fáradságunkat feledve gurulunk a nevetéstől, elkapja a karomat és úgy tesz, mintha marcangolná. Azt próbálja a tudomásunkra hozni, hogy félelmetes fenevadak laknak az erdőben, amelyek szétszaggatnak és felfalnak bennünket. Közben persze nevet ő is. Aztán, hogy így sem tud meggyőzni, eljátssza, hogy katona – váll-lap, pisztoly, peckes járás –, meglátja a sátrat, minket megbilincsel, bekísér Mörönbe! Az egészből csak a „Mörön" szót értjük, mégis teljesen világos, hogy a Nemzeti Park területén tilos a vadkempingezés, csak az engedélyezett helyeken lehet táborozni. Így már beletörődünk a hivatalos szállásba, de amikor Ardnáék végigjárják a tó melletti elkerített részeket, megint kezdődik a vita: a fizetett jurta nekünk nagyon drága. Végül kínunkban már felhívjuk Budapesten Toyát – a Burmáéktól kapott telefonnal lehet –, s megkérjük, próbálja elmagyarázni a lányoknak, hogy mi valóban nem turistáskodni jöttünk, és nincs pénzünk a gazdag külföldiek életét élni.

Toya beszél a lányokkal, utána visszahív bennünket. Kiabál:
– Az én testvéreim mindent megtesznek értetek, elvisznek mindenhová szétnézni, nektek meg semmi sem jó, csak nyafogni tudtok! – és lecsapja a telefont. A támadás váratlansága megdöbbent mindkettőnket, hiszen nekünk pont az a gondunk, hogy túl sok –és drága – az a kényelem, amit biztosítani akarnak számunkra. Nagyon rosszul érezzük magunkat fizikailag is, nem hiányzik ez a félreértés. Megértjük viszont Ardnáékat is, nekik a nomád élet nem nagy élmény: van részük benne elég, ha már kirándulnak velünk, szeretnének egy kis kényelmet. Elnézést kérünk a lányoktól, mosolygunk szépen, és elfogadjuk a kempinget. Úgy látszik, ők is megkönnyebbülnek. Megegyezünk, hogy mi nem költözünk be a jurtába, az elkerített részen felverjük a sátrunkat, így fél áron kapjuk a szállást. Nekem sokkal jobb így, mert még mindig megy a hasam, zavarna, ha az éjszaka közepén felverném a csapatot a járkálással. Már valóban nagyon kimerültek vagyunk, ennivalónk alig van, a vizünk is fogytán, itt nincs sehol bolt, ahol ásványvizet lehetne kapni. Távolabb látunk egy kis települést, de itt, a tó mellett csak egy köves utca

van, egyik oldalán fakerítéssel körbevett, karámszerű kempingek meg néhány bódé, másik oldalán meredek hegyoldal. El sem tudjuk képzelni, az itteniek mit isznak. Kutat nem láttunk, amióta Mongóliában vagyunk, vízvezetéket is csak Ulánbátorban, de – mint Burmáék mondták – abból nem szabad inni, szennyezett. Kár, hogy ezt csak a harmadik napon tudtuk meg, lehet, hogy az is oka a rosszullétünknek.

Ardnáék vesznek halat, amit itt árulnak kosarakban vagy a pultokra teregetett papíron, rengeteg fajta van, arasznyiak és óriásiak, szárított, friss, füstölt és sült, lehet válogatni. Kínálnak minket is. A barátság kedvéért csipegetünk belőle egy kicsit, a bőrét, csontját, szálkáját papírra gyűjtjük. Hozzánk csatlakozott egy gyönyörű, hatalmas, bozontos szőrű kutya, érkezésünk óta a nyomunkban járkál, a halhulladékot összeszedem, tenném elé. Mikor Bata, a sofőrünk észreveszi, mire készülök, felmordul, kiragadja a kezemből a leszopogatott moncsalékot, mutatja, hogy az a legfinomabb, és egyszerre a szájába gyűri az egészet. Hihetetlen ember, minden mozdulatából sugárzik az életerő, a derű, egyre jobban megszeretjük. Csak mongolul beszél, de a mimikájával, mordulásaival mindent el tud mondani, meg tud magyarázni, és állandóan jókedvű, még akkor is, mikor úgy tesz, mintha mérges lenne. Mosolyogva morgott, mikor defektet kaptunk a semmi közepén, és jót nevetett, mikor a tóhoz érkezve mutatta, hogy a pótkerék is régen kidurrant már, a gumi is szétnyúzódott a köves úton.

Ránk esteledik. Még megbeszéljük, hogy két éjszakát töltünk a tónál, aztán Ardnáék a sofőrrel bepakolják a holmijukat a jurtába, ahol semmi nincs, csak egy kis kályha középen. Sok takaró, hálózsák kell, mert nagyon hideg az éjszaka, 8-10 foknál nincs melegebb. Mi is felütjük a sátrat. Lefekvés előtt megnézem a budit, nehogy éjszaka kelljen tájékozódnom, mert világítás, az nincs. A budi egy fabódé az udvaron, az ajtaját nem lehet becsukni. Belül egy mély gödör, rajta átfektetve két deszka, közte húsz cm távolság. A két deszkán guggolva kell elvégezni a dolgunkat. Muszáj használnom, de Somának szólok: ha beleesnék, akkor visítok, jöjjön, húzzon ki. A két fa életveszélyes állapotban van: amikor a férfiak állva használják a mellékhelyiséget, valószínűleg nem mindig sikerül középre célozni, így a deszkák szétrohadtak, feketék és hajlanak a lábam alatt, attól félek, hogy nem bírnak meg. Végül sikerül túljutnom a problémán. Mosdás a tóban, aztán vacogva bújunk mi is a hálózsákba.

Cátánok földjén

A Hövszgöl tónál

Cátánok földjén

Hajnalban röfögésre ébredek. Homályos a reggel, a nap még nem kelt fel, épp csak pirkad. Kikukucskálok a sátor nyílásán. A tó az éggel egybeolvadva, szürkén lebeg a ködben, velünk szemben a sziget mintha nem a víz tükrén, hanem felhőben úszna. A parton jakcsorda fürdik. A hatalmas, bozontos állatok a kerítés túloldalán, tőlem tízlépésnyire gázolnak a vízben, isznak, bozontos szakállukon szikráznak az ezüst cseppek. A kisborjúk ugrándoznak, fröcskölik a vizet, a bika felemelt fejjel figyel. Költöm Somát, együtt gyönyörködünk a mesekönyvbe illő látványban. A nap lassan emelkedik, felszáll a köd, a jakok odébb ballagnak, ménes vágtat a sátrunk előtti partszakaszra– inni jönnek. Negyven-ötven ló: mének, kancák, csikók. Fürgébben mozognak, mint a jakok, verekszenek, játszanak a vízben. Fényes, sima szőrű állatok, tele lendülettel, sugárzik róluk a szabadság, egészség, boldogság: igazi, szabad táltosok. Mikor ők is elnyargalnak, felkelünk, lemegyünk a tóhoz. Igazán csak most nézzük meg, este nem sokat láttunk belőle. Hatalmas, rezzenéstelen, Balaton méretű víztükör, annyira tiszta, átlátszó, mintha csillogó, folyékony üveg lenne. Tudjuk, hogy amit most látunk belőle, az csak egy kis sarok, maga a tó ennek sokszorosa. Szemben a sziget lassan bontakozik ki a ködből. Még homályos, de ahogy a nap egyre feljebb kúszik, kitisztul, felragyog a tiszta zöld szín. Csak állunk a parton, nehéz megszólalnunk.

Felébrednek Ardnáék is, hoznak egy termosz forró vizet, készítek teát. Szükségünk van a folyadékra, félek, hogy a napsütéstől, széltől, hasmenéstől kiszáradtunk. Reggelire már nem eszünk semmit, csak kenyerünk van, édes, zsíros süteményünk, meg még egy kis füstölt sajt, de arra Soma már rá sem bír nézni. A sajt külseje valami viaszszerű anyaggal volt bevonva – valószínűleg tömény műfüst, tartósítószer, sajnos erre csak későn jövünk rá. Somának erős mérgezési tünetei vannak: nem csak a hasa, gyomra fáj, de szédül is, meg-megtántorodik. Egyébként is nagyon nehezen, vontatottan mozgunk, minden lépés külön munka. A tüneteinket fokozza a tengerszint feletti magasság is; Magyarországon az ezer méter is soknak számít, itt kétezernél kezdődik a síkság, a hegyek innen emelkednek ki. Ardnáék elmennek valamerre, valószínűleg reggelizni. Minket már nem hívnak, tudják, hogy felesleges. Egy darabig sétálunk a parton, aztán elhatározzuk, hogy megmásszuk a tó mellett tornyosuló hegyet. Magas, kék szalagokkal díszített obó ragyog a tetején, élesen kirajzolódva a tiszta ég háttere előtt. Az emelkedő egyik oldala szelídebb, fák is nőnek rajta, ott vágunk neki. Aztán mégis egyre meredekebb lesz, a fák is ritkulnak, alulról nem látszott, hogy ennyire magasra kell kapaszkodni. A reggeli erőnk gyorsan elfolyik. Soma tántorog, csak a lelke viszi előre, de nem akar visszafordulni. Egyre jobban aggódom érte, különösen, mikor a fák elfogynak, a hegyoldal, ahol továbbhaladunk, teljesen kopár, négyszáz méteres, száraz füves, görgelékköves, csúszós lejtővé válik. Messze alattunk húzódik az út, túloldalán a kemping, mögötte a tó: ha elveszítjük az egyensúlyunkat, több száz méteren át semmi nem fog meg. A végén én is csak vánszorgok. Mikor végre feljutunk, Somát odasegítem a hegy tetején egy nagyobb kőhöz, leültetem, de így is félek, hogy elveszíti az egyensúlyát, lezuhan a meredeken. Most fordul meg először a fejemben, hogy az utunk életveszélyes is lehet.

Az obónál lerakjuk a követ, amit másik fiam küldött Magyarországról. Utána énekelünk, csodáljuk a tájat – valóban gyönyörű a kilátás –, húzom-halasztom a lefelé indulást, félek. Megtántorodhatunk, megcsúszhatunk, egyikünknek sem stabil a járása még sík talajon sem, itt pedig a meredeket apró kövek borítják. Nem érzem magam biztonságban. Végül mégis nekiindulunk: Somának csikar a hasa, a dolgát nem végezheti el a kopár hegycsúcson, egy szent kőrakás mellett, jó lenne legalább a fákig eljutni. Végre benn vagyunk az erdőben. Soma keres egy szimpatikus, kettős törzsű fát fedezéknek, bokrot, aljnövényzetet nem láttunk még a mongol erdőkben. Déljét hóna alá szorítja, leguggol, én néhány lépésnyire „őrködöm". Ekkor hangok hallatszanak, s a hegyoldalban, szinte közvetlen alattunk fiatal pár tűnik fel, sétálnak a keskeny ösvényen felfelé. Jellemző, hogy a teljesen kihalt erdőben eddig egy lélek sem mutatkozott, csak most, mikor nem kellene! Odaszólok Somának:

– Soma, turisták jönnek!

A fa mellől bosszús hangon jön a felelet:

– Na és? Letojom magasról!

A válasz spontán, tökéletes, és annyira odaillik, hogy mindketten elkezdünk nevetni. Soma a fa alatt, én mellette: kinevetjük a hasmenést, a rosszullétet, a turistákat, az egész helyzetet, amit „letojunk magasról". Érzem, hogy most jutottunk át a mélyponton, már semmi baj nem lehet, ennél rosszabb helyzetbe nem kerülünk. Indulok tovább lefelé, Soma mellém csatlakozik, egymásra mosolygunk, gyengék vagyunk még, de az élet szép, és mi itt vagyunk Mongóliában.

Ardnáék a hegy aljában már várnak bennünket, hogy megbeszéljük a délutáni programot. Nekünk mindegy, ők hajózni szeretnének, tehát hajózni fogunk. Az egész tavon egy nagy hajót látunk – ütött-kopott, rozsdaette ócskavas még az orosz időkből –, meg néhány csónakot, hozzátákolt motorral a végében. Ardnáék egy csónakot bérelnek ki olcsón – lassan elfogadják, hogy valóban takarékoskodunk. Mikor lesétálunk a partra, megértjük, miért nem kerül sokba. Nevetni akkor kezdünk, mikor határozottan ránk húzzák a mentőmellényt. Megkötője mindkét oldalon egy-egy, bal elején a legfelső, jobb oldalon a csípő magasságában, vékony, szakadt műselyem anyag, beletömött szivacslappal. Soma még percek múlva is fel-felkuncog. „Anyu, de hát szivacs! Mentőmellény szivacsból!"

A motor elég nehezen indul be, szegényt úgy megrángatja a vezetőnk, hogy már azt nézzük, egyben marad-e a csónak. Elindulás után viszont a tó szépsége mindent feledtet. A víz hihetetlenül tiszta, ahol már két-három méter mély, ott is még mindig le lehet látni az aljáig. Elhaladunk a sziget mellett, utána kinyílik a táj, a nap fénye szikrázik a víz tükrén. A túlsó part felé haladunk, ott már a cátánok földje van. Ez a népcsoport nyelvében és szokásaiban egyaránt különbözik a mongoltól: más a viseletük, más a lakhelyük, nem jurta, hanem indián tipihez hasonló sátor. Rénszarvast tenyésztenek, minden részét felhasználják: húsát, bőrét, csontját, belső szerveit. Zárt közösséget alkotnak, nem olvadtak be, nem is erőltetik őket. A mongol állam biztosította nekik a nemzeti park területét, ott őseik hagyományai szerint élhetnek, a külvilággal csak annyi kapcsolatot tartva, amennyit ők szükségesnek látnak.

A félszigeten, ahol kikötünk, közvetlen a vízből meredek hegy emelkedik. A csónakos elmegy, mi nekivágunk a mászásnak. Már jobban bírjuk, mint délelőtt, pedig nem ebédeltünk, tulajdonképpen napok óta nem eszünk rendesen, a hasmenés pedig kivitte a tartalékainkat. A hegyoldalban barátságos cátán férfi fogad bennünket. Kevés tugrukért megengedi, hogy a rénszarvasait vezetgessük, etessük zuzmóval, fényképezzünk. Itt sok képet készítünk, főleg a lányokról: szívesen mosolyognak a lencsébe. A félreértéseket elfelejtve most kezdünk igazán összebarátkozni velük.

Fotózás után nekiindulunk a hegyoldalnak. Fenn van egy obó, azt szeretnénk megnézni. A sofőr és az egyik lány hamar lemarad, ők inkább a parton mennek. Mi a nagy pocakos kismamával kapaszkodunk tovább. Hamar kifáradunk, de hajt tovább bennünket az ősi kíváncsiság: mi van a hegy túloldalán? Megéri a kifulladást: a tetőn kitárul a táj, előttünk újabb, kisebb-nagyobb hegycsúcsok, dombok, alattunk és a távolban beláthatatlan, tükörsima, csillogó víztükör. Leülünk egy kicsit, kifújjuk magunkat: a nagy tengerszint feletti magasság miatt alig kapunk levegőt. A magyar alföldhöz szokott tüdőnknek kevés az oxigén, pedig a levegő tiszta, a nap süt, erős szél fúj. Pihenés után indulnánk vissza, de Ardna magyarázza, hogy át kell mennünk teljesen a hegyen, a csónak a túloldalra jön értünk.

Iszonyatos út vár ránk. A következő hegy oldalában, negyvenöt fokos lejtőn kell végigmennünk, út nincs, még kitaposott ösvény sem. A száraz fű csúszik, alattunk háromszáz, négyszáz méter mélyen sziklák, kisodródott, szétkorhadt, hegyes fatörzsek beékelődve a kövek közé, mély víz. Lemaradunk, igyekszem mindig úgy haladni, hogy Soma alatt legyek: ha megcsúszik vagy elszédül, sodorjon engem is magával. Még bokor vagy nagyobb fűcsomó sincs, amibe kapaszkodni lehetne. Komolyan félek. Nagyon gyengék vagyunk, le-leülünk. Ardna már rég otthagyott bennünket, még a hangját sem halljuk. Ő hozzászokott már az ilyen terephez, de mi a Hortobágy mellől jöttünk, teljesen sík vidékről. Egyedül vagyunk föld fölött, ég alatt, csak egy sólyom szárnyal felettünk, körben a látóhatárig nincs emberi életjel. Ha most legördülünk, egyikünk sem éli túl.

Rájövök, hogy könnyebb felfelé mászni, mint az oldalban haladni, nekivágunk hát az emelkedőnek. Végre elérjük a gerincet, azon megyünk tovább. Nem volt igazán jó döntés: a túlsó oldalon újra le kell ereszkedni, ami még nehezebb. Hála Istennek, száz méterrel alattunk ritkás erdő kezdődik, odáig lecsúszkálunk valahogy, ott már fától fáig ereszkedhetünk. A tónál megtaláljuk Ardnát is. Leülünk egy korhadt, naptól-széltől kifehéredett fatörzsre, nem szólunk, nézzük a tavat. Magamban csendben imádkozom, hálát adok, hogy mindketten túléltük eddig a napot, a két hegymászást. Félóra múlva értünk jön a csónak, újra felvesszük a szivaccsal bélelt mentőmellényt, visszahajózunk a kempingbe. Gyönyörű kirándulás volt, de nekem legjobban az a békeérzése maradt meg, amikor a végén csendben ültünk a vízparton. Köszöntöttük a világot, és a puszta tényt, hogy élünk, életben maradtunk még egy napig, s nem tudjuk, mit hoz a holnap, de nem is számít.

A kempingben kapunk megint forró vizet, iszunk, nem vacsorázunk. Kenyér van még, de három napos és frissen sem volt jó, a sajtra pedig rá sem bírunk nézni. Van viszont még tökmag, napraforgó, marék dió, mazsola, meg egy rúd marcipán, úgyhogy végül mégis dőzsölünk. Arcot, kezet-lábat mosunk a tóban. Alkonyodik, behúzódunk a sátorba, elered az eső, a levegő hirtelen lehűl, szinte nulla fokig.

Már sötét van, mikor Ardnáék megveregetik a sátor oldalát. Jönnek szólni, ne keressük őket a jurtában, a kocsiban fognak aludni, kirakták őket.

Két éjszakára foglaltak szállást. Mikor visszaérkeztünk a mai kirándulásból, befűtöttek és előpakoltak éjszakára, odament hozzájuk a kemping vezetője, hogy költözzenek ki, mert jött egy gazdagabb csoport, négy éjszakára maradnának, nyolcan vannak, többet fizetnek. Ardnáék és a sofőr pedig mosolyogva összeszedték a holmijukat, a szakadó, hideg esőben beraktak a kocsiba, és türelmesen ott fognak vacogni egész éjjel, egyetlen felháborodott szó nélkül.

Megdöbbenünk, annyira, hogy csak nézünk egymásra. A hat hónapos terhes kismamát átázva, átfagyva kirakják a lefoglalt, meleg jurtából, mert egy másik csoportnak több pénze van? Felfoghatatlan az is, hogy ellenvetés nélkül, mosolyogva kiköltözködnek, kiülnek éjszakára a kocsiba, amelyikben természetesen nincs fűtés, és mindenütt húz be a hideg. Ha ugyanez Magyarországon, magyarokkal történik, a kempingest elküldik oda, ahol melegebb van, mint a Hövszgöl-tónál, s ha kell, még verekedés is lesz belőle, de a lefoglalt szállásról biztosan nem megy ki senki éjszaka az esőbe. Ez a béketűrés, alkalmazkodás, türelem nem magyarázható a buddhista elvekkel, hiszen a mi kereszténységünk is a szeretetet, békességet hirdeti, mégis nagyon kevesen tartják oda ilyen felháborító esetben a másik orcájukat is. Érthetetlen, hogy a mongol, amelyik a köztudatban igen harcos nép, ennyire szelíd lett néhány száz év alatt. Olyanok mintha alvó lelkű emberek lennének, pedig fizikailag hihetetlenül erősek, szívósak. Nem értjük a szituációt, annyira nem, hogy Soma nem is mondja felvevőre a történteket, inkább hagyja érlelődni, ülepedni pár napot. Mi jól alszunk a sátorban, bár csak egyrétegűt hoztunk, a falához nem lehet hozzáérni, mert átázik, de így is túl nagy a csomagunk. Hideg van, a holmink nedves, nyirkos, nem tud megszáradni napközben, a hálózsák sem teljesen száraz, de nem törődünk vele.

ÚJRA MÖRÖNBEN

Látogatás a táltosnál

07. 21, szerda

Reggel megteázunk, mosdunk a tóban, szemünk issza a látványt. A hatalmas víztükör, a ködben lebegő sziget, a parton legelésző jakok, lovak, kecskék látványa szinte kábít bennünket. Messze sétálunk a vízparton, kimegyünk egy mólóra, búcsúzunk a tótól. Mikor visszaérünk, a kemping kerítésénél váratlan találkozásban van részünk: éppen szembejön velünk az a fiatal francia pár, akikkel együtt utaztunk a transzszibériai vasúton. Egymás szavába vágva meséljük az élményeinket. Ők csalódottak. Ulánbátorban töltöttek szállodában néhány napot, aztán kibéreltek egy terepjárót sofőrrel, azóta járják Mongóliát. Eljutottak ők is Dzsingisz kán jurtájához, Karakorumba is. Az eddigi útjuk kényelmes volt, minden este tudtak rendesen mosakodni, vacsorázni. Megnézték a Hövszgöl-tavat – nem olyan lerobbant kempingben aludtak, mint mi –, és láttak vízesést is. Most pedig utaznak visszafelé, néhány nap múlva repülővel mennek haza, Franciaországba. Útjuk nagyon sokba került, és pont azt nem látták, amiért jöttek: az igazi, háborítatlan, szabad nomád életet. Szomorúan hallgatják, mikor beszélünk a birkanyírásról, a mormotahúsról, fejésről, a kecskék jelöléséről, a hegyek megmászásáról. Most hatványozottan érezzük, mennyire másképpen sikerült eddig az utunk, mint egy átlagos turistának. Volt persze benne nehéz időszak is – a furgon, a rosszullétek, a veszély megélése, a bizonytalan másnapok –, de ezért jöttünk. Az igazi Mongóliát akartuk látni, s ez fontosabb számunkra, mint a kényelmes autó, megszokott étel, a meleg ágy. Eddig minden napunk ajándék, s reméljük, ezután is az lesz. További jó utat kívánunk a francia párnak. Ők hamarosan már otthon mesélik az élményeiket, mi még majdnem három hétig maradhatunk.

Délelőtt 11 óra körül indulunk vissza Mörönbe. Megbeszéljük Ardnáékkal, hogy egy éjszakát töltünk ott, aztán mind a négyen megyünk tovább Cagaan Uulba, Toya harmadik lánytestvéréhez. Bata vállalja, hogy elvisz minket, fejenként húszezer tugrukért.

Elbúcsúzunk a tótól, vissza-visszanézünk, amíg el nem tűnik a szemünk elől. A hegyek hamar eltakarják, innentől már megint előretekintünk, várjuk a következő kalandot. Nem vagyunk fáradtak, a rosszullétünk lassan elmúlik, elmossa a táj, a tiszta levegő, a kék ég, a levegőben suhanó madarak látványa.

Átvágunk megint a kihalt pusztákon, a füves sivatagon. Itt nincs jurta, delguur, faházas kis falu, itt semmi nincs, még egy árva fa sem. Órákig haladunk a végeérhetetlen dombok között, elveszve, távol minden emberi településtől.

Útközben a sofőrünk váratlanul elkezd angolul beszélni. Még foszlányokat sem értünk belőle, pedig Soma nagyon jól ismeri a nyelvet. Teljesen belehergeli magát, egyre hangosabban kiabál, pedig nem a hangerővel van baj: valóban nem fogjuk fel, mit akar, s attól sem lesz jobb a helyzet, hogy hadonászik, gesztikulál, és a térdét csapkodja. A lányok sem tudják, mit mond, hiszen nem mongolul beszél. Végül mindannyian nevetünk az autóban, Bata is. Aztán feladja, elkezdi csattogtatni a fogát, a szájára mutogat, és tökéletes magyarsággal mondja:„Ham-ham!" Minden világos: enni kér, éhes, de nála már nincs semmilyen étel. Boldogan adom oda neki a maradék kenyeret és a napok óta tartogatott, még Ulánbátorban vásárolt füstölt sajtot. Mikor meglátja, látványosan örül – nagyon nagy színész –, és pillanatok alatt eltüntet mindent. Kínálok neki magvakat is, de arra nagyot legyint, és egyértelmű undorral utasítja el. Mi most sem eszünk semmit, legfeljebb néhány szem mazsolát: nem merjük terhelni a gyomrunkat, félünk, hogy a kocsi rázkódása tengeribeteggé tesz. Út persze most sincs, Bata csak úgy toronyiránt halad, ami nem akármilyen teljesítmény, mivel tornyot több száz kilométeres körzetben lehetetlen találni.

Délután érkezünk Mörönbe. Ardnáék megint javasolják a szállodát, de mi ismét tiltakozunk. Meglepődünk, mikor nem erőltetik, elkanyarodnak a külváros felé. Mondják, hová megyünk, de nem értjük. Sok mindent tudunk már mongolul, de csak alapszavakat, közülük pedig csak a kismama beszél angolul, szintén alapszavakat. Kiderül, Bata jurtájához hajtunk, befogadnak bennünket éjszakára.

Nagyon nagy élmény nekünk az ittlét, az igazi külvárosi lakóhely. A telek kb. 12x15 méteres, magas deszkakerítéssel körbevéve. Az utca felőli oldalán kis- és nagykapu, meg egy utcára néző kis faházikó, a delguur. A telek hátuljában Bata rokonainak jurtája, ötméteres átmérőjű, mellettük egy kisebb jurta, ahol két lány lakik az anyjával. Mi a nagyobbikban kapunk szállást, a földre tett matracra terítjük ki a hálózsákjainkat. Szívesen felvernénk a sátrat is, de amikor csak legyintenek rá, nem erőltetjük. Megint befelhősödött, nem szeretnénk elázni. Nagyon kedvesek, forró sós-tejes teával kínálnak, a vacsora is készül már: húsos leves, sok tésztával. Nem tudjuk összeszámolni, hányan élnek a jurtában, folyamatos a jövés-menés, rengeteg a gyerek. Két ágy van, egyiken egy fiatal házaspár „lakik" a kisfiával, másikon szintén többen ülnek, a többiek körben a szőnyegeken, meg ahol helyet találnak. Mindenki jókedvűen beszélget, eszik, mi is bekapcsolódunk. Háziasszonyunk, egy rokonszenves, középkorú nő angolt tanít, ők Somával jól megértik egymást.

Az egyik Ardna elköszön tőlünk, visszamegy már aznap késő este Ulánbátorba: telefonhívást kapott, a gyereke leforrázta magát, kórházban van. Sajnáljuk nagyon, különösen akkor keseredünk el, mikor a másik Ardna is közli, másnap délelőtt ő is megy, hiányzik a családja, kisgyereke. Mi lesz akkor mivelünk? Megint itt maradunk segítség nélkül? Bata töpreng, hiszen úgy beszéltük vele meg még az úton, hogy négyünket visz tovább Cagaan Uulba, és most nem tudja, hogyan másítsa meg a szavát, hiszen kettőnkért jóval kevesebbet kap. Azt mondja, az utóbbi napokban nagyon sok volt az eső – ez igaz, most is esik –, az ő városi autója nem bír odáig elmenni, az utak feláztak, járhatatlanok, a patakok felduzzadtak, lehetetlen átjutni rajtuk. Nagyon szomorú, mert megszeretett minket, húszezer tugrukért nem vállalhatja, hogy elvisz, esetleg talán ötvenezer tugrukért nekivág. Ezen aztán elnevetjük magunkat Somával és megvigasztaljuk, nagyon jó lesz nekünk az is, ha szerez valami olcsó, Cagaan Uulba tartó furgont! Elmosolyodik, nincs harag. Előkerül egy kis vodka is, ami nagyon jól jön tönkrement gyomrunknak. Megtanítanak, hogyan kell az alkoholt kínálni, elfogadni. A bal kezünkkel fogjuk meg alulról a jobb csuklónkat, jobb kézzel vegyük el a poharat, aztán a bal gyűrűs ujjunkat mártsuk bele az italba, érintsük meg vele a homlokunkat, aztán a ráragadt cseppeket pöcköljük szét több irányban felfelé a levegőbe. Nagyon értékes ismeret. Mikor utánozzuk, mosolyognak, nevetnek, hangosan helyeselnek. Azzal is nagy sikert aratunk, hogy szemrebbenés nélkül hajtjuk le a vodkát. Amikor a hátizsákból előkerül a „Létai rettenetes" becenevű, ötven fokos házi pálinkánk, jót nevetünk, hogy lazán felhörpintik, aztán kapkodnak levegő után. „Ungar archi szajn!" Nem is kérnek újabb kört, maradnak inkább a 36 fokos vodkánál.

A WC a kapu mellett van. Deszkabódé, belülről nem lehet zárni, csak behajtani, de ez nem probléma: van annyi hézag, hogy észre lehet venni, ha van valaki odabenn, nem nyitunk rá egymásra. Hatalmas, három méter mély gödör, fölötte deszkák, közöttük hézag. A fák itt is elrohadtak, feketék, életveszélyesek. Guggolásból támaszkodás nélkül szabad csak felállni: nem szívesen tenyerelnék a nedves, lepedékes, isten tudja mivel átitatott felületre. Kezet szeretnék utána mosni, udvariasan terelnek a jurta mellett kerítésre felszerelt mosdóhoz. Ámulok, mikor megpillantom a tiszta, csillogó kagylót, szappantartót, szappant. Látszik, hogy örülnek a csodálatomnak, kérik, várjak, mindjárt hoznak vizet is! Ugyanis víz, az nincs. A csap fölött egy tölcsér, a csövében belül dugó, a dugó alján súly. Hihetetlenül ötletes. A tölcsérbe vizet öntenek, a dugótól nem tud kifolyni, de ha a tenyerünkkel megemeljük a súlyt, a markunk telefolyik vízzel. Amíg körbetörüljük vele az arcunkat, addig a dugó visszazárja a tölcsért. Hátránya, hogy egyszerre csak egyik kezünkkel tudunk mosdani, viszont nagyon takarékos. A víz kevés, a városszéli patakról hordják, vízvezeték csak a város központjában van bekötve. A szennyvízelvezetés viszont tökéletesen kiépült! Erre akkor jövünk rá, mikor lenézünk a budi aljára. Ott vannak a szennyvízcsövek, a csőcsatlakozás. Feltételezem, az állam, mikor a várost kiépítette, megoldotta a szennyvízelvezetést, a kiosztott telkeken kiásva hagyta a gödröt, ahol be lehetett volna kötni a mosdót, WC-t. A mongolok pedig odaköltöztek, a telken felhúzták a jurtát, a gödör fölé pedig deszkabódét emeltek, budinak. Ha jobban végiggondoljuk, lehet ám, hogy igazuk van! Ott, a köves talajban az ürülék lassan felszívódik, kiszárad, nem jut el a patakig, ami így ivóvíz tisztaságú maradhat. Ha belevezetnék a szennyvizet, néhány év alatt tönkremenne a víz minősége, még mosni sem lehetne belőle. Lassan rájövünk, hogy a mi elképzeléseink a higiéniáról nem minden körülmény között tökéletesek.

Este szóba jön az is, hogy szeretnénk egy mongol táltossal találkozni. Ő, Mörönben van táltos – mondják, ha akarjuk, szívesen elvisznek. Hát hogyne akarnánk! Persze nem gyalog megyünk; Batával beülünk az autóba, kanyargunk a földes-sziklás, deszkakerítéses utakon egy darabig, aztán megállunk egy szemmel láthatóan gazdag ház előtt. Igaz, hogy ez is deszkából van, az udvara is éppen olyan kopár, mint a többi háznak, de színesre van festve, nem kopott, három lépcsőfokon lehet felmenni a tornácra. A táltos felesége köszönt bennünket: a férje nincs itthon, éppen Cagaan Uulba hívták el egy beteghez.

Odabenn egy igazi mesebirodalom fogad bennünket. Heverő, gyönyörű, vastag, kézi szőttes takaróval, egyik oldalán a mennyezettől a földig lóg egy hatalmas, fehér farkas bundája – állítólag maga a táltos ejtette –, a másik oldalon egy sas-bunda – nem véletlenül nevezem bundának, mert a tollai szinte prémszerűen sűrűk, tömöttek, hatalmas szárnyai a szőnyeggel fedett, deszkás padlóig érnek. A barátságos asszonyka vendégül lát bennünket, kapunk szuutej cajt, aaruult, vajjal vastagon megkent, kristálycukorral beszórt kenyeret, és mindezek fölséges kiegészítéseként bolti lekvárt, meg egy üveg savanyú uborkát. Próbáljuk fékezni magunkat, hogy a régen látott csemegét ne együk túl mohón, de a háziasszony szemmel láthatóan örül az étvágyunknak, egyre barátságosabban beszélget velünk. Érdekes, hogy már mennyi mindent megértünk. Végigmutogatja a szoba kincseit, ereklyéit: kelyheket, képeket, szertartási kellékeket, amiket bármelyik múzeum megirigyelhetne. Nincs olyan négyzetcentimétere a helyiségnek, ahol ne lenne valami megbámulnivaló.

Végül külön érdekességképpen leemel a polcról egy üveget, amelyikben alkoholban egy elpusztult kígyó tekeredik. Szinte ujjongva fogadjuk az ismert csodaszert, kézzel-lábbal mutogatjuk, hogy ilyen van Magyarországon is, kígyópálinkának hívják, és mindent gyógyítanak vele. El is játszom, hogyan csúszik a kígyó a fűben, hogyan ragadjuk meg a nyakánál, és még élve tekergetjük bele az üvegbe és öntjük rá a pálinkát. Ekkor már annyira belopjuk magunkat a háziasszony szívébe, hogy Somának ad egy gyűrűt, gyönyörű, réz ötvösmunkát, nekem pedig kezembe nyom egy bekeretezett szentképet, amit a falról emel le. Szabadkozunk, de mutatja, hogy az a miénk. Mi is adunk ajándékot: magyar ló farokszőrét, táltos pergőt, képeket. Mikor elköszönünk és kilépünk az ajtón, szemben találjuk magunkat egy nagy kalapos, szikár mongol férfival, a táltos testvérével. Ő az ötvös, aki Soma gyűrűjét készítette. Nem beszélget velünk, csak mosolyog és köszön, de nagyon jó érzés belenézni a szemébe: végtelenül bölcs, az első pillantása komoly, aztán látjuk a derűs szikrákat benne. Nem átlagos lelkű ember lehet, nagy hatással van ránk.

Visszamegyünk Bata jurtájához. Ismét jelezzük, hogy nem akarunk a háziak terhére lenni, szívesen felverjük a sátrat, de esik az eső, azt mondják, aludjunk inkább bent. Elfogadjuk, nem szeretnénk újra átázni.

Indulás Cagaan Uulba

Reggel pihenten ébredünk. Nem tudom, hányan aludtunk a jurtában. Itt nincs kollektív villanyoltás, aki elálmosodik, végigfekszik a helyén és békésen szunyókál a duruzsoló beszélgetés nyugtató mormolása mellett. Én nem sokáig bírtam este az ébrenlétet, még zajlott az élet, amikor hálózsákba bújtam. A levegő friss, tiszta, a középen égő tűz, a zsúfoltság párája hamar kiszivárog a nyári burkolatú jurta résein. Elköszönünk a második Ardnától is, aki korán indul vissza Ulánbátorba. Megmosdunk az udvaron, aztán megyünk a delguurba. Kirúgunk a hámból, a táltosnál fogyasztott csemege visszahozza az étvágyunkat. Veszünk kenyeret, süteményt, csokit, cukrozott, aszalt gyümölcsöt, lekvárt, savanyú uborkát, még chipset is. Megszokottabb étel, zöldség, gyümölcs nincs, pedig nagyon ki vagyunk rá éhezve. A sütemény túl édes, súlyos, tömör, csak pár falatot bírunk egyszerre enni belőle, hiányzik az igazán sós, és a savanyú íz.

Délelőtt sétálunk egy kicsit a környéken, aztán a szomszéd jurtában lakók felkísérnek bennünket a főutcára. Eldicsekszenek a Nádam-stadionnal, az előtte fekvő téren megcsodáljuk a győztes sportolók szobrait. Most csinosítják a környéket: járólapokat tesznek le, bokrokat, virágokat ültetnek, emlékoszlopot emelnek a sikeres versenyzőknek. Sietni kell: az ulánbátori versenyek lezajlása után kerül sor a vidéki mérkőzésekre is. Mörön megyeszékhely, nagyon sok látogatót várnak, nem fogadhatják őket akármilyen küzdőtérrel! Sugárzik a büszkeség a minket kísérők hangjából, a Nádam valóban az ország egyik legfontosabb rendezvénye.

Ebédre hósorral kínálnak – tésztában főtt, sült hús –, szokjuk az ízét, de csak picit eszünk belőle, túl zsíros, tömény étel. Magyarországon két hósorhoz egy tányérnyi zöldséges körítést ennének, itt a két hósorhoz esznek még három-négy másikat, zöldség pedig nincs. Kínálgatnak, de inkább teát kérünk. Iz-gulunk is egy kicsit, hogy mi lesz velünk; annyit tudunk, hogy Bata szerez egy furgont, amelyik elvisz Cagaan Uulba, ott ta-lán fogadnak bennünket, de hogy pontosan kihez megyünk, hová, és vár-e bennünket, azt nem tudjuk. Félelmetes úgy ne-kivágni egy újabb útnak, hogy a következő vendéglátónknak sem nevét, sem lakcímét, sem telefonszámát nem ismerjük, és minden irat nélkül egyre távolabb és távolabb kerülünk Ulán-bátortól. Segítséget sem tudnánk kérni: itt szinte sehol nincs térerő. Zavar az is, hogy a térképen a környéken három Cagaan Uul nevű helység is van, hiszen ez a kifejezés egyszerűen any-nyit jelent: Fehér Hegy. Mikor kérdezzük Batát, hogy mikor in-dulunk a furgonhoz, hol szállunk fel, és merre megyünk, csak legyint, ő sem ért minket, mi sem őt. Az angolul beszélő tanár-nő nincs itt, nem tudunk kitől érdeklődni. Összepakolunk, vá-runk. Délután kettőkor áll meg az autó a ház előtt, felkapjuk a csomagunkat, begyömöszölnek bennünket, integetnek, aztán indulunk is újra a bizonytalanba.

Körülbelül egy óra hosszába telik, mire kijutunk Mörönből. Mongóliában nem úgy van, hogy az utasok elmennek az állomás-ra és felszállnak a megfelelő járműre, hanem előző nap valaki elmegy a családból a piac melletti parkolóba, megérdeklődi, ki megy az általa választott helységbe, és megadja a telefonszámát a sofőrnek. Ha egy-egy járműre elég sok ember összegyűlt, a gép-kocsivezető megtelefonálja leendő utasainak, körülbelül mikor veszi fel őket a házuk előtt. Mindenkiért érte megy. Ez nagyon jó, mert óriásiak a távolságok a város egyik végétől a másikig, és rengeteg csomaggal utaznak az emberek. A mostani furgon nem olyan zsúfolt, mint amelyikkel érkeztünk, a mi három ülé-sünkön csak négyen vagyunk, a többi sorokon is négy, illetve a végén öt ember. Sajnos megint menetiránynak háttal ülünk, de kitapasztaltuk, hogy ha kicsavarodva, a mi támlánkra felkö-nyökölve kikukucskálunk a vezetőfülkében ülő emberek között, akkor nem hányunk. Soma így sem lát ugyan ki, a furgonokat nem az ő magasságára méretezték, de legalább nem szédül. A gerincünk viszont az út végére teljesen kikészül: hat és fél óra hosszáig megyünk így, iszonyatos utakon. Rosszul mondom: egyáltalán nincs út. Mörönből kiérve eltűnik a beton, szálkás fűvel ritkásan benőtt keréknyomokon kanyargunk. Ezek párhuzamosan futnak egymással, mikor valamelyiket már kijárták annyira, hogy fennakad rajta az alváz, akkor kezdenek másikat. Gond csak akkor van, mikor a kocsi vezetője válogat, egyik nyomból átmegy a másikba, s mind a négy kerék a kettő, vagy akár hat pár nyomon huszonöt centis huppanásokkal halad keresztbe. Ez volt a legszörnyűbb idefelé jövet is. Én még csak-csak bírom, de Somának pontosan fölötte van a fülke tetejének vas merevítője, s ha nem készült fel a zökkenőre, a feje tetejét nagyon megüti. Lehajolva nem bír ülni, mert ha összeszorul a gyomra, rosszul lesz. Néha szinte összegörnyed a kíntól; félek, hogy megreped, betörik a koponyája. Emellett szívjuk a tömény benzingőzt, és folyamatosan szól a mongol mulatós zene, ugyanaz a CD, ami az első utunkon, újra meg újra elkezdve.

A táj viszont hihetetlenül gyönyörű. Eleinte a síkon haladunk, patakmedreken, vízmosásokon át. Híd sehol sincs, kár építeni, hiszen az áradó patak ősszel úgyis elsodorná, a táj pedig állandóan változik: ami egyik évben még tómeder, esztendő múlva csak egy kiszáradt, köves mélyedés a többi között. Dombra fel, dombról le „száguldunk", 25-40 km/óra sebességgel. Ezen az autón kivételesen van sebességmérő, és még működik is. Eszünk egy kis süteményt, megkínáljuk a velünk utazókat; örömmel, mosolyogva fogadják el. Ekkor tűnik fel, hogy míg nekünk természetes az, hogy a járműre ülve azonnal enni-inni kezdünk és végigbeszélgetjük, fészkelődjük az utat, társaink szinte mozdulatlanul ülnek, nem esznek, nem szólnak egymáshoz, szunyókálnak, teljesen kikapcsolódnak az időből. Egy lánnyal tud csak Soma szót váltani, aki beszél angolul, de nem tudjuk neki elmondani, hová megyünk, nem csak a szókincs hiányossága miatt, hanem mert ez előttünk is titok még.

A vidék egyre emelkedik, az autó már nem tud toronyiránt felhajtani a gerincre, egy hegyoldalban haladunk. Most örülök egy kicsit, hogy Soma nem lát jól ki, én ülök az ablak mellett. Az én oldalamon ötven-nyolcvan méter mély szakadék, aljában gyors sodrású folyó rohan, autónk másik oldalán meredek sziklák emelkednek. Az út, amin haladunk, jól érezhetően lejt a szakadék felé, apró kavicsos, görgelékköves, vizes, a furgon meg-megcsúszik, kifarol az éles kanyarokban. Nagyon félek, de Somának nem merem mondani. Imádkozom. A szakadék a keréktől harminc centire kezdődik, nincs korlát, a furgon megdől, három ember súlya présel az ajtóhoz, az ablakon át látom, ahogy a mélység fut alattam. Aztán amikor az egyik kanyarban váratlanul kibukkan velünk szemben egy másik furgon, akkor tudom, hogy vége, visszatolatni egyikünknek sem lehet, autónk mindkét oldalán háromarasznyi szabad hely van, ott még egy motoros sem mehetne el biztonságosan. Behunyom a szemem és úgy döntök, nem idegeskedem többé, innentől a sorsra bízom magam, lesz, ami lesz. Várom az ütközést, zuhanást, de zökkenőmentesen haladunk tovább. Óvatosan kinyitom a szemem. Visszanézek, látom a másik furgont távolodni tőlünk, bizonytalanul csúszkál a szakadék szélén. Soha nem fogom megtudni, hogyan mentünk el egymás mellett.

Ezen az úton találkozunk a „lopós mamával" is. Egy rendkívül agresszív fellépésű vénasszony utazik velünk. Először a mi sorunkba száll fel, de ott túl szűknek találja a helyet, az első pihenőnél fogja a holmiját, felmászik a vezetőfülkébe, ahol már ott van a sofőr, egy lány – gondolom a párja –, meg egy másik fiatalember, a vezetőnk kísérője. Egy-egy ilyen viszontagságos útra ketten szoktak indulni, és felváltva vezetnek. A néni a fiatalember ölébe telepszik fel, körbepakolja a csomagjaival, közben folyamatosan veszekedik, intézkedik, kioktatja a sofőrt, és mindenkit, aki érti a beszédét. A kísérő egy menetig bírja, a következő pihenőnél beül hozzánk hátra, a lány egészen picire összehúzza magát, a néni pedig uralja a fülkét.

Lopós mamának azért nevezzük el, mert Soma az egyik megálló után hiába keresi a sapkáját, amit a nemezelő utastársunktól kapott, sehol nem találja. Fél, hogy ottmaradt a pihenőnél. Nagyon elkeseredik, s mikor a többiek látják, hogy valami gond van – minij malgaj bajhguj(nincs meg a sapkám) –, segítőkészen szintén keresni kezdenek. Végül kiderül, hogy a süveg, amit Soma a fülledt melegben letett a fejéről maga mellé a szatyrunkra, érthetetlen módon előrecsúszott, éppen a néni csomagjai közé, onnan kotorja ki egy útitársunk. Nem lopta ő el, csak „elveszejtette". Ha véletlenül előbb szállnánk le, mint ő, és a fejfedő ottmarad, akkor megtalálhatja: „Nini, milyen szép kis sapka, vajon ki hagyhatta el?", és akkor az már nem lopás, hanem találás, és az egészen más! Lehet persze, hogy ezt csak mi gondoljuk így végig, és szegény teljesen jó szándékú és ártatlan, de nekünk már mindig a „lopós mama" marad.

Sötétedés után érünk Cagaan Uulba. Kezdünk izgulni, mert itt is házhoz szállítja a sofőrünk az utasokat, és lassan mindenki elfogy mellőlünk. Ülünk, ölünkben szorongatjuk a kézicsomagokat, azt sem tudjuk, a hátizsákjaink megvannak-e még hátul, vagy valamelyik leszálló „véletlenül" magával vitte. Aztán megállunk egy teljesen sötét utcában, a vezető elkezd kipakolni bennünket. Körülöttünk faházak, villanyfény sehol. Elbizonytalanodunk – megint le kell ülnünk sírni? –, s akkor váratlanul mellénk kanyarodik egy kisteherautó, mosolygó házaspár száll ki belőle. Nagyon fáradtak vagyunk már, kérdezés nélkül hagyjuk, hogy a holminkat feltegyék hátra, beülünk a vezetőfülkébe négyen – amúgy kétüléses, Soma az ülések között kuporog, az asszonyka meg bepréseli magát a fülke hátsó fala és az ülések támlája közé –, és elindulunk a pusztába. Negyedóra múlva leparkolunk a síkon, két jurta közé. Behívnak, megvacsoráztatnak, pillanatok alatt hagyjuk magunkat lebeszélni a sátorállításról, kapunk két matracot, ráterítjük a hálózsákot, és már alszunk is.

Naplemente

Esteledik

Kövek a pusztában

Reggel sokáig szunyókálunk, ragyog odakinn a nap, mire felébredünk. Egyedül vagyunk benn, nyugodtan körül tudunk nézni. Csodálatosan szép jurtában fekszünk: legalább nyolc méter átmérőjű, ez azt jelenti, hogy az alapterülete kb. ötven négyzetméter. A bejárattól jobbra van a konyharész, polcokon a tisztára mosott tányérok, poharak, evőeszközök, vékony függöny védi őket a portól. Utána házigazdáink széles ágya, ezen aludt éjjel Davda, a felesége, Atha – Toya húga –, és pici, kétéves kislányuk, Szalonga. Aztán nagy papírdoboz, benne az összehajtogatott ágyneműk, szőnyegek, ruhák. A bejárattal majdnem szemben van a tizenhat éves nagyfiú, Thinksze heverője, attól kicsit balra egy gyönyörű, festett, mongolmintás láda, rajta fényképek, dísztárgyak. Itt nincs TV, napelemes villany sincs bevezetve. A láda előtt van a mi fekvőhelyünk, mellé tettük le este a hátizsákokat, táskákat. A két jurta tartó oszlop előtt kályha, mögötte kis asztal, amit körbe lehet ülni. Szék nincs, de nem is kell, a földet az ajtó környékének kivételével vastag szőnyeg borítja. A bejáratnál levetettük a csizmánkat, beljebb mezítláb léptünk, nem is lenne kényelmes nagy csizmában ülni a földön.

Az asztal meg van terítve, rajta kenyér, mongol sütemény, vaj, szárított túró – aaruul –, kis szilkék, és odakészítve termoszban a forró víz. Van még filteres teánk, iszunk. Aztán elmegyek WC-re, tegnap éjjel megmutatták a mellékhelyiséget, amit a mi kedvünkért építettek. A jurtától kb. százméternyire van a földön derékszögben két deszka összeszegezve, a végein függőlegesen szintén egy-egy vékony léc, rajta műanyag kifeszítve, két oldalról takar egy harmincszor nyolcvan centis, fél méter mély gödröt, amin két kis palló van, hogy fölé tudjunk guggolni. Ez luxusnak számít, hiszen a köves talajba gödröt ásni szinte lehetetlen. Utána kezet mosunk, megmosdunk. A mosdó itt is végtelenül ötletes és víztakarékos, hasonló ahhoz, amilyen Batáéknál volt. A jurta előtt egy cölöpre erősített tölcsér, aminek a vékonyabbik végét alul egy dugó zárja el. A dugón kis rúd van átszúrva, aminek a tölcsér alján kilógó végére súlyt erősítettek, ezt megemelve telefolyik a tenyerünk vízzel, ha elvesszük a kezünket, hogy az arcunkat megmossuk, a súly visszahúzza a dugót a tölcsér nyílásába. Egy csészényi elég kettőnknek az alapos tisztálkodáshoz.

Hamar készen vagyunk, keressük, hová lettek a háziak. Látjuk, távolabb sokan dolgoznak, hát odamegyünk mi is.

Egy pillanat alatt visszacsöppenünk a nemcsak több száz, de több ezer éves múltba. Nyolc-tíz felnőtt és a gyerekek téglákat készítenek. Sáros gödörből kiszedett agyag halom mellett térdelnek az asszonyok, kezükkel dagasztják, kupacolják, formázzák, tömörítik a ragacsos anyagot, a férfiak fából összeácsolt formába döngölik, sorban borítják ki a lesimított földre száradni a nyers téglákat. Boldogan kuporodom közéjük; Atha hiába tiltakozik, nem vállalom a tiszteletreméltó vendég szerepét. Túrok bele én is az agyagba, nem féltem a kezemet, ruhámat. Soma beáll a férfiak közé, cipeli a formákat a szárítóhelyre, ő is ragyog a boldogságtól. Sokan vagyunk, a rokoni kapcsolatokat még nem ismerjük, nagyok a családok és számunkra követhetetlenül összefonódóak. Olyan, mint régen volt nálunk Magyarországon, ahol egy-egy faluban mindenki vissza tudta vezetni a kapcsolatait több nemzedéken keresztül. Mongóliában könnyebb: mint a tudósok kiderítették, a jelenlegi lakosok kb. nyolcvan százaléka genetikailag Dzsingisz kán vérvonalához tartozik. Nem csoda, hogy az emberek annyira összetartóak, barátságosak; megszokták, hogy mindannyian rokonok, természetes, hogy segítenek egymásnak.

Délutánig dagasztjuk a téglákat, fárasztó, de nem bánjuk. Büszke vagyok arra, hogy ugyanúgy bírom, mint a mongolok, és Soma is pihenés nélkül dolgozik. Mikor hívnak enni, lelkiismeret-furdalás nélkül fogadjuk el a hósort: ez most nem ajándék, hanem jutalom a jól végzett munkáért.

Evés után a szomszéd jurtában lakó két kisgyerek – Meyte, a fiú négyéves, Daagi, a kislány hat – megfogja a kezünket és elvisznek hozzájuk. Ők is rokonok, Davda testvérének, Mindének a gyerekei. A látóhatáron három-négy jurta áll, övéké az egyik. Útközben tanítanak bennünket, jókat nevetnek rajtunk. A kicsikkel mindig hamar megtaláljuk a közös nyelvet. Az ő szállásuk kisebb, mint Atháéké, de szépen berendezett, tiszta. A szülők kínálnak bennünket, elfogadjuk. Bent a főhelyen TV áll, napelemről működik. Amíg esszük a süteményt és isszuk a szuutej cajt, megnézzük a Mulant. Nagy élményt jelent! Egyrészt az adás minősége: a készülék 25x30-as képernyőméretű, vibrál és meg-megszalad, az alsó harmadában folyamatosan reklámok betűi futnak, a hang az eredeti, és egy férfi szinkronizálja az összes szereplőt teljesen monoton hangon, unottan olvasva fel a párbeszédeket, a verekedések, küzdelmek hangjait és a szerelmes sóhajtásokat. Másrészt különleges érzés az, hogy Mongóliában ülünk egy pici TV előtt, és nézzük, ahogy a szegény kínaiak harcolnak a gonosz és vérszomjas hunokkal, miközben mi is hunok rokonai vagyunk. Ott ülnek velünk a földön a tiszta lelkű, kicsi mongol gyerekek, drukkolnak a kínai kislánynak, felszisszennek, mikor előugrik a félelmetes hun, közben a nyelvükön a „hun" szó „ember"-t jelent, hiszen ők maguk azok.

Aztán vége lesz a filmnek, és a szülők félreérthetetlenül jelzik, hogy szeretnének kettesben maradni. Az aprónépet is kitessékelik. Lemegyünk a patakhoz. Még nem tudjuk, hogy ennek a délutánnak a mottója: felejts el mindent, amit a higiéniáról valaha tanultál!

A patakparton hihetetlen játékba visznek bele a gyerekek. A nadrág, póló rajtunk van, a dél alját felhajtjuk, nem vetjük le: a nap nagyon erősen süt, de fúj a szél. Először csak mezítláb lépkedünk a patakban, aztán elkezdünk ugrálni, szaladgálni, versenyezni. Daagiék rávesznek, hogy fogjuk meg egymás kezét, és a partoldalról egy-kettő-háromra ugorjunk bele a térdig érő vízbe. Persze felcsap, a végén mind a négyen ruhástól csurom vizesek, sárosak vagyunk. Aztán építünk homokvárat, virágokkal, kavicsokkal díszítjük. Piszkosak leszünk, de valójában ez a szenny csak föld, víz, fű és virág. Aztán elheverünk a napon, megjön a gyerekek anyja, leül hozzánk. A ruhánk megszárad, a homok lepereg, az arcunkat megmossuk. Érezzük, hogy ez a nap így teljes.

Visszamegyünk a jurtánkhoz, eszünk. Beszélgetünk arról, mit szeretnénk megnézni a környéken. Reménykedve ejtünk szót nagy álmunkról: szeretnénk hun-csolót (emberkövet) látni! Fényképeken megcsodáltuk már a kopár pusztában felállított oszlopokat, a valóságban lenyűgözők lehetnek. A francia házaspár is sóvárogva emlegette, ők az ulánbátori múzeumban láttak ilyet, de az nem ugyanaz, mint a szabadban. Ja, csak ennyi? – válaszolják lazán. – Hát ez igazán nem nagy kívánság, itt van egy néhány száz méternyire, ha akarjuk, elvisznek oda! Már pattanunk is... Persze ez nem ilyen egyszerű, hiszen nem mehetünk gyalog, bepréseljük magunkat a kétszemélyes vezetőfülkébe, Davda vezet, a másik ülésen én vagyok, közöttünk Soma, az ő ölében Thinksze, a fülke hátsó fala és az ülések támlája között szorong Atha, Szalongával.

A kocsi hátuljára az utolsó pillanatban felkapaszkodik Davda szomszéd jurtában lakó testvére, Szuhe, és a kisfia, Sitre. Sitréről az első piséléséig azt hittük, kislány: gyönyörű kerek arca van, a haja ezer fonatban. Aztán jobban megismerjük. Hároméves, de jóval nagyobb, hihetetlenül súlyos: mikor először játékból fel akartam kapni, rájöttem, alig bírom megemelni. Tömör kőkemény izom az egész gyerek, és égedelem rossz. Egyhelyben csak akkor látjuk, mikor este eldől a jurtában és elalszik ott, ahol éppen van. Jó indián néven átkereszteljük Nyúzónak, ez az a név, ami talán leginkább illik hozzá, bár hangzása után a Sitre is passzol. Olyan, mint az apja, Szuhe, aki mindig jókedvű, és nagyon büszke arra, hogy majdnem úgy hívják, mint a mongol nemzeti hőst, Szuhe-Bátort.

Beülünk a kocsiba, megyünk 700-800 métert, és az úttól kicsit távolabb, a puszta közepén megpillantunk egy több ezer éves kőszobrot. A fölötte eljárt idő alatt megkopott, de jól felismerhető a füle, párhuzamos vonalak a felső részén, mintha törzsi jelzés lenne, az oldalán pedig belevésve a klasszikus szkíta csőrös szarvas, ágas-bogas, bependöredő aganccsal. Hihetetlen látvány! Lázba jövünk, körbejárjuk, izgatottan mutogatjuk egymásnak a felismert jeleket, végighúzzuk rajta az ujjunkat, találgatjuk, melyik vonal hol folytatódik. Davdáéknak tetszik, hogy annyira lelkendezünk, nekik már nem olyan nagy élmény a kő. Magyarázzuk, hogy de hát ezt még a hunok készítették! Persze, persze, a hunok – bólogatnak, nekik ez természetes, hiszen a „hun" szó mongolul „ember"-t jelent. Áldozunk is boldogan, szórunk a kőre tökmagot, megkerüljük háromszor, összetett kézzel meghajlunk, észrevesszük, a többiek figyelnek bennünket. Nem törődünk vele, nem az ő kedvükért viselkedünk tisztelettudóan, a szívünkben valóban végtelenül hálásak vagyunk a sorsnak és annak az Istennek, aki idevezérelt bennünket. Nem tudjuk, mivel érdemeltük ki ezt az élményt.

A mongolok beszélnek egy kicsit egymás között halkan, aztán szólnak: ha ez valóban ennyire érdekel bennünket, elmehetünk, mutatnak még köveket.

Beülünk ismét az autóba, haladunk az úton pár száz métert, aztán behajtunk a dombok közé. Itt már keréknyom sincs, nagyokat huppanva megkerülünk néhány emelkedőt, áthajtunk egy patakon, megállunk, kiszállunk, állunk megdöbbenve. Előttünk a leghatalmasabb romváros, amit életünkben láttunk, a puszta közepén, az útról láthatatlanul, ember nem járta helyen. Egy egész hegyoldalt hatalmas, fehér kövekkel kirakott négyzetek, körök borítanak. A legkisebb négyzet négyszer négy méteres, a legnagyobbak tíz méteresnél is hosszabb oldalúak. A négyzetek közepén a fűben kőkupac. Egy futással felnyargalunk a hegy tetejére–a túloldalon ugyanez a látvány fogad bennünket: a romok átterjednek a szomszéd dombokra is, egy kisebb városnyi helyet beborítanak. Körbemegyünk a tetőn, lelépjük a kőfalakat, kérdezzük a kísérőinket, mi ez? Nem tudják, talán sírhelyek, bár, mint mondják, régebben az oroszok keresgéltek itt aranyat, de nem találtak semmit, még csontokat sem. Az is rejtély, mikor épült, hiszen a régiek azt mondják, mindig itt voltak épp így ezek a kövek. Állunk a hegytetőn, hajunkat fújja a szél, lábunk előtt egy ősi város romjai. Hogyan meséljük ezt el az itthoniaknak? Soma próbál fényképezni, de a kép sem alulról, sem felülről nem adja vissza azt a látványt, amiben részünk van. Egyre lassabban járkálunk, még a lélegzetünk is elakad. A többiek türelmesen várnak egy darabig, aztán szólnak, jó lenne sötétedés előtt visszaérni. Legszívesebben ott maradnánk, ott éjszakáznánk a romok között, de hát erről szó sem lehet, azt mondják, veszélyes, éjjel kóbor fél-farkas kutyák járnak zsákmány után. Visszaülünk hát az autóba, de elhatározzuk, hogy ide mindenképpen eljövünk még. Szeretnénk feltérképezni a területet, lemérni, bejelölni az épületmaradványok helyét, de hát ez hetek munkája lenne.

Vacsoránál Davdáék felajánlják, hogy ha minket ennyire érdekelnek a régi kövek, szívesen elvisznek egy ötven kilométerre fekvő helyre, ahol szintén láthatunk hun-csolót. Az ár elfogadható, kettőnknek ötvenezer tugruk, valóban csak a benzin ára. Kapunk az alkalmon. Boldogan alszunk el. A mai nap a téglaégetéssel, patakkal, emberkővel és romokkal életre szóló élményt nyújtott, és talán a holnap sem hoz csalódást.

Gyerekek

Csőrös szarvas egy hun csolón

Romváros 2

Romváros 5.

Vendégségben Josh jurtájánál

A reggeli indulás elég nehézkes. Mire felébredünk, az asztal épp úgy meg van terítve, mint előző nap, látszik, hogy nekünk készítették ki az ételeket. Davdáék eltűntek valamerre, csak Thinksze van otthon. Reggelizünk, teázunk, beszélgetni nem tudunk, végül előszedjük a kártyát. Érdekes, a nyelvi nehézségek ellenére pillanatok alatt megértjük a szabályokat. Sakkozunk is, dámajátékot játszunk, Thinksze lassan feloldódik, a láda aljából előkeresi, megmutatja az iskolai kitüntetéseit, okleveleit. Kiderül, hogy kiemelkedően jó tanuló, sportversenyeken, vetélkedőkön, városi rendezvényeken több mint harminc érmet nyert. Most tizennégy éves, körülbelül olyan magas, mint Soma, de sokkal izmosabb, kőkemény, tömör izmai vannak, nagyon jó alakú, értelmes arcú fiú.

Megjönnek házigazdáink, szólnak, pakoljunk, indulunk. Felkapunk egy szatyrot, minimális túlélő felszerelés van benne, a WC papírtól a tökmagon át a tartalék pulóverig. Mikor már szállunk az autóba, akkor mutogatják, hogy a biztonság kedvéért hozzuk a hálózsákokat, sátrat is. Csodálkozunk, hiszen a tervezett út csak 50-80 kilométer, de még mindig nem szoktuk meg, hogy Mongóliában nincs egynapos túra, sohasem lehet tudni, hogy az indulásból mikor lesz érkezés.

Behajtunk Cagaan Uulba, egy ház előtt leparkolunk. Behívnak bennünket, a férfiak pedig nekiállnak autót szerelni. Nem türelmetlenkedünk, de a negyedik pohár sós-tejes tea után mi is kimegyünk az udvarra, nézni, mit dolgoznak. Reggel órákig tétlenkedtünk, aztán a gyors, kapkodós indulás, és most nem szívesen üldögélünk, hiszen már dél van. Szemerkél az eső, nyolc ember próbál valami kerékagyat szétszedni a sárban, a rendelkezésére álló összes eszközzel. Ezek: több fatuskó, amire fel lehet támasztani az alkatrészt, néhány kalapács, favágó balta, csavarhúzó, egy része túl kicsi, a többi nem fér be a megfelelő helyre, és franciakulcsok, amiből szintén éppen a megfelelő méret hiányzik. Folyamatosan beszélnek, erőlködnek, nyögnek, próbálkoznak, és szemmel láthatóan hihetetlenül élvezik a helyzetet. Somával lelkesen bekapcsolódunk: ha kell, tartjuk, emeljük, feszítjük, észre sem veszik, hogy két pár kézzel több van. Gépipari technikumot végeztem, szeretek szerelni. Küzdünk a sárban, esőben a rozsdás, olajos alkatrészekkel, a gumikkal. Elképesztő, hogy végül sikerrel járunk, helyére kerül a kerék, a szomszédból összeszedett szerszámok visszakerülnek a gazdáikhoz, mindenki elégedett. Itt természetes, hogy egy ötven kilométeres út előtt teljesen fel kell újítani az autót, még így is bizonytalan az érkezés.

Betessékelnek bennünket a kocsiba, örülünk, hogy elindulunk végre. Persze ez csak hiú álom: egy utcával odébb megint megállunk, ismét előkerül néhány férfi, elkezdenek bepakolni a kocsi hátuljába. A picike teherautóra felkerül egy egész jurta, felszereléssel együtt. Oldalfal, tetőlécek, ponyva, nemez, vászon, szőnyegek, kályha, ágyak, ágyneműk, ládák, fazekak, evőeszközök, a TV, szárító tepsik, kisszekrény, varrógép, és még beláthatatlan mennyiségű apróság. Az autó épp hogy kilátszik alóla. A tetejére még odabiggyesztik a tetőkarikát, lekötözik, a sátor és a mi hátizsákjaink a vezetőfülke tetején billegnek. Aztán öten – Davda, Soma, én, Atha és a kicsi Szalonga – beülünk a vezetőfülkébe, a rakomány tetejére pedig felmászik Josh és egy asszonyka, akinek a nevét nem tudom.

Joshnak nagyon örülünk, különleges ember. Középkorú, magas, szikár, mosolygó, értelmes szemmel. Először azt hittük, néma, mert amikor előző este bejött a jurtába, nem köszönt hangosan, csak odabiccentett a többieknek. Sötét színű posztó délyét maga alá hajtva leült a fal mellé, s aztán sem kapcsolódott be a beszélgetésbe, csak figyelmesen nézett mindig arra, aki éppen szólt. Ha kérdeztek tőle valamit, csak fejbiccentéssel, mimikával jelzett. Később rájöttünk, hogy egyszerűen ilyen a természete. Keveset beszél, de ha mégis, a többiek nagyon figyelmesen hallgatják, bólogatnak a szavaira. Nagyon pozitív kisugárzása van, ilyennek képzeltük el a sámánokat. Ő a második ember, akivel kapcsolatban ezt érezzük; az első az ötvös mester, akivel Mörönben találkoztunk. Végül sikerül elindulnunk. A városka szélén újra megállunk, megtankolunk, Davdának odaadom a kialkudott összeget. Közben rájöttünk Somával, hogy ő a kisteherautójával fuvarozást, költöztetést vállal, a bért megkapja érte, az üzemanyagot pedig mi fizetjük, de ez így mindenkinek megfelel.

Észak felé indulunk, gyönyörű hegyek között kanyarog az út. Illetve út az nincs, kanyargás van. Régen járt keréknyomok mutatják, merre kell haladni, Davda ismeri őket. Időnként letérülünk, nekiindulunk a dombtetőnek, mondanám ismét, hogy toronyiránt, de torony változatlanul sehol. Merészen vágunk át a patakokon, vízmosásokon, aztán ha megint nyomra találunk, megyünk rajta egy darabig. A domboldalakban a megrakott autó veszélyesen megdől, a fizika minden törvénye ellenére marad csak a kerekein. Egy idő múlva rájövünk, hogy Davda vezetési stílusa enyhén szólva nem tökéletes. Belehajt olyan patakmedrekbe, ahol a túloldalon meredek partoldal van, pedig néhány méternyire ott a szelíd lejtő. Ha az úton kő hever, biztos, hogy ráhajtunk – rossz esetben több kerékkel is. A meredeknek vakmerően nekivág, közben könnyen meg lehetne kerülni a dombot. Óriásikat huppanunk, az út tele mormoták üregeivel, félünk, hogy eltörik a tengely. Mikor átjutunk egy-egy rázós helyen, megveregetjük a műszerfalat – amin mellesleg egy műszer sem mutat semmit – és megdicsérjük az autót: „Szajn masin!" Davda hallgatja egy darabig, büszke a járművére, hiszen most szerelte meg, de aztán irigykedni kezd. Kihúzza magát, megdöngeti a mellét, és kijelenti:Szajn masin? Davda szajn!" Nevetünk, nevet ő is, és ezután minden veszélyes emelkedő vagy gödör után kórusban mondjuk: „Szajn masin, szajn Davda!"

Veszély pedig van. A megrakott autó nagyon nehezen bírja az emelkedőket, recseg, hörög. Hegyes kőre ráhajtva defektet kapunk, kereket kell cserélni, a pótkerék lyukas, félóránként megállunk fújtatni egy rossz, ócska kézi pumpával. Végül Davda belehajt egy patakmederbe, ahol mindkét oldal meredek, ezen az oldalon még lemegy a kocsi, vízszintesbe áll, aztán reménytelenül beszorul a két part közé. Davda bőgeti, húzatja egy darabig, de ez a talaj nem sziklás, hanem sáros, egyre jobban elkapar a járművünk. Kiszáll, vakarja a fejét, visszaül, próbálja a járművet hátrafelé kitolatni – már rájött, hogy tíz méterrel odább simán áthajthatott volna –, aztán hintáztatja előre-hátra, de reménytelen minden próbálkozás. Atha nem aggódik, kuporog a kicsivel az ülések mögötti szűk helyen, szoptat. Mi is benn maradunk: az én oldalamon nem lehet nyitni az ajtót, egyébként is víz van alattunk. Már leszoktunk a türelmetlenségről, ráébredünk, hogy még az úti célunkhoz sem jutunk el ma, nemhogy vissza.

Hosszú kínlódás után Davda felszól a rakomány tetején, békén üldögélő Joshnak. Ő lemászik, féloldalasan a kocsi elé áll, mosolyogva megfogja az ütközőt és int Davdának, hogy adjon gázt. A motor ismét felbőg, Josh lazán alányúl, emel rajta, oldalra lép, és a hatalmasra megrakott kisteherautó a több mázsányi súllyal, az öt felnőttel és egy gyerekkel már fenn is van a fél méterrel magasabb patakparton. Somával döbbenten nézünk egymásra, ilyet még sohasem láttunk. Számolgatjuk, hány mázsa lehet, amit Josh felemelt, és elképesztő eredmény jön ki. Ráadásul nem erőlködött, nem nyögött, az arca sem rezzent, a szeme is nevető maradt. Nem sikerült Mörönben táltossal találkozni, de tudjuk, hogy Josh az.

Aztán megállunk egy régi tanyánál, két fiatalember vár bennünket, ők motorral jöttek idáig. Lepakolunk néhány holmit, újakat rakunk fel. Közben büszkén mutatják a mormotákat, amiket lőttek, biztatnak, nem lesz gond a vacsorával! Mutatják a puskát is, egy első világháborús, repedt agyú, drótozott, félelmetes fegyvert. Úgy véljük, leginkább a használójára veszélyes, de a mormoták valószínűleg másképp gondolják. Nem vonz különösebben az édeskés mormotahús gondolata, de már elég éhesek vagyunk, a reggeli óta csak néhány csésze teát ittunk.

Megyünk tovább. Jó ideig kanyargunk, a két fiatalember motorral követ bennünket, kurjongatnak, néha le-lemaradnak, vadásznak. Gyönyörű, hatalmas szikla mellett hajtunk el, a pusztából minden átmenet nélkül emelkedik ki. Több emeletnyi magas, mint egy óriási kavics. Megállunk, kiszállunk az autóból. A férfiak nevetve nekiindulnak, mint a zerge kapaszkodnak egyre feljebb, aztán kiállnak egy csúcsra, onnan integetnek, hogy fényképezzük le őket. Mi már akkor szédülünk, ha felnézünk rájuk, ők meg vígan keresik a leglátványosabb helyeket. Aztán másznának le, de a csizma nagy, nincs hová tenni, lefelé nem látják, hová lépnek, a dél is beleakad mindenbe. Végül az utolsó néhány méteren már ugrálnak, szakad a ruha, aki leért, nevet a másikon. Úgy játszanak, mint a gyerekek. Mi is egyre inkább felszabadulunk: most látjuk, milyen teher az állandó zsörtölődés, elégedetlenség, ami a nyugati világra jellemző. Közben mi kell a boldogsághoz? Egy ócska autó, egy szikla a pusztában, és a tudat, hogy vár bennünket egy jurta, ahol megsütik a mormotát vacsorára.

Davdával és Joshsal

Sziklamászók

Késő délután érkezünk meg, nem tudom hová. Nem tudom, mert itt nincs helységtábla, falunév, csak három jurta a pusztában, ami talán már holnap másutt lesz. Közben Atha elmagyarázza, azért a nagy költözködés, mert esküvőre készülnek a következő héten, addigra berendezve állnia kell a fiatalok szállásának. Josh leszáll az autóról, segít a lepakolásban, aztán hazaballag: itt lakik a szomszédban, várja a három gyerek.

Az egyik jurtában elszállásolnak, nagyon kedves néni fogad bennünket. Azonnal kínál szuutej cajjal, kis porcelán csanakba tölti. Nyújtaná Somának, de ránéz italt tartó karjára, észreveszi, hogy a ruhája ujja fel van hajtogatva, ami itt illetlenségnek számít. Leteszi a csészét, lehajtja a dél ujját, aztán szertartásosan emeli újra a teát, jobb kezében, amit a ballal megtámaszt. Soma enyhe főhajtással ugyanígy veszi át, megköszöni. Ez a kis mozdulatsor jelzi, szeretettel, tisztelettel fogadnak bennünket, s mi is ilyen érzelmekkel érkeztünk.

A jurtába begyűlnek 6-12 év közötti kislányok is, egyértelműen Soma érdekli őket. Ahogy kiürül a csanakja, töltik újra, kínálják süteménnyel, a legnagyobbik zavartan csavargatja a haját, mikor a nagymama büszkén magyarázza, mennyit segített az étel készítésében. Aztán leülnek velünk szemben a földre, lökdösik egymást, kacarásznak, fésülködnek, közben a szemük ragyog szép szál fiamra.

Aztán bejönnek a férfiak, kihívnak, nézzük meg a lovakat. Egyikük int a fiának, egy tízévesnél nem idősebb kissrácnak. Az odaszalad a kikötött állatokhoz, egyet eloldoz, már pattan is fel rá, kurjongatva nekivágtat vele a pusztának. Nyereg, kengyel sehol, a kötőfék csak egy foszlott bőrcsík. Mi azt olvastuk, hogy így szinte lehetetlen vágtában megülni a lovat, de a legényke ezt nem tudja. Hajrázunk, a gyerek apja megirigyli a dicsőséget, felpattan egy másik hátasra, a fia után nyargal. Pillanatok alatt megkerülik a dombot, visszakanyarodnak hozzánk, a lovat meghőköltetik előttünk, mosolyogva ugranak le róla. Lefényképezzük őket, felültetik a gyerekeket, aztán minket is, mutatják, készítsünk sok fotót. Egy bácsi még a kikötött bikához is odaballag, óvatosan eloldja – tényleg nagyon félelmetes állat –, aztán pózba vágja magát mellette. Nagyon jó a hangulat, mindenki barátságos.

Aranyos kis epizód, hogy amikor kimegyünk a jurtából, elénk keveredik a legidősebb kicsi lány, olyan tíz-tizenkét éves. Mikor Somához ér, „véletlenül" lepottyantja a színes csurigumiját, amit a hajából babrált ki. Soma reflexszerűen pattan, felemeli, odanyújtja, a kislány elveszi, büszkén Somára néz, tüntetően ledobja a kis díszt a földre, és rátapos. Utána kibomlott haját hátrasepri a homlokából, megvetően végigméri a fiamat, hátat fordít és elmegy, sugárzik belőle az elutasítás. Született kis boszorkány! Negyedóra múlva előkerül, a haja fényesre fésülve, befonva, benne az a kis virágdísz, amit látványosan a földbe tiport. Soma sok női trükköt ismer már, de ez neki is csoda.

Este, mikor bemegyünk a jurtába vacsorázni, többen odagyűlnek. Megkínálnak tubákkal, megmutatják, melyik kezünkkel, milyen mozdulatokkal kell elfogadni. Örömmel veszik, hogy nagyon figyelünk, igyekszünk a legpontosabban utánozni a szertartást. A pálinkaivás módját már ismerjük. Rutinosan vesszük el alátámasztott jobb kezünkkel a felkínált poharat, bal kezünk gyűrűsujját mártjuk az italba, a rákerült apró cseppeket mosolyogva pöcköljük szét, érintjük a homlokunk közepét. A vodka, amit iszunk, csak 36 fokos, mégis nagy sikerünk van, mivel szemrebbenés nélkül hajtjuk le az italt. Pár kör után előveszem a házi pálinkát, biztatjuk őket is, hajtsák fel egy lendülettel. Várjuk a hatást, ami nem marad el. A „Létai Rettenetes" művésznevű ital elkapja ám rendesen a levegőt a torokból! Nevetnek, csettintgetnek, de a második kört már nem kérik, maradnak a vodkánál. Eszünk sok húsos tésztát, sült mormotát, fűszer nincs rajta, csak só, de az egésznapi friss levegő után minden nagyon finom.

Senki nem rúg be, a végén a körbeadott pohárból csak úgy ihat a következő, ha énekel egy dalt. Egy magyar, egy mongol felváltva, szép népdalok zengenek, egyszerű dallammal, némelyiket a második strófánál már tudjuk együttdúdolni az énekessel. Aztán a másutt alvók lassan elköszönnek, hazamennek, mi is kapunk egy-egy matracot. Itthon sokan rémítettek azzal, hogy az ittas mongol életveszélyes, de mi csak jókedvű, kedves embereket látunk. A kis asztalt odébb teszik, mindenkinek jut hely. A hálózsákba bújva alszunk a befűtött, kerek kályha közelében.

A legbátrabb mongol

Család

Hun-csolók

Reggel még éppen csak hajnalodik, az idős mama ébred elsőnek. Állítólag betöltötte már a nyolcvan évet, mégis egyértelműen ő a jurta főnöke, s talán az egyetlen, aki reggeltől estig dolgozik. Most is nagy hanggal csörömpöl, tesz-vesz. Szerintünk tudna ugyan halkabban is begyújtani, de akkor nem vennék észre, hogy ő milyen szorgos! Rosszmájúak vagyunk, aludnánk még, de nincs igazunk: mire felkel a család, ég a tűz, forró a tea, meg van keverve a tej a bőrzsákban, s már gyúrja az ebédhez való tésztát. Aztán begyűlik újra a háznép, gyerekekkel együtt majdnem húszan. Beszélgetnek, négy férfi a jurtaoszlophoz bőrcsíkokat köt ki, próbálják összefonni. Érdeklődve pillantok oda; otthon bőrműveskedem, kíváncsi vagyok a munkájukra. Hamar felismerem a négyes fonatot. Jól csinálnák, de nem tudják elkezdeni, összekeverednek a szálak. Mutogatom Somának, szeretnék beavatkozni, de leint: „Anyu, nehogy már te mutasd meg nekik, hogyan kell bőrt fonni!" Egy darabig még vissza bírom fogni magam, de aztán csak nem állom meg, közéjük kuporodom, kiveszem a kezükből a szálakat, elkezdem az első néhány hajtást, onnan már könnyebb folytatni. Egyáltalán nem veszik rossznéven, érdeklődve nézik. Aztán előszedem a táskából a hosszú, színes zsinórokat, amiket az itteni gyerekeknek hoztam ajándékba, mutatom a körfonást, ötös fonást, ők is mutatnak nekem egy másfajta ötöst, meg azt, hogyan lehet gombot kötni bőrcsíkból. Ők mongolul, én magyarul beszélek, mégis nagyon jól megértjük egymást, jó a hangulat. Így telik el a délelőtt.

Közben a mama elkészül az ebéddel. Valóban csak ő dolgozik, a tíz-tizenkét éves kamaszlány segít neki. A férfiak fonogatnak, néha kimennek, körbenéznek, forgatnak néhányat a nyújtanivaló felkötött bőrcsíkokon, az asszonyok időnként átrakosgatják a szárítani kirakott túrót, de komolyabb fizikai munkát senki nem végez. Délre így is elkészül a húsos tészta, sütemény is van még, mindenki jóllakik.

Ebéd után elköszönünk, kikísérnek bennünket, a teherautó körül összegyűlik három jurta népe, rengeteg gyerek, elintegetnek bennünket, indulunk a hun-csolóhoz.

Gyönyörű hegyoldalak között vezet az utunk. A lejtőkön újra meg újra megpillantjuk a furcsa, négyzet vagy kör alakú romokat. Aztán egy dombsoron hirtelen rengeteg tűnik fel, mintha egy egész város alapjai lennének kőből kirakva. Mutatjuk Davdának, megáll, kiszállunk, rohanunk fel az emelkedőn. A tetőről valóban egy városnyi területen fekszenek a romok, átnyúlnak a túloldalra, a szomszédos csúcsokra is. Néhány kisebb kör, de zömében négyzetek, a legkisebb három-négy méteres szabályos négyzet, a legnagyobb kb. tizenhétszer tizenhetes. A nagyobbaknak a sarkain látszanak az erős támfalak nyomai, úgy, mint nálunk a katedrálisoknál, hatalmas épületet támaszthatott. Felszaladunk a szomszédos dombok tetejére, ott ugyanez a látvány fogad bennünket. Davdáék is kiszállnak, sétálgatnak egy kicsit, ők a mi lelkesedésünkön csodálkoznak, mi az ő közönyükön. Láttak már ilyet eleget, nem érdekli őket, minket viszont lenyűgöz a valaha élt emberek több ezer éves lakhelyeinek maradványa.

A völgyben patak kanyarog, elég széles, látszik, hogy nem időszaki víz, ott folyhat már évezredek óta. Az egykor beépített terület nem lehet temető, nem irányhoz kötött, és nagyon nagy, körös-körül a látóhatárig ér. Egy ekkora településen rengetegen lakhattak, mi történt az elhunytakkal? Vizsgáljuk a patak túlsó partján fekvő emelkedőket, de sírokra utaló jeleket sehol nem találunk. A sziklás talajban ásni nem lehet, sírkövek sincsenek sehol. Rá kell majd meditálnom, az elhunytakkal mit tettek a régiek.

Délután érünk a hun-csolókhoz. Kilenc oszlop áll a semmi közepén, ezeken egyértelműen látszik, hogy holtaknak emeltek emléket. Az oszlopokon faragások, tövükben kőhalom. Felismerjük a törzsi jelzéseket, a párhuzamos vonalakat a felső harmadban, alattuk a kacskaringós-szarvasos véséseket, lejjebb mintha öv lenne, amiről különböző tárgyak lógnak. Nem is vésések ezek, hanem mintha puha, képlékeny betonba vastag férfikéz hüvelykujja belenyomta volna a mintákat. Furcsa maga az anyag is. A talaj kőzetei fehér kvarc, fekete andezit és vörösbarna jáspis. Ezek tömbökben hevernek a lábunk alatt. Az oszlop viszont a kövek apró szemcsés keverékéből van összetömörödve. Olyan, mintha a kőzeteket megőrölték volna, aztán valami cementszerű adalékkal keverve mesterségesen hozták volna létre az oszlopok anyagát. Le is fényképezzük őket közelről, hogy itthon hozzáértővel megvizsgáltassuk. A síremlékek között van egy szellemarc, ez behajlított tetejű kőoszlop, melynek felső részére előrenéző, stilizált arcforma van faragva. Ez az egyetlen felismerhető emberábrázolás. Tudjuk, ez nem bizonyos személyhez kapcsolódik, hanem ő az őr, aki vigyázza az itt elhantoltak nyugalmát. Van nálunk kockacukor – ez itt komoly érték – meg magvak, áldozunk az elhunytak emlékére és kérjük, engedélyezzék a fényképezést. Utána megköszönjük a lehetőséget. Sokáig járkálunk az oszlopok között, töprengünk, milyen kapcsolat lehet a város lakói és azok között az emberek között, akiknek itt emeltek sírkövet. Érezzük, hogy nem tartoznak össze: túl nagy a távolság, a kövek kidolgozása, anyaga is teljesen más. Hol temetkeztek a városiak, és hol laktak az itteniek? Túl sok a kérdés, válasz sehol. Gyűjtjük az információkat, s reménykedünk, hogy a felelet is eljut hozzánk.

Davdáék egy darabig türelmesen várnak, aztán jelzik, ideje mennünk, hosszú út áll még előttünk. Visszaülünk a kocsiba, indulunk hazafelé. Beesteledik, út persze sehol. Csodáljuk Davdát, hogyan igazodik el. Nem egy keréknyomon halad; a legváratlanabb pillanatokban letér, halad egy darabig dombra fel, dombról le, aztán rátér egy másik nyomra, azon hajt tovább. Próbáljuk bemérni az irányát égtáj szerint, de nagyon sokat kanyarog, nem tudjuk, azért teszi-e mert nem találja az utat, vagy azért, mert a dombok között csak így tud előrejutni. Már teljesen sötét van, fény sehol, csak az autó lámpái világítják meg előttünk a talaj néhány méterét. Sejtelmünk sincs, merre járunk, szerintünk már régen eltévedtünk.

Aztán hirtelen két pöttyöcske tűnik fel a látóhatáron, egyre közelebb kerül, a semmi közepén váratlanul szembejön velünk egy teljesen közönséges orosz városi busz. Ajtaja csuklós, az ablakán emberek nézegetnek ki, mintha nem éjjel a pusztában, hanem egy moszkvai utcán lennénk. Döbbenetes látvány, akár egy rossz rendező irreális túlzásokkal teli filmjében szerepelnénk. A busz megáll mellettünk, a sofőr letekeri az ablakát – Davdának nem kell, mivel a mi ablakunkat egyáltalán nem lehet felhúzni –, aztán a két járművel egymás mellett leparkolva kedélyesen elbeszélgetnek. Davda magyaráz, mutogat különböző irányokba, a jelbeszédből rájövünk, hogy a busz vezetője eligazítást kér. A helyzet nevetséges, hiszen út nincs, helységtábla sem, helység sem, fény sem, a keréknyomok kiszámíthatatlanok, a távolságok felmérhetetlenek, kilométeróra eddig szinte egyetlen autóban sem működött – a Davdáéban sem –, a sebességet pedig a kanyarok, mormotalyukak, döccenések miatt saccolni sem lehet. Ennek ellenére a sofőrök valahogy elboldogulnak. Mi is megnyugszunk: ha Davda képes segíteni másnak, akkor valószínűleg legalább ő tudja, merre tartunk.

Aztán, mikor már félálomban le is mondunk a hazajutásról, egy váratlan kanyar, letérünk az útról, megállunk egy jurta mellett. Lassan kászálódunk ki a fülkéből, de Atha már lép oda, mosolyogva nyitja az ajtót, akkor látjuk, hazaérkeztünk. A mosdás persze megint elmarad, előkotrom a hálózsákomat, belekúszom, és már alszom is.

Romváros 1.

Romváros 3.

Romváros 4

Birka-lakoma

Nagyon fáradtan ébredünk. Nem fizikailag, hanem lelkileg merültünk ki; túl sok volt az élmény, rengeteg, az átgondolni, töprengeni való. Nem is bánjuk, hogy nem megyünk sehová, jólesik egy kis pihenő. A mai nap délelőttje mégis munkában telik. A megszáradt téglákat pakoljuk fel úgy, hogy két alagút legyen alattuk, ahová az égetéshez szükséges fát kell majd berakni. Együtt dolgozik a család, nagyon sokat kínlódnak vele. A talajt teljesen elsimítják, a formát pontosan megszerkesztik a földön, újra és újra lemérik, csak aztán kezdik elhelyezni az elemeket, meglepő módon jó néhány centivel odébb, mint ahogy előrajzolták. Hiába, még mindig nem értjük a mongol gondolkodást! Kötésben pakolják fel a téglákat, három párhuzamos falat emelnek belőlük. A gond akkor kezd felmerülni, amikor kupolában össze kellene hozni a tetejét. Egy kitépett füzetlapon készült vázlatot nézegetnek, de egy odavetett pillantással látom, hogy hibás, nem szimmetrikus a két oldala, és a tégaméret arányai sem megfelelőek, így nem lehet összerakni. Tizenkét évig tanítottam műszaki rajzot építőipari szakközépiskolában, jól ismerem a téglakötéseket. Idegesít, hogy órákat töltenek el, amíg próbálják egy kivitelezhetetlen rajz alapján felépíteni az égetőt. Soma megint csitít: ne szóljak bele! Végül csak nem állom meg, próbálom mutogatni, magyarázni, mi a hiba az ábrában, de nem értenek. Bosszúságomban fogom a téglákat, a földön felpakolom az első darabokat. Örülök, hogy azonnal kapcsolnak, a többit már kiszedik a kezemből, ők rakosgatják tovább, pereg a nyelvük, ügyesen dolgoznak együtt. Jólesik, hogy Atha büszkén mondja mongolul: Maria tanár!

Elmegy a délelőtt a munkával. Mikor az égető már embernyi magas, az alagút is tökéletes benne, s fáradtan befejezzük, megkérdezik, akarjuk-e, hogy vágjanak nekünk birkát? Ez valószínűleg udvariassági gesztus, hiszen mindenki éhes, s a sok embert, nyolc-tíz felnőttet és a gyerekeket jól kell tartani, s a birka már ki van kötve a jurtához. Szabadkozunk, de az az igazság, hogy nekünk is korog már a gyomrunk.

Amíg Davda levágja a birkát, Soma a jurta mögé megy, nem akarja végignézni. Én sem maradok szívesen, de látni akarom, a mongolok hogyan ölik meg az állatot. Nem mindegy nekem, hogy amiből eszem, miként hal meg.

A jószág szelíden áll a férfiak között, nincs hangos szó, kiabálás, erőszak, mint a disznótorokon. Házigazdánk hanyatt fordítja, két ember megfogja a lábait, de nem kell erősen szorítaniuk, az állat meghipnotizálva fekszik. Davda a szegycsont alatt éles késsel vág egy 8-10 cm-es rést, amin éppen befér a keze, benyúl, és megállítja a birka szívdobogását. Nincs vér, hörgés, vergődés, semmi nincs, Davda leteszi a kést, kezével megcirógatja a birka pofáját, halkan beszélget hozzá. A fej félrecsuklik, vége. Ennyi volt.

Percek alatt megnyúzzák, a saját bőrére fektetve felhasítják, a testüregben meggyűlt vért és zsiradékot Atha vödörbe szedi. Külön tálba kiemeli az ehető belsőségeket, a bél tartalmát kinyomja, néhányszor átöblíti, aztán visszatölti bele a vödör tartalmát, elköti. A birka elejét, hátulját letisztítva, áttörölgetve a jurtában kiakasztják, az apróbb húsokat feldarabolják, kondérba teszik, a fejet nagy lódítással a kutyáknak vetik.

Míg Atha a gyerekek segítségével előkészíti a vacsorát, néhány férfi megperzseli az előző napon, útközben lőtt mormotákat. Nagyon jól szórakoznak: a perzselő vagy egyáltalán nem gyullad be, vagy hatalmas lángnyelveket lövell, a gyerekek visítva, kacagva szaladnak széjjel, mikor apjuk „viccesen" feléjük fordítja. Szuhe úgy játszik velük, mint a férjem locsolás közben a fiaimmal, csak itt nem vízzel spriccelnek, hanem méteres lánggal. Mi messziről is csak óvatosan nézzük, de végül senkinek nem esik baja. Utána a mormotákat feldarabolják, megsütik.

A birkát viszont sajátos módon főzik meg! Tűzben nyolc-tíz jó ökölnyi követ átforrósítanak, aztán egy óriási, 12 literes kuktába változtatva lerakják a hússal. Minden rétegre hintenek egy kis sót, közé tesznek néhány krumplit is. Mikor megtelt, felöntik vízzel, lezárják, így hagyják egy félórán keresztül. Ez alatt az idő alatt megsül a mormota, és a kondérban átfő a vérrel, zsiradékkal töltött bél is a belsőségekkel.

A kuktát felnyitják, a húst kiborítják egy lavórba, mellé teszik a kunkorodó hurkákat, egy másik nagy tálba kerül a sült mormotahús, és kezdetét veszi a lakoma! A forró köveket a kezünkbe adják, mutatják, dobáljuk egyik markunkból a másikba, amíg ki nem hűl, masszírozza az idegvégződéseket, nagyon jót tesz. Természetesen utána nem mosunk kezet, a bőrbe be kell szívódnia a zsiradéknak. Az elsők között kínálnak bennünket. Eszek jókora darab birkamájat, az édeskés mormotából is egy keveset, a kuktában főtt birkával próbálkozom, de nem bírják a fogaim, nem csoda, hiszen még a pár szem krumpli sem főtt meg, kemény maradt, amit betettek mellé. A véres hurkából nem kérek, de nem probléma, pillanatok alatt akad gazdája, a legkisebb gyerek is el tudja nyámmogni. A félig lerágott csontokat visszateszik a lavórba, aztán kotorásznak, válogatnak, melyiken van még hús. A legfinomabb falatokkal az aprónépet kínálják, azok örömmel szopogatják a még húsos cubákot. Mindenki ragyog, jókedvű, nincs már mongol „hun" és magyar „hun", csak „hun" – ember – van, testvérek, akik megosztják egymással a munkát, ételt és jurtát. Boldogok vagyunk: tudjuk, hogy mi maximálisan megkaptuk azt az élményt, amiről a francia pár és még oly sok külföldi álmodott. Befogadtak bennünket. Nem pénzzel fizettünk érte, hanem hasmenéssel, kínlódással, szenvedéssel, és sok-sok köszönömmel, jó szóval, nevetéssel, munkával. Mikor pedig előkerül egy kis vodka is, megnyugszik hústól, zsírtól háborgó gyomrom.

A tálakon csupasz csontok maradnak, Sitre oldalára dől, ő és a kisebb gyerekek elalszanak ott, ahol éppen ülnek, a szülők ölbe veszik őket, hazamennek. Davdáékkal még megbeszéljük, hogy ha fizetjük megint az útiköltséget, elvisznek bennünket holnap délre, ott van egy gyönyörű tó, igazi kirándulóhely, és útközben láthatunk szarvasos kőemlékeket is. Akarunk-e menni? Költői kérdés: persze, hogy akarunk! Aztán a tűz egyre halványabban világít – Atháéknál nincs TV, villany –, leterítjük a matracot, hálózsákot, alszunk.

Égetnivaló téglák

Fények a pusztában

Vándorok az éjszakában

07. 27, kedd

Reggel lassan készülődünk. Atha elpakol két birkacombot, néhány takarót. Mi nem nagyon csomagolunk, a tervezett távolság kb. nyolcvan kilométer, úgy gondoljuk, estére már itthon is leszünk. Persze Mongóliában erre sohasem lehet számítani. Így nem csodálkozunk, mikor az utolsó pillanatban szólnak, a biztonság kedvéért a hálózsákokat, a legszükségesebb holmit vigyük. Nem kínlódom a válogatással, a két hátizsákot feldobjuk az autóra, és már indulunk is.

A kétszemélyes vezetőfülkében most hatan ülünk. Az üléseken Davda és én, közöttünk Soma, lábunknál a szatyrok, a támlák mögött pedig Atha szorong a kis Szalongával és Sitrével. Hátul, a platón ül Szuhe Mindével és Thinkszével. Sitre is szeretne a platón utazni, de őt nem engedik; amilyen eleven, perceken belül letáncolna az autóról. Hihetetlenül szép tájon kanyargunk, azt csodáljuk Somával, hogy bármerre nézünk, mindenfelől hegyek vesznek körül bennünket, és ha kijutunk közöttük valami kis völgyön, akkor szemben újabb és újabb hegyek emelkednek, mindig a táj legalsó vonalán haladunk. Az út elején még lefényképezünk egy „hatsávos autópályát" – ez hat pár kéréknyom a síkon, egymással többé-kevésbé párhuzamosan –, de aztán ezek a mélyedések is eltűnnek, Davda beazonosíthatatlan irány szerint megy, a kanyarok miatt még égtáj szerint sem tudjuk meghatározni. Órákig zakatolunk a pusztában, embert, faházat, jurtát távolról sem látunk. Hatalmas ragadozó madarak szinte szárnyrebbenés nélkül köröznek felettünk, kísérőink mutatják: „Sohoo!" Gyönyörűen cseng össze a magyar „suhanó" kifejezéssel. Darvak álldogálnak a kis patakok mellett, fel sem rebbennek a közeledtünkre, nem félnek az autótól. A mongolok nem ölnek madarat, a tolla nem kell nekik, a húsa rossz ízű, az pedig elképzelhetetlen, hogy egy mongol puszta szórakozásból, fölöslegesen elpusztítson egy élőlényt.

Néha keresztezünk a pusztában kijárt pár centis mélyedéseket, egy darabig haladunk rajtuk, aztán letérünk ismét. A hegyoldalakban úgy ötven kilométerenként feltűnnek a jól ismert romok, városok nyomai. A legnagyobbnál megállunk, kiszállunk, fényképezünk. Szeretnénk körberohanni, hogy felmérjük, mekkora, de a legmagasabb tetőről látjuk, hogy a látóhatárig nyúlnak a kőből kirakott szabályos négyzetek, körök, közepükön a kőhalommal.

Davdáéknak nem olyan nagy élmény a romváros, hamar megyünk tovább. Nekünk bármennyi idő kevés lenne, szeretnénk itt eltölteni akár több napot is, feltérképezni a vidéket, itt aludva megérezni a rezgését, kisugárzását, de hát erre semmi lehetőségünk. Csak remélni tudjuk, hogy ha még egyszer visszajutunk Mongóliába, megtaláljuk ezt a tájat.

Az út egyre nehezebb. Újra kénytelenek vagyunk megállapítani, hogy Davda nem igazán figyelmesen vezet. Patakmedreken kelünk át, sokszor belehajtunk a legmeredekebb részbe, pedig néhány méterrel odébb lejtős, köves a talaj. Izgulunk; most nincs velünk Josh, hogy kihúzzon bennünket. Ha az úton hegyes kő van, biztosan ráhajtunk legalább egy kerékkel, s a mormotagödrökbe is belehuppanunk újra meg újra.

Nem is lepődünk meg, mikor a kocsi hirtelen kóvályogni kezd, megbillen. Kiszállunk, Davda fejét vakargatva nézi a teljesen szétmaródott kereket, a csíkokra szakadt gumit. Somával csodálkozva tekintünk egymásra. Nincs káromkodás, hangos szó, senki nem szidja az utat vagy a köveket, nem türelmetlenkednek, nem nézik idegesen az órát, hiszen az csak a mi karunkon van, senkit nem érdekel, mennyi idő lehet. Athának eszében sincs dorgálni a férjét, kimászik szűk helyéről, megy pisilni a gyerekekkel. A férfiak előszedik a szerszámokat, nekilátnak a szerelésnek. A pótkereket elő veszik, de annak is van valószínűleg valami hibája, mert nem cserélik, hanem kezdik lefeszegetni róla a gumit. A fékkel is lehet baj, eltörhetett a vezeték. Egy darabig téblábolunk az autó körül, aztán Atha leterít egy takarót, letelepszik Szalongával, szoptat, Sitre, mint férfi, segít a szerelésnél, Thinksze és Szuhe elmennek jurtát keresni a környéken. Nézelődünk egy ideig, nekünk semmi tennivaló nem jut. Nagyon vonz egy távoli hegyoldal, már akkor csodálva néztem, amikor távolból még menetközben megpillantottam. Volt is egy olyan hátsó gondolatom: de jó lenne, ha megállnánk valamilyen ok miatt, és fel tudnék oda menni! Nagyon nehezen viselem, hogy a kirándulás több órás autóutat jelent, nem lehet mozogni közben. A csúcsra két közel párhuzamos sziklasor fut fel, az alján tizenöt-húszméternyi távolságra indul, a tetején négy-ötméternyire fejeződik be, és a két vége között épp középen, a hegy legtetején kőhalom magasodik. Olyan, mint egy mesterségesen kiképzett út, igazi erőhely. Messze van, több kilométernyire, de hív, vár, muszáj odamennem. Nem tudjuk, Davdáék meddig szerelnek. Végül nem szólunk senkinek, tudjuk, úgysem engednének, elsettenkedünk. Az autó takar bennünket, lehet, azt hiszik, dolgunkat végezni indulunk. Mire utánunk szólnának, messze járunk.

Az út hosszabb, mint amire számítottam. Már a hegy lába is pár kilométernyire van, és még aztán kezd emelkedni. A két kősor között haladunk. Ahogy egyre feljebb jutunk, a táj csodálatosan nyílik ki alattunk. Látjuk az autót messze lenn – mint egy kis játék, olyan. Aztán eljutunk a sziklás csúcsig, körbejárom háromszor, de olyan energia sugárzik belőle, hogy leülni nem bírok mellé, kénytelen vagyok távolabb letelepedni, így is szinte húz felfelé, mintha repülnék. A nap süt, a látóhatár tiszta, s mivel ez a legmagasabb hely a környéken, óriási távolságok tárulnak ki előttünk. Az érintetlen természet ragyog felénk és bennünk, ember jelenlétére csak a picike autónk utal, messze a völgyben. Csodás béke-érzés tölt el bennünket, szinte beleveszünk a tájba. Nem beszélgetünk; ilyen mély csendet nehéz megtörni. Soma fényképez, hogy otthon majd felidézhessük a napfényben fürdő vidéket, aztán elégedetten heverészik a fűben. Nem kell félteni a délünket, már kitapasztaltuk, hogy itt nem piszkolódnak úgy a holmik, mint otthon. Tiszta a levegő, a fű és a lélek.

Feltöltődve indulunk vissza, nem akarjuk, hogy Davdáéknak várniuk kelljen ránk. A hosszú, kopasz lejtőn bizonytalanul járok, a domb másik oldalán találunk egy erdőt, bemegyünk, ott könynyebb fától fáig lefelé menni. Aljnövényzet nincs, csak tiszta fű. Könnyen és gyorsan haladunk. Bár sűrűbb, mint amilyeneket eddig láttunk, sok a kiszáradt, lábon álló, fekvő fatörzs. Pár száz méter után félni kezdek: eszembe jutnak a mongolok fenyegetései a medvékkel, farkasokkal, kóbor kutyákkal. Érdekes, hogy eddig ez a gondolat nem merült fel bennem, pedig voltunk már erdőben máskor is. Látunk egy fát, a töve kiszélesedik, benne hatalmas, sötét odú. A félelmem tetőzik, s amíg Soma lefotózza a rejtekhelyet, én a háta mögé húzódom, őt sem engedem közelebb. Kényelmetlen, veszélyes ugyan a puszta meredeken lefelé haladni, mégis kihúzódunk a rét szélére, ott megyünk tovább.

Hatalmas kirándulás volt. Boldog vagyok, titokban még az a gondolat is felmerül bennem, hogy tudat alatt miattunk történt a defekt, hiszen pont a döccenőt megelőző percekben beszéltünk arról, hogy mennyire szeretnénk végre nem csak autóban, hanem gyalogosan is mozogni egy kicsit. Nem lepne meg a dolog; eddig a sors mindent úgy intézett, ahogy megálmodtuk, sőt annál talán még jobban: olyasmit is teljesített, amiről álmodni sem mertünk.

Mikor leérünk, Davda még szerel, Minde és a kicsi Sitre segítenek neki, Szalonga is ott lábatlankodik körülöttük. A mongol nevelésre jellemző, hogy amikor Szalonga megkaparintja a húszcentis csavarhúzót, bennem meghűl a vér, életveszélyes szerszám, a kicsi lány beleeshet, szemét kiszúrhatja, orvos több száz kilométeren belül nincs, rengeteg rémes kép szalad át rajtam, de Atha rá sem néz, csak akkor szól, mikor Szalonga a szájában kezd kotorászni a csavarhúzó hegyes végével. Rászól egyszer, aztán másodjára, s mikor nincs eredmény, nyugodtan visszaül a takaróra, elfordul, Szalonga pedig elégedetten xilofonozik tovább a fogain.

Az autó melletti hegyoldal tetején van egy kiserdő, odaindulunk Somával körbenézni, ekkor szólnak: vigyázzunk, maradjunk a síkon, az itteni sűrűségekben sok a kóbor kutya, fél-farkas, nem félnek az embertől, és medve is van. Lehet, hogy ezt éreztük meg?

Nyolc sávos autópálya

Erőhely

Még süt a nap, mikor továbbindulunk, de már benne vagyunk a délutánban. A hegysor túloldalán, nyolc-tíz kilométernyire jurtákat találunk, de nem állunk meg vendégeskedni, Davdáék épp csak beköszönnek. Sietünk. Sofőrünk egyre merészebben hajt, utat órák óta nem láttunk, nagyokat döccenünk a mormotalyukakban és a hegyes köveken, pedig pótkerekünk már nincs, a mostanit is óránként fújtatni kell egy ócska kézi pumpával.

Aztán észreveszem, hogy a távoli hegyek eltűnnek, az ég összemosódik a földdel. Először azt hiszem, hogy síkságra jutottunk, de aztán a látóhatár egyre közelebb jön. Szólok Somának, ő középen ül, magasabb is, nem lát olyan jól ki, mint én, nézze már meg, mi történik. Rádöbbenünk, köd ereszkedik ránk. Nem olyan hömpölygő, nyirkos, mint Magyarországon, hanem egyszerűen semmibe olvad a vidék. Nincs sötét, az autó lámpái sem égnek, látunk az utunkból háromméternyit, többet nem. Soha nem tapasztaltam még ilyet, félek. Olyan érzés, mintha egyhelyben állnánk egy szobányi térben, alattunk egy futószalagon szaladna a föld hátrafelé, de mi tapodtat sem mozdulnánk. Órákig megyünk így, nagyon ijesztő. Az autó ugrál fel-le, dől jobbra-balra, ahogy eddig, csak éppen a haladás érzése nincs meg, hiszen a bennünket körbefogó, mindig változó táj helyett egy néhány négyzetméteres, mozdulatlan fehér fallal körülvett terület látható. Mikor végre a völgyek között kanyarogva kezdünk kijutni a homályból, már esteledik, a köd éppen olyan rejtélyesen tűnik el, ahogyan érkezett.

Útközben próbáljuk égtáj szerint beazonosítani a haladási irányt, de a fehér masszában minden tájékozódó képességünket elveszítettük. Ez még nem lenne olyan nagy baj, de Davda is. Kanyarog, hirtelen irányt vált, visszafordul, ha talál nyomot, megy egy darabig rajta, aztán letér megint a pusztába. Közben egyre sötétebb lesz, előttünk sziklás hegyoldalak, árkok, mögöttünk ugyanaz. A levegő lehűl, fázni kezdünk, már égnek az autó lámpái, de így sem látjuk az utat, mivel út, az nincs. Atha a két gyerekkel kuporog a picike helyen, szoptat, csitítja, altatja Sitrét, nincs egy türelmetlen szava sem. Ezt azért nem ártana a magyar nőknek is megtanulni! Talán az ő békés lelkének köszönhető, hogy Davda sem mérges, a körülményekhez képest jó hangulat uralkodik a fülkében.

Éjfél körül érünk egy patakhoz, a partján több száz méternyi szélességben fűbuckák, a négy kerék húsz-harminccentis kilengésekkel összevissza döcög rajtuk, átmenni sehol nem lehet. Végül Davda megunja, nekihajt a partnak merészen, és szerintem behunyt szemmel, anélkül, hogy végiggondolná. A mongolok szerencséjét ismerve akár nyerő döntés is lehetne, de nem az. A kocsi reménytelenül elakad, beszorul, se előre, se hátra nem mozdul, és most nincs itt Josh, hogy kihúzzon bennünket. Az autónál semmiképpen nem maradhatunk. Egyre hidegebb van, a hőmérséklet nem lehet öt foknál több. A délünk alatt csak póló van, a gyerekeken is csak kis pulóver, fázunk. A férfiak rövid töprengés után elindulnak jurtát keresni a környéken. Hallgatóznak; messze mintha kutyaugatást hallanának, mennek arrafelé, mi összebújva vacogunk a fülkében Athával, Thinkszével és a gyerekekkel.

Várunk.

Várunk.

Eltelik egy bő óra, aludni nem tudunk, összedermedtünk. Végre egyre közeledő hangokat hallunk a sötétségből. Jönnek vissza a férfiak! Leszedjük a kocsiról a hátizsákot, túlélő szatyrot. A sátrat, egyéb holmit otthagyjuk. Elindulunk nyolcan a pusztában, éjszaka, a hatalmas telihold világít. Botorkálunk a buckák között, a gyerekek, nők középen, úgy, ahogy annakidején az ősidőkben vándorolhattak szükség esetén éjjel az emberek. Atha Szalongát, Szuhe Sitrét viszi ölében, a többiek a csomagokat. Mikor valaki elmarad, vagy jobb utat remélve oldalra kitér, a sötétből egy zord mordulás jelzi: nem vagyunk egyedül. A tanya kutyái nem bántanak bennünket, de ahogy egyre közelebb érünk a jurtákhoz, szűkülő körben kísérnek, mindig közelebb és közelebb kerülve hozzánk. Mire a szálláshoz érünk, a nyolc hatalmas kutya már a lábunkat szagolgatja. Az út majdnem egyórás.

A három férfi éjfél után ért ember lakta helyre. Aztán visszajöttek értünk, s mire mi is megérkeztünk, pihenésből felvert házigazdáink felkeltek, felöltöztek, újra felélesztették a tüzet, s már főtt a kondérban nekünk a tea, vacsora. Abban a kicsike jurtában nyolc embernek adtak ételt és fekvőhelyet éjjel fél kettőkor. Mongolok, testvéreink.

Ideális autóút

Esti ragyogás

TÁLTOS-KERESZTELŐ

Lókoponya az erdőben

2010. 07. 28, szerda

Reggel ragyogva süt a nap. Most látjuk, hogy előző este a mama milyen bölcs rendszerben helyezett el bennünket. Ő a főnök, egyértelműen megszabta, ki hová tegye le a matracát. Legszélen fekszem, egészen a falnál, mellettem Soma – mi vagyunk a díszvendégek. Utánunk rangsorban a többiek, a túlsó végen Szuhe a kicsi Sitrével. Atha viszont Szalongával megkapta a heverőt, ahonnan az ott alvók átmentek éjjel a szomszéd jurtába.

Reggelire kapunk tejes teát, aáruult, vajat, süteményt, a szokásos reggelit. Mindenkinek jut bőségesen étel, ital, nem gond, hogy nyolccal több éhes száj van. Aztán a férfiak szerszámokat pakolnak össze, elmennek megnézni, hogyan lehetne kihúzni az autót a patakmederből. Athát és kettőnket addig beinvitálnak a szomszéd jurtába.

Mikor átlépjük a küszöböt, látjuk, már nagyon sokan vannak benn. Minket a már megszokott helyre ültetnek: balra, a hátsó részbe. Elhelyezkedünk, közben végignézek a jelenlévőkön. A túloldalban megpillantok egy takarókba csavart, tizenkét év körüli fiút. Reszket, vacog, közben kiveri a verejték, fájdalmasan fel-felnyög, kínjában a szemét forgatja. Anyja melléfekszik, öleli, dédelgeti, simogatja csapzott haját, szépen beszél hozzá. Mikor a kinti éles fény után szemem hozzászokik a félhomályhoz, füsthöz, látom, hogy a fiú fogyatékos, két lába sorvadt, nyomorék, fogai töredezetten összevissza nőnek, szája torz fekete üreg, szájpadlása hasadt, keze is kacskán lóg. A rossz, sötét-fakó plédekbe bugyolálva riasztóan néz ki. Egy darabig próbálom elterelni róla a figyelmemet, de a kínlódó nyögések a szívemig hatolnak. Illik, nem illik, feltápászkodom, kikerülve, átlépkedve a begyűlt embereket odaülök hozzájuk, szólok a gyerekhez, riadt szemmel néz rám, de érintésemre megnyugszik, nem nyöszörög annyira. Simogatom, fölé hajolva halkan beszélek hozzá.

Nem is veszem észre, hogy közben a hátam mögött szertartás kezdődik. Újszülött kicsi baba keresztelőjét tartják. Egy birka füstölt, keményre szárított fejét és lábait rúdra kötötték, tizenéves lány kántálva viszi körbe a füstben. Akihez ér, az ad valamennyi pénzt, cserébe levágnak neki egy kis darab húst. Ebben a szertartásban egyáltalán nem veszünk részt, én teljesen a beteg fiúval vagyok elfoglalva, Soma megfigyelő. Ami megdöbbentő, az az ellentétek sora. A béna, szemét forgató, kínlódó gyerek, az őt tápláló, megrágott falatokat szájába rakó édesanya, a pici lány, aki oda-vissza keresztülmászik a nyomorékon, a csecsemő, a döglött birka levágott feje, a húst szopogató emberek, és a tízéves kislány, aki haját csavargatva le sem veszi szemét a fiamról, és nagymamájától elvéve a csészét, elsőnek kínálja teával... Úgy érzem, ez itt a határ, több élményt már nem bírok befogadni.

Mire a szertartásnak vége van, megérkezik az autónk. A férfiak érte mentek, kiemelték a patakmederből, megjavították. Öszszeszedjük a holminkat, tizenegy óra körül indulunk. Nem bánnánk, ha minél előbb hazaérnénk; fárasztó volt ez a kirándulás, a tegnapi túra, az éjszakai menet. Mégis, amikor Davdáék megkérdezik, elmenjünk-e egy szép tóhoz – itt van nem messze, tíz-tizenkét kilométerre –, habozás nélkül igent mondunk.

A tíz-tizenkét kilométer másfél órás út. A pusztaságban először erdők jelennek meg, nagy élmény újra fákat látni. Csodálatosak az itteni erdők: aljnövényzet, bokor nincs, a fák alja a legfinomabb, legtisztább, üde zöld gyep, amit csak el tudunk képzelni. Az egyik dombot megkerülve, teljesen váratlanul fél Balaton méretű, gyönyörű tó hullámzik előttünk. Körülötte a háborítatlan természet, csak a túloldalon fehérlik néhány jurta, mellettük legelésző állatok. A nap ragyog, a víz szinte vibrál a fényben. Meleg van.

Szólunk Davdának, hogy szeretnénk kiszállni, de türelemre int, jelzi, sietnünk kell. Várunk, az autó néha lekanyarodik egészen a partig, máskor behajtunk a dombok közé, a tó teljesen eltűnik. Fogom a kilincset, hogy bármikor megáll a jármű, azonnal ki tudjak pattanni, szinte húz már a csillogó, tiszta víztükör. Persze teljesen fölösleges az ajtóval foglalkoznom, hiszen úgysem tudnám kinyitni, arra csak Davda képes. A vezetőülés melletti ajtó viszont csak belülről kezelhető, ezért sofőrünk mindig résnyire letekeri az ablakát, hogy ha kívül van, ott benyúlva lenyomhassa a kilincset. Most erről szó sincs, rendületlenül hajtunk tovább. Elkeseredem, hangosan zsörtölődöm magyarul, a szavakat csak Soma érti, de a hangsúly félreérthetetlen. Davda nem reagál, a mongol türelem velem szemben is működik. Megint betérünk a pusztába, a pancsolásról lemondva dühösen dőlök hátra, de nincs rá okom, mert váratlan kanyarral egy földnyelven elérjük a jurtákat.

Ugranék ki, de Davda int, maradjak: harapósak a kutyák. Pár szót vált az itteniekkel, újra indítja a motort, ott maradunk a vezetőfülkében, miközben odakinn ragyog a nap, hullámzik a tó. Nem értem, mit mondanak, csak azt látom, hogy nem áztathatom meg a lábam a vízben.

Elkanyarodunk, egy darabig erdőben haladunk tovább, sűrű, összefonódott fák között. Megállunk egy tisztáson, ahol jurtát bontanak, költözködik a család. Itt végre kiszállunk mi is, kinyújtjuk elzsibbadt lábainkat. Látjuk, szépen leemelték a tetőkarikát, a rudakat sugárirányban a földre fektették, a rácsokat összecsukták, a háztartási felszerelések már ládába vannak pakolva. A mama mégis szárított túrót vesz elő, megkínál bennünket, a termoszból is tölt forró szuutej cajt. A vendégszabályon nem változtat az a tény, hogy a jurta már nem áll. Kicsit megnyugszom, lemondok a tóról, elfogadom, hogy már délután három óra van, ha estére haza akarunk érni, akkor ideje iparkodnunk. Nem tudom, hogy Atháék még mit terveznek mára.

Behajtunk az erdőbe, hatalmas fák között kanyarog az utunk, majd váratlanul egy igazi kemping előtt lefékezünk. A kerítésen belül faházak, tűzrakó helyek, egy szép kis vendéglő, és a partoldal mögött ott hullámzik a tó. Házigazdáink betessékelnek a vendéglőbe, leülünk, a fogadósok kínálnak teával. Annyit értünk a beszélgetésből, hogy ezt a kempinget még az orosz időkben építették, de még ma is járnak ide külföldiek horgászni, s a mongoloknak is kedves kirándulóhelye. Ételt is lehet rendelni, Davdáék biztatnak, de nekünk semmi nem kell, nem vagyunk éhesek, türelmetlenül fészkelődünk az asztal mellett, rohannánk már a szabadba! Gyorsan megisszuk a teát, aztán megkerüljük a terem közepén, pléden alvó kisgyereket és anyukáját, sietünk ki végre a partra. Sétálunk a kavicsokon, áztatjuk kicsit a lábunkat – nagyon hideg a víz, és a szél is fúj –, gyönyörködünk a mesebeli tájban. Kidőlt fatörzsön egyensúlyozunk, játszunk, szaladgálunk kicsit, száraz habot merünk a markunkba. A habot a hullámok sodorják ki, vastagon borítja a partot. Ez nem szennyeződés – beláthatatlan távolságokra egyetlen üzem, város nincs –, valószínűleg a tóban háborítatlanul élő baktériumok termelhetik. Most megint boldog vagyok, türelmetlenségemet, bosszúságomat elfújta a tóparti szél.

Ebéd után csatlakoznak hozzánk Atháék is. Tűzrakó helyet keresünk a parton, úgy látszik „piknik"-hez készülődnek. Több kijelölt hely is van, kővel körberakott részek, de nem tudunk tüzet gyújtani, mindenütt nagyon erős, hideg a szél.

Végül beültetnek megint az autóba, felmegyünk a legközelebbi hegyre, annak túloldalán találunk egy békés tisztást. Ott nagy nemezlapokat, plédeket terítenek le, az elfáradt kicsiket, Sitrét és Szalongát ráfektetik, pillanatokon belül alszik mindkettő. Nemrég még siettünk, most mindenki kényelmesen teszvesz, pedig már jócskán benne járunk a délutánban. Atha kuktát vesz elő, kezdi darabolni a magunkkal hozott birkahúst, a férfiak ágakat hordanak össze, tüzet raknak, köveket keresnek, forrósítják a máglyán. Utána készül a lakoma megszokott technikával: a kuktába rétegenként húst és forró köveket raknak, kicsi sóval, a mi kedvünkért kerül bele három krumpli és két pici szál répa is. Hideg vízzel felengedik, mire lezárják, félig már ki is hűltek a kövek. Húsz perc múlva nyitják. A krumplit kapjuk ki elsőnek, a közepe nyers még egy kicsit, de nem bánjuk. A hús sem éppen omlós, de ez nem probléma, mongol kísérőink ragyogó, fehér foga megbirkózik vele. Nálunk van kés, vagdalunk le picike darabokat, a rágás ugyan nem megy, de elég éhesek vagyunk, forgatjuk egy darabig a szánkban, a munka nehezét rábízzuk a gyomorsavunkra. Nem mondom, hogy jóllakunk, de nem halunk éhen, s túl vagyunk már azon, hogy az evés miatt keseregjünk. Örülünk, hogy itt lehetünk, a táj csodaszép, és egyébként is, még mindig bőségesebben élünk, mint akik tiszta prána-energiával próbálnak táplálkozni.

Elmegyünk egy kicsit sétálni, a többiek még ebédelnek. Kérnek, ne távolodjuk el messzire, lehet, hogy farkasok, medvék vannak az erdőben. Mi szófogadóan rábólintunk, aztán igyekszünk minél előbb eltűnni szem elől. Nagyon szeretünk kettesben kóborolni, belélegezni a tiszta levegőt, hallgatni a csendet, a szél zúgását, neszttelenül lépkedni az érintetlen füvön. Csodálatos érzés tudni azt, hogy talpunk alatt a föld emberi lábtól érintetlen, s utánunk talán évekig megint az marad. Attól soha nem félünk, hogy eltévedünk, pedig néhány hete egy turista így halt meg. Elkószált a csoporttól, éjjel kihűlt, mire megtalálták, már nem élt. Itt, ha utat téveszt valaki, napokig kóborolhat, anélkül, hogy embert, vizet találna. Hiába kapaszkodik fel a legmagasabb hegy tetejére, mögötte ott a következő, aztán a másik, a végtelen látóhatár nem mutat irányt.

Megcélozzuk a szomszédos hegycsúcsot. Messze van, de nem baj. Fák között vezet az utunk, nemrég nagy vihar lehetett, mert rengeteg a kicsavart fatörzs, sok meg is égett köztük. A színek ragyogóak, szinte világító zöld a fű, a fenyők sötétek, a szenes fatörzsek feketék, gyönyörű, tenyérnyi, fényes-bordó pecsétviaszgombát találunk, hószínű pöfeteget. Egy tisztásra kiérve én veszem észre először a kivágott fatörzsön a fehér, napszítta lókoponyát. Nem tudjuk, milyen céllal tették oda; lehet, hogy az erdőt akarták a pogány jelképpel védeni. Olyan érzés, mintha évezredekkel mentünk volna vissza az időben. Állunk a napfényes tisztáson, körülöttünk ragyog az őstermészet, a szabadon sarjadt, és pusztuló fák, sötét odúk, állatok zizzenő hangjai, szemben velünk a tiszta, fehér csont, a valaha élt ló koponyája. Most nem figyelnek bennünket házigazdáink, csak a hely lényei, mégis áldozok: van nálam mindig néhány tökmag, dió, azt helyezzem a törzsre. Kérjük a szellemeket, segítsék ezt a tájat és ezt a népet, hogy meg tudják őrizni háborítatlanságukat a jövőben is.

Megyünk tovább a tetőig. Soma nekirohan a fennsíknak – nem tudom, honnan van még ereje –, kitárt karral körbeforog, szinte repül, szívja magába a tájat. Távolban, messze alattunk ragyog a tó, a hegy másik oldalán, lenn a mélyben picike jurta, körülötte cseppnyi állatok, mellettük patak. Aztán leheverünk a fűbe, süttetjük magunkat a nappal, henyélünk, beszélgetünk, Lefényképezzük a tájat minden irányban, körpanorámát készítünk, aztán, hogy teljes legyen a kép, Soma készít egy felvételt a fölöttünk ragyogó égről, felettünk úszó felhőkről is. Hihetetlenül kicsik vagyunk, de a lelkünk kitágul, és minden lélegzetvétellel egyre inkább beleolvadunk a térbe.

Nagyon különleges érzés.

Bágyadtan, csendben indulunk lefelé. Még nincs vége a napi munkának: Davdáék favágáshoz készülődnek. Kiválasztanak hét-nyolc hatalmas fatörzset, amelyek lábon állnak, de már kiszáradtak. Nagyon sok van ilyen az erdőben. Úgy tűnik, mintha ezek a rengetegek önritkítóak lennének: a kicsi fák még csoportokban, arasznyi távolságban nőnek, aztán ahogy egyre vastagodik a törzsük, elhal fele-harmada. Davdáék olyat keresnek, ami már magányosan áll, élő levél nincs rajta, kérge, ágai lehullottak. Nekiállnak egy borzalmas, ócska láncfűrésszel, ami köhög, hörög, le-leáll, újra meg újra fel kell tölteni. A hatalmas, vastag, tíz-tizenöt méter magas fatörzs döndülve zuhan a földre. Tudják, merre fog dőlni, épp csak ellépnek előle, Atha a gyerekeket tereli el a közelből. Utána a törzseket olyan méretűre vágják, hogy éppen felférjen a kocsi platójára. A pakolásban már Somának is segítenie kell, öten alig bírják emelni a hatalmas hasábokat. Olyan magasra felrakják, hogy a legfelsők fölé nyúlnak a vezetőfülkének. El sem tudom képzelni, hogyan fogunk ezzel az iszonyú teherrel mozogni az emelkedőkön, patakmedreken át. Lekötik jó erősen, de a súlypont túl magasan van: a fák jóval nehezebbek az alattuk szinte eltűnő autónál.

Késő délután van, mikor elindulunk hazafelé. Davda gyorsan szeretne hajtani, nagyon hosszú út áll még előttünk. Toronyiránt vág át a dombokon, fölkapaszkodik a nyöszörgő autóval az emelkedőn, aztán billegve egyensúlyoz le a túloldalon. A patakmedreken lendületből hajt át. Amikor lefelé haladunk, nagyon félek, mert a rengeteg fa fel van halmozva a hátunk mögött, a több mázsányi súlytól csak a fülke vékony fala választ el. Ha egy hirtelen döccenőnél előrezúdul a rakomány, a fejünket, felsőtestünket azonnal összezúzza. Figyelmeztetem Somát is a veszélyre, legyen résen, ha kell, bukjon le. Azt is nézem, hogyan tudnánk szükség esetén kiugrani az autóból, de belátom, semmi lehetőségünk nincs, csak az intenzív imádkozás, mint már annyiszor az utunkon. A vezetőfülkében moccanni sem lehet: a támla mögött Atha kuporog a két gyerekkel, az üléseken Davda és én, közöttünk Soma, és az ő ölébe még Thinksze is felmászott. Ráadásul a szatyrok egy része is a lábunk körül és az ölünkben van, csak a nagy hátizsákot szíjazták fel a tetőre. A fatörzseken egyensúlyozik a köteleket markolva Szuhe és Minde, a másik két férfi, akik velünk jöttek. Nekik sincs könnyű dolguk: odafenn egyre hidegebb van, rendesen ülni nem lehet, és állandóan foggal-körömmel kapaszkodniuk kell, ha nem akarnak a döccenőknél lerepülni. Amikor megállunk néhány percre, mégis jókedvűen nevetnek ránk.

Attól tartok, megint eltévedtünk. Somával figyeljük az irányt. A tó Cagaan Uultól dél-délnyugatra van, mi már órák óta megyünk keletnek, s Davdának esze ágában sincs, hogy északnak forduljon. Lehet, hogy valami hegyvonulatot kerül ki, amiről mi nem tudunk, de az biztos, hogy már folyamatosan távolodunk az úti célunktól. Beszélni nem tudunk vele, annyira még nem jó a mongoltudásunk, így rövid tépelődés után belenyugszunk, hogy megint idegenben fogunk aludni.

Erre, úgy néz ki, elég sok esélyünk van. Az ég nagyon furcsán elváltozik. Oldalról benyúlik valami sötétség, egyre jobban fölénk tornyosodik, végül szinte éjszakaivá válik a táj, pedig még nincs nyolc óra. Az északnyugati harmada még ragyogó, a felhők alatt látszik a nap vörös-sárga fénye. Davda a kis nyiladéknak fordítja a kormányt, egyre gyorsulva rohanunk a szűkülő fény-nyílás felé. Most északnyugatnak megyünk. Ijesztő; olyan, mintha egy hatalmas, fekete zsákba kerültünk volna, aminek lassan fogják össze a száját, s nekünk nagyon kell sietnünk, hogy kijussunk, mielőtt teljesen összezárul a kijárat. Menekülő állatnak érzem magam, félek. A sötétben csak az autó lámpái világítanak, s közben beláthatatlan messzeségben tőlünk még mindig ragyog egy gombostűfejnyi kis pontban a lemenő nap. Sohasem láttam még ilyet. Ám hiába sietünk, a zsák bezárul, s mi ottmaradunk az éjszakában.

Már nem tudunk figyelni az irányokra, nem látszanak a csillagok, s Davda követhetetlenül kanyarog, megy nyolc-tíz percig egy irányba, aztán száznyolcvan fokos fordulattal ugyanott vissza. Út, keréknyom sehol, csak a puszta. Látszólag eltévedtünk, s csak azért izgulok, nehogy hegyes kőre hajtsunk, hiszen pótkerekünk már nincs, s mormotalyukba se zökkenjünk bele – ha megbillen a kocsi, reménytelenül felborul. Eddig sem tudom, hogyan bírta, hiszen a súlypontja időnként egyértelműen elhagyja az alváz fölötti légteret, talpon maradása ellentmond a fizika minden szabályának.

Elaludni nem tudok, bennem van a félelem, hogy ha elszunyókálok, és nem koncentrálok eléggé az útra, valami baj történhet velünk. Kihúzom magam, néha megdicsérem Davdát, mikor patakokon kelünk át. Magam is próbálok lendíteni a kocsin – nem mintha számítana, de kell a tudat, hogy én is teszek valamit a hazajutásért. Aztán, jóval éjfél után Davda rám mosolyog, fékez, és int, hogy kiszállhatunk. Arra számítok, hogy valami rokon jurtájához érkeztünk, ahol eltölthetjük az éjszakát. Aztán a sötétben megpillantom az ismerős ajtót, leemelik a hátizsákunkat, kikotrom belőle az alváshoz szükséges holmit, és már alszom is.

Áldozati lókoponya

Erdőben

Téglaégetés

2010. 07. 29, csütörtök

Reggel elég sokáig alszunk, nagyon fárasztó volt az út. Reggelinél Davdáék megkérdezik, mikorra keressenek nekünk furgont, amivel visszautazhatnánk Batáékhoz. Ideérkezésünkkor úgy beszéltük meg, csak öt napig maradunk, hét végén Mörönben Nádam-versenyek lesznek, arra meghívtak bennünket. Nagyon érdekelnek a mérkőzések, de Ulánbátorban már voltunk a stadionban, különleges volt és látványos, nem akarok emiatt négy napot városban tölteni. Nem teltem el még a pusztával, egyre jobban megszeretem az itteni életmódot, a szabadságot, tág látóhatárt. Szomorúságom valószínűleg kiül az arcomra, mert Atha nyomban hozzáteszi, hogy ha maradni akarnánk, nagyon szívesen vendégül látnak továbbra is. Hangos „juhé!" kiáltásom szemmel láthatóan jólesik neki. Megegyezünk, hogy csak kedden utazunk el, az a legvégső időpont, ameddig itt lehetünk, hogy teljes biztonsággal elérjük a hazafelé induló vonatot. Mörönben is akarunk még legalább egy napot tölteni, s arra is számítani kell, hogy ha bejönnek augusztus elején az őszi esőzések, akkor a vidéki utak járhatatlanokká válnak.

Reggeli után a férfiak elkezdik kiégetni a téglákat. A felnőttek agyagot dagasztanak, bevakolják az égető oldalát – nem olyan finoman, vakolókanállal, ahogy én gondoltam, hanem hatalmas sárdarabokat markolnak fel, s teljes erővel a téglákhoz verik. Persze csapódik mindenfelé, de nem bánják, ez nem piszok, a patakvíz hamar lemossa. A tetején megmaradnak a szellőzőnyílások, ott megy majd ki a füst. Néhányan közben fát vágnak, a nagy törzseket felfűrészelik, Szuhe baltával gyújtóst hasogat. Somával dermedten nézzük, ahogy a fényes, borotvaélesre fent él az ujjától néhány milliméterre lesújt. Mikor észreveszi, hogy figyeljük, elmosolyodik, ragyognak fehér fogai.

A többiek is odajönnek, mutatják, milyen ügyesek, gyufaszál-
nyi vékony darabokat hasítanak le a tuskóból, a bátrabbak csak
az utolsó pillanatban kapják el az ujjukat a balta alól. Jót nevet-
nek, mikor Somának is nyújtják a fejszét, de ő nevetve hátrál,
és tettetett rémülettel rázza a fejét. Utána megrakják a tüzet a
boltívek alatt, először csak gyújtóssal, a végén egész törzseket
nyújtóztatnak be a téglafalak között kimélyített gödörbe. Most
látom, miért kellett a rengeteg fa!

Nagy a hőség, mindenki kormos, füstös, de jókedvű. Nem
tudunk segíteni, ez igazi férfimunka. Játszunk a gyerekekkel,
sakkozunk, kártyázunk Thinkszével. Mikor Somával néhány
percre egyedül maradok a jurtában, megvizsgálom azt a fél bir-
kát, amit Atha napokkal előbb kiakasztott. A letörölgetett hú-
son vékony réteg képződött, kemény, kopogós. Közel hajolva
megszagolom, de nem büdösödik, teljesen tiszta illatú. Légy
nincs a jurtában, ami beköpné, a bomlás pedig a szárazság, me-
leg miatt nem indult meg. Bármikor fogyasztható, de el is tart-
ható így akármeddig.

Ez a nagy pihenés napja. A lavórban kimosok néhány szeny-
nyest, Soma lemegy a patakhoz, megfürdik, borotválkozik, én is
megtisztálkodom, amennyire tudok. Délután Davdáék bemennek
Cagaan Uulba, hívnak bennünket is, örömmel megyünk. Bevi-
szik a fa egy részét, egyúttal megmutatják az épülő új házukat.
Nagyon szép, kis telek közepén áll. Atha fő büszkesége a ház
előtti picike kert, egyszer három méteres kis csík közvetlenül a
falnál. Nagy csoda itt ez a kövekkel körberakott terület, ahová
hozni kellett a földet, mert a kavicsos talajban nem marad meg
a virág. Itt néhány tő napraforgó virágzik, fű nő, két kis fenyőfa
is van a sarkokra ültetve. Atha azt tervezi, hogy minden évben
bővít rajta majd egy kicsikét, és az udvart is szépen begyepesíti.

A ház fala fából van, mint általában minden itteni épületé,
de itt nem csak egy réteg, hanem belül üveggyapottal hőszige-
telik, és ácsolnak elé még egy sor deszkát. A földszint még félig
kész, itt lesz a konyha és a fürdőszoba, a most pirosodó téglák
térelválasztónak kellenek. A tetőtérbe vezető falépcső jelleg-
zetesen mongol, nincs közöttük két egyforma fok, a tetejétől

félméteres szintmagasság választja el a felső részt. Odafenn viszont már be van rendezve a helyiség, egy hatalmas lakótér az egész, a hátsó fele vastag szőnyeggel borítva, az egyik sarokban már áll a festett láda, működik a TV, van villany, bár azt még úgy kapcsolják fel, hogy puszta kézzel összeakasztanak a falnál két szabadon lógó drótvéget. Itt van a hűtőszekrény, a vízforraló, az ablak alatt kis asztal, székek. Lepakolunk, iszunk teát, aztán elvisznek rokonlátogatóba. Nem tudjuk, ki kicsoda, de mindenütt szívesen fogadnak bennünket. Megisszuk az elmaradhatatlan szuutej cajt, eszegetjük a süteményt, beszélgetünk. Bemegyünk a delguurokba is, vásárolunk savanyúságot, tasakos kávét, teát, vizet, kenyeret, kirúgok a hámból, és veszek egy kicsike fej káposztát, meg cukrot, süteményt, kislabdát a gyerekeknek, az egyik üzletben délhez való gombokat találunk, azok közül is válogatunk. Davdáék egy étterembe is elvisznek, ott csak teát kérünk, mindig szomjasak vagyunk, a meleg és a szél kiszárít bennünket. Az étel nem vonz, lassan leszokunk az evésről, nem akarjuk azt sem, hogy vendéglátóink túl sokat költsenek ránk.

Az alkonyat szelíden száll a kicsike városra, béke van, csend, mindenki mosolyog, hangos szó sehonnan nem hallik. A kopár utcákon visszaballagunk a házhoz. Felgyújtjuk a villanyt, szól a TV, népdalokat énekelnek. Jól ismerjük már ezt a zenét, furgonútjainkon volt alkalmunk néhányszor végighallgatni. Itt nem közvetítenek rémhíreket, tragédiákat, a Nádam versenyeiről, stadionavatásról van szó, gyönyörű tájképeket mutatnak. A filmet ugyanaz a monoton hang szinkronizálja, mint a Mulant, amit a gyerekekkel néztünk meg.

Vacsorára Atháék felvágottakkal, szalámival, sült hússal kínálnak, de csak egy picit kérünk, készítünk inkább a maradék tasakos ételporainkból egy-egy csésze forró sajtkrém levest. Nem túl bőséges, de nekünk elég, nagyon jólesik a húsától eltérő ízvilág. Ajánljuk Davdáéknak is, egyet megkóstolnak, de nem rajonganak igazán érte, a másikat már nem kérik.

A sötétben még lebotorkálunk a WC-be, a kis bódé az udvaron áll. Zseblámpával megyünk, nagyon sötét az éjszaka, az utcán nincs világítás, az udvaron még halomban áll a fa, az építéshez használt deszkák, anyagok. Hiányos a nyelvismeretem, nem tudom megkérdezni, ha készen lesz a fürdőszoba, hogyan oldják meg a vízellátást, szennyvízelvezetést? Az esti teához egy kis hordóból merítettünk, lehet, hogy a patakból töltik fel. Itt tisztán a szabad vizek, a mongolok nagyon vigyáznak rá, még a jurtát is csak távolabb verik fel.

Viszonylag korán lefekszünk. Hűvös az éjszaka, de hálózsákot hoztunk magunkkal, kapunk egy-egy vékony takarót is, nem fázunk.

Tejpálinka, kumisz

07. 30, péntek

Mikor felébredünk, csak Thinksze van velünk. Órámra nézve rájövök, hogy a fél délelőttöt átaludtuk. Sakkozunk, aztán Somáék kosaraznak egy kicsit: az udvaron fel van állítva egy palánk Thinkszének. Érdekes, mennyire különbözik a két fiú. Soma magasabb, sokkal vékonyabb, szögletesebb mozgású, Thinksze szemmel láthatóan súlyos, masszív, csupa tömör izom, mint a mongolok általában, emellett hajlékony, rugalmas, fürge. Az itteni gyerekek három-négyéves korukig szopnak, közben áttérnek a szinte csak állati fehérjéből álló étkezésre, jól fejlettek, erősek, egészségesek, értelmesek. Szalonga kétéves, még szoptatja az anyja, de mindent beszél, szobatiszta, nem kövér, de olyan nagy, mint nálunk egy óvodás. Sitre hároméves, de sokkal nagyobbnak, idősebbnek látszik, és olyan súlyos, hogy amikor először játékosan fel akartam kapni, bizony alig sikerült. Daagi hatévesen egy egész kecskenyájért felelős. Láttuk néhány napja, mikor a látóhatáron a kecskék először szétszaladtak, utána összetömörödtek. Valamelyik asszony riadót kiáltott, a felnőttek kiszaladtak a jurtából, mutogattak, magyarázták, kóbor kutyák támadták meg a nyájat. „Daagi! Daagi!" – és Daagi már futott, közben összefüttyögette a házhoz tartozó ebeket, és bottal hadonászva rohant menteni a jószágokat. Nem félt, hogy a fél-farkasok elkapják, csak azt látta, hogy veszélyben vannak az állatok. A felnőttek megnyugodtak, visszaballagtak, bíztak a hatéves kislányban.

Dél körül megjönnek Davdáék. Kocsiba ülünk, elmegyünk a szomszéd utcába – isten őrizz, hogy egy lépést is gyalogoljunk –, ott megbeszéljük, hogy másnap két ismerősük elvisz bennünket egy tőlünk északra lévő jurta csoporthoz, ahol most egy sámán is lakik. Az egyezkedés a fejünk fölött zajlik, mi csak foszlányokat értünk belőle. Nem tudjuk, kivel, mivel és hányan megyünk, de olcsó. Reméljük, hogy sikerül végre egy mongol táltossal találkoznunk. Kirakat-sámánra nem vágyunk, olyan van Ulánbátor környékén is elég sok, akik a külföldieknek tartanak bemutatókat, az igaziak viszont nem szívesen mutatkoznak idegenek előtt. Kevesen vannak: az 1950-es években állítólag harmincezer táltost gyűjtöttek össze és végeztek ki, akik maradtak azok bizalmatlanok, bujkálnak. Már tudom, hogy ahol a keresztelőt tartották, jobban kellett volna figyelnem a szertartásra, de hát az az alkalom elszaladt, kár utána búsulni. Megbeszéljük, hogy reggel hétre Davdáék behoznak bennünket Cagaan Uulba, korán indulunk, ez valóban egynapos út lesz, és csak a benzinpénzt kell fizetnünk.

Ezután vendéglátóinkkal kimegyünk a jurtához, megcsodáljuk a füstölgő téglarakást, a férfiakat, aki éjjel-nappal táplálják a tüzet. Kicsit segítünk, aztán, mivel még van időnk estig, elhatározzuk, hogy kigyalogolunk a romvároshoz. Jön velünk az a lány, akivel Soma az idefelé vezető úton tudott néhány szót angolul beszélni, és elkísér bennünket Daagi és Meyte is, a két testvér, akikkel a pataknál játszottunk.

Újra megcsodáljuk a pusztában álló hun-csolót, készítünk róla fényképeket is. A romváros az útról nem látszik, egy dombot kell megkerülni, hogy megpillanthassuk. A látvány változatlanul nagy hatással van ránk. Most nem kell sietnünk, le tudjuk mérni a házalapokat, megint megcsodáljuk a tökéletes négyszögeket. Felgyalogolunk a legnagyobb domb tetejére is, ahol a többi négyzettől eltérően egy több mint tíz méter átmérőjű, tökéletes kört találunk kövekből kirakva – olyan, mintha egy fejedelmi jurta alapja lenne. Fényképezünk, amennyit tudunk, de a látványt nem adja vissza: a hatalmas perspektívát nehéz érzékeltetni. Mikor valamelyikünk felnéz az égre, akkor vesszük észre a hatalmas felhőt, ami fölénk kerekedik. Rohanva indulunk hazafelé, nem kanyarodunk ki az útra, hanem légvonalban próbálunk eljutni a jurtákhoz, de már késő. A vizesésszerű hideg, mongol zápor ránk zúdul, pillanatok alatt ronggyá ázunk. Szerencsére a villámok távolabb csapkodnak, de így is félek: nagyon hangosan, erős csattanásokkal dörög, meg fázunk is, csak pólóban jöttünk el, és hirtelen nagyon lehűl a levegő. A legközelebbi szállásig félóra az út, nem tudjuk, kik laknak ott, de nem is számít, itt mindenki rokon. A kutyák ugatnak, de nem bántanak, csak jelzik, hogy idegen érkezett. Idegen? Ha látják, hogy vizesek vagyunk, fázunk, akkor sem küldenének el talán, ha marslakók lennénk, hanem behívnának, felélesztenék a tüzet, hogy felmelegedjünk, megkínálnának forró teával, étellel, s csak aztán kérdeznék, kik vagyunk, honnan jöttünk.

Nem csalódunk, valóban behívnak bennünket. A mama éppen tejpálinkát főz. A megerjedt tejet üstbe tölti, közepébe beállít egy hosszú fazekat, a tetejét pedig lefedi egy homorú edénynyel, amibe a gyerekek hordják a hideg vizet. Az üst alatt ég a tűz, a tej párolog, a kicsapódott alkohol a fedő alján belecsorog a fazékba. Az első főzetből megkínálnak bennünket. Tiszta, áttetsző ital. Valóban van alkoholtartalma – nem sok, 30-32 fok lehet –, ízletes, kellemes aromájú, semmihez nem hasonlítható. Kapunk kumiszt is, az valóban nagyon finom, kicsit csípős, savanykás, több szilkével is elfogadunk belőle. Hűsít, de nem baj, az eső elállt közben, kisütött a nap, hamar felmelegszik a levegő. Majdnem egy órát töltünk a vendégeskedéssel, utána indulunk hazafelé, a mi jurtánk jó kilométernyire van még. A házigazda elkísér egy darabig, útközben eldicsekszik a lovaival, egyéb állataival. Az ötven lóból álló ménes nagy gazdagság, bár hallottunk olyan családról is, amelyiknek több száz tevéje, egyéb jószága van.

Végre elköszönünk a kísérőnktől – alig várom már, rám jön a hascsikarás. Száz métert sem haladunk, muszáj leszakadnom a többiektől, keresnék valami mélyedést vagy árkot, de az asztalsimaságú pusztában semmi búvóhely nincs. Végül délemet magam köré kanyarítva elvégzem a dolgom ott, ahol éppen vagyok. Aztán nyargalok, de mire utolérném a többieket, újra jelentkezik a problémám. Szólok Somának, hogy akkor én most megint lemaradnék egy kicsikét, ha lehet, ne nézzenek hátra. Végül hazajutok én is, de aztán napokig nevetünk, ha eszünkbe jut a futás a kétszer százméteres kumisszal.

Kaland a határon

Reggel teázunk, felkapjuk a túlélőszatyrot – nagy hátizsákot, sátrat most nem viszünk –,Davda befuvaroz minket Cagaan Uulba, ahhoz a két fiatalemberhez, akikkel a táltoshoz akarunk menni. Már várnak bennünket. Boldogan ülünk be a személygépkocsi két hátsó ülésére, örülünk, hogy kényelmes utunk lesz. Aztán kiderül, hogy túl korán ittunk a medve bőrére! Egy ház mellett megállunk, előpenderül a „lopós" mama egy tizenhat év körüli lánnyal, Somát a bal hátsó ülésről beljebb tessékeli, befészkeli magát a négy megtömött szatyrával, a lányt a térdére húzza, az lehajtott fejjel, meggörnyedve, szó nélkül kuporog. Soma morog: „Legalább a lányt az én ölembe ültette volna!" Én is motyogok: „Vigyázz a sapkádra, Soma!" Egymásra nevetünk, összébb húzódunk, így is kényelmesebb a helyünk, mint a furgonban volt.

Észak felé indulunk el, nem tudjuk, hová, itt nincsenek helységnevek, útjelző táblák, sőt utak sem. A hangulat jó a kocsiban, veszek elő egy kis maradék süteményt, megkínálom az útitársainkat. A nénivel is kezdünk megbarátkozni. Most nem parancsolgat annyira, valószínűleg ingyen utazik (a mi költségünkön – jegyezzük meg rosszmájúan). Persze nem bánjuk, inkább csak tréfálkozunk rajta egymás között.

Teljesen lakatlan vidéken, dombok, hegyek között kanyarogva, tizenegy óra körül érünk egy jurta csoporthoz. Köztük van egy díszes, festett, szemmel láthatóan módosabb, mint a többi, előtte két oszlopon lófarkakat lenget a szél. Örömmel szállunk ki: gondoljuk, hogy az lehet a sámáné, de ajtaja bezárva, körülötte senki. Tétován álldogálunk, nem tudjuk, mit tegyünk. Kísérőink eltűnnek egy szálláson, mihozzánk odajön egy nagyon részeg mongol öregember, behív bennünket is. Nincs sok kedvünk vele menni, de nem merünk ellentmondani. Olyan magas, mint Soma, majdnem két méteres, szemmel láthatóan nagyon erős, széles vállú, szikár, csupa ín, izom. Odabenn megkínálnak szuutej cajjal, az öreg vodkával itatna, de nem kérünk. A berendezés szegényes, a jurta hátuljában leterített szőnyeg piszkos. Ez az egyetlen hely, ahol a kicsi fiút éppen csak leterelik a szőnyegről és az ajtó mellett, belül pisiltetik meg. Félünk egy kicsit: már Toya figyelmeztetett Magyarországon, hogy a mongol ember nagyon szelíd, de az italtól veszélyessé válik.

Végül sikerül a férfit fényképezést javasolva kicsalnunk a jurta elé, még át is öltözik, az ünneplő déljét veszi fel, hogy szépen mutasson a képen. Odakinn, mintha dolgunkat végezni indulnánk, elmegyünk egy vízmosásig, azon végighaladva megkerüljük a kicsi települést. Szokatlan, hogy senki nem törődik velünk; olyan érzésem van, mintha rosszkor érkeztünk volna, kellemetlen az ittlétünk a közösségnek.

A túloldalon különös helyre bukkanunk. Egy hatalmas, ponyvás, kerek katonai sátor áll a pusztában. Benézünk, benn egy nagydarab orvosnő és egy asszisztens vérnyomást, vércukorszintet mér, vizsgálja a betegeket. Néhányan türelmesen, sorukra várva ülnek egy heverőn, mások tábori ágyon, matracon fekszenek. Igazi kis orvosi-kórházsátor. Beülünk mi is, megkínálnak teával, figyelünk egy darabig, de senki nem törődik velünk. Kisétálunk. A közelben egy kerek sámán-tipi áll, gyönyörű, festett takarókkal díszítve, a tartóoszlopokra kötött selyemszalagokat, imazászlókat lengeti a szél. Bekukucskálva táltos kellékeket, színes bőröket, tollakat, amulett-tárgyakat látunk. Micsoda munkamegosztás! Kijönnek a pusztába az orvosok, megvizsgálják a betegeket, akin tudnak, segítenek, akin nem, azt kezeli a sámán, és nincs közöttük vetélkedés, konkurenciaharc. Nem lehetne ezt nálunk is bevezetni?

Kicsit rosszulesik, hogy már majdnem egy órája itt vagyunk, mindenki tudja, hogy a sámánt keressük, beszélgetni szeretnénk vele, mégsem szól hozzánk senki. Ismeretlenek előttünk a helyi szokások, nem tudjuk, hogyan kell kapcsolatot teremteni, semmiképpen sem szeretnénk erőszakos külföldinek tűnni. Nem szenzációra vadászunk; a saját hazánkban valamilyen szinten mi is táltosok vagyunk, ajándékot hoztunk, messziről, tisztelettel jöttünk, elvárnánk, hogy fogadjanak. Talán a büszkeségünk tiltja, hogy kérdezősködjünk, talán úgy érezzük, hogy ha nem tudják, kik vagyunk, akkor nem is érdekel bennünket az egész. Soma keres távolabb egy szimpatikus mélyedést, pisil. Még be sem fejezi, odajön hozzánk a nagydarab asszisztensnő, elkezd velünk kiabálni, durva mozdulatokkal zavar el bennünket. Soma magyarul ugyan, de egyértelműen sértő hangsúllyal válaszol: „Mi van, tán szívjam is vissza?" Haragja érthető: szívesebben használnánk WC-t, de még egy budi, vagy hanyagul kiásott, elkerített gödör sincs a környéken. Odamegyünk az autóhoz, leülünk a földre. Szép volt az út, kirándulásnak valóban gyönyörű, de a sámán már egyáltalán nem érdekel bennünket, felőlünk indulhatunk is vissza.

Távolabb megpillantunk egy fiatal férfit. A kísérőinkkel beszélget, közben oda- odanéznek ránk. A fiatalember magas, jól táplált, nem a megszokott délben, hanem csillogó, bordó bársony kabátkában van, amit ragyogó fémgombok díszítenek. Tudjuk, hogy hozzá jöttünk volna, de előbújik belőlünk a büszkeség. Ha nem akar beszélni velünk, hát az ő baja, magára vessen, elszalaszt egy magyarországi kapcsolatot.

Vezetőink odajönnek hozzánk, szabadkoznak, hogy a táltos nagyon elfoglalt – látszik, hogy ők is zavarban vannak. Még mi vigasztaljuk őket, hogy ne búsuljanak, nagyon jól éreztük magunkat. Lehet, hogy attól tartanak, visszakérjük az útiköltséget, de hát erről szó sincs. A mai nap így is nagy tapasztalat, gyönyörű tájon utaztunk, találkoztunk részeg mongollal, láttunk igazán szegény jurtát, ahol a gyereket bent pisiltették meg, információt szereztünk a hagyományos és modern orvoslás összefonódásáról és ragyog ránk a nap, akkor meg milyen panaszunk lehetne?

Indulunk. A mama már nem jön velünk, ketten ülünk a két hátsó ülésen, igazi fényűzés. Meglepő módon nem hazafelé indulunk el, tovább megyünk északnak. Találgatjuk Somával, hogy ez most emberrablás, vagy kárpótlásképpen új látnivalóval akarnak kedveskedni nekünk? Bármi lehet, a kísérőinknek még a nevét sem tudjuk.

Aztán a terep hepehupásabbá válik, kerülgetjük a mormotalyukakat, a vezetőnk és a barátja egyre izgatottabb, végül előszedik az ócska, drótozott agyú, viharvert szakállas puskát. Ahá, vadászat kezdődik! A fegyvert megtöltik, leállítják kettőjük közé, az ütött-kopott fegyvercső billegve mutat hol rám, hol Somára. Már tényleg megijedek: magyarázom a fiamnak, hogy igyekezzen úgy helyezkedni, hogy sohase lássa a csőnek csak a karikáját, mert akkor az biztosan a szeme közé céloz. Várjuk, hogy a hatalmas huppanókon mikor döccenünk úgy, hogy elsül a puska, lelő valamelyikünket.

Aztán a sofőr lassítani kezd, megáll, céloz, mi még azt sem látjuk, hol ágaskodott fel a kíváncsi kis állat, ő már lő is. Kétlövetű a fegyver, de második golyóra már nincs szükség. Tíz esetből kilencszer, száz méterről eltalálja a picike fejet. Van úgy, hogy a társa kilép a még mozgó autóból, lehasal, és míg a mormota fordul a hang után, lő – hasonló sikerrel. Mindenképpen a fejet kell eltalálniuk, mert ha nem marad helyben az állatka, egy ugrással a lyukban terem, onnan meg szinte lehetetlen kiszedni. Lövés után azonnal újratöltenek, indítanak, mi meg hajolhatunk jobbra-balra a felénk irányuló cső elől. A gödre mellett elpusztulva heverő mormota hasát néhány centi hosszan felvágják, benyúlnak, a résen keresztül kihúznak egy kis bélhurkot, aztán rátenyerelnek, kinyomják a belét, torkánál, végbélnél késsel körbekanyarítják, a kizsigerelt zsákmányt behajítják a kocsi hátuljába. Szinte egyáltalán nem vérzik, sérülés csak a fejseb, meg a kicsi metszés, a belek fényesek, tiszták. A sofőrünk dicsekszik éles tőrével. Kést eddig senkinél sem láttunk, csodálkoztunk is rajta, nálunk természetes használati eszköz a bicska, nélküle sehová nem megyünk. Aztán megtudjuk, kísérőinök rendőrök, körzeti felügyelők, az ő feladatuk lenne, hogy a védett állatnak számító mormotákra vigyázzanak.

Vadászat közben megemlítik, hogy a mellettünk húzódó hegylánc mögött hun-csolók vannak. Megkérdezik, érdekel-e bennünket? Hát hogyne! Lelkesen biztatjuk őket, máris induljuk arrafelé, de megmagyarázzák, nem lehet átkelni, nincs hágó, csak azt tehetjük, hogy hazafelé menet arról kerüljük meg a hegyet. Beleegyezünk, de még mindig nem tudjuk, hová visznek bennünket.

Lassan elfogy a puszta, hihetetlenül szép, kopár, sziklás hegyek emelkednek előttünk, mintha valami fantasztikus film díszletei lennének. Kísérőink mutatják, hogy a túloldalán már Oroszország van. Itt sehol sem lehet jurtát látni – valóban, az utolsó település a sámáné volt, azóta nem találkoztunk emberrel, pedig órák óta jövünk. Nagyon különleges a vidék, félelmetesek a méretek, a távlatok. Az „út" csak keréknyom, meredek hegyoldalakon vezet. Romokhoz érkezünk, közepén felújított, fehérre festett, aranydíszítéses sztúpa emelkedik. Kísérőink elmagyarázzák: annak idején itt több száz fős buddhista kolostor állt, a szerzetesek gyógyítottak, tanácsokat adtak, imádkoztak a falubeliekért. Vezetőnk nagyapja is a kolostor építői között volt. Aztán jöttek az oroszok, az épületeket lebombázták, a szerzeteseket megölték. A környékbeliek a határ közelsége miatt elköltöztek, pedig annakidején egész jurta falu épült a kolostor körül. A terület valóban nagyon lakható: bő, tiszta vizű patak kanyarog a gazdag legelők között, a hegyoldalakon erdő is sötétlik.

Átkelünk a vízen – híd itt sincs, csak gázló –, felkapaszkodunk a meredeken, át a túloldalra. Süt a nap, terület mégis egyre félelmetesebb, a sziklák szürkék, feketék, fölénk tornyosulnak. Kísérőink egy völgyben megállnak, a puskát hátraviszik, az elejtett mormotákat pokróccal letakarják. Még mindig nem tudjuk, hová megyünk.

A vízmosásból kikanyarodva katonai állomást pillantunk meg a semmi közepén, több órányi távolságra a legközelebbi lakott helytől. Két épület, mellette leromlott budi és egy nagyon komoly edzőpálya, mászó falakkal, akadályokkal. A kapun vörös csillag, cirill betűs felírás: Mongólia és Oroszország határára érkeztünk. Utastársaink bemennek az épületbe, mi maradunk az autóban, nem tudjuk, miért jöttünk ide. Nézelődünk. Aztán kijönnek értünk, beinvitálnak.

Az irodában leültetnek egy hosszú asztal mellé, a végénél letelepszik a két kísérőnk, velünk szemben kétméteres,

Messzeségben

Megvan a vacsora

százhúsz kilónyi tömör izom, teljesen részeg mongol tiszt, barátságosan, mosolyogva fogad bennünket. Az asztal közepén félliteres vodkás üveg. Ahogy elhelyezkedünk, a tiszt váratlanul elkomorodik, felpattan, előrehajolva fölénk tornyosul, és ordítani kezd: „Passzport, passzport!" Veri a tenyerét, hogy abba tegyük bele az útlevelünket, de azonnal! A barátságos hangnak nyoma sincs, fellépése ijesztő, félelmetes. Tanácstalanul nézünk egymásra. Az útlevelünk és vele minden iratunk Ulánbátorban maradt: Burmáék figyelmeztettek, ne hozzuk el magunkkal, ha bármi baja esne vidéken, nem tudunk hazamenni. Útlevelünk tehát nincs. Hiányos mongoltudással próbáljuk magyarázni a tisztnek, hogy a papírjaink a fővárosban vannak, barátainknál. Mosolyog, tölt a vodkából, s mikor épp csak megkóstoljuk, mutatja, hogy fenékig kell inni. Elismerően bólogat, mikor a szertartásos mozdulatokat végigjátsszuk. Aztán a vigyorból teljesen váratlanul újra átvált, tekintete kiüresedik, megint kiabál, követeli, hogy igazoljuk magunkat, különben – mutatja keresztbe rakott kezeit – megbilincsel, és bezár bennünket, amíg telefonál Mörönbe, Ulánbátorba, s amíg értünk nem jönnek, addig foglyok leszünk. Próbálunk lazán reagálni, válaszoljuk, hogy gyönyörű a vidék, szívesen vendégeskedünk itt néhány napig.

Mosolyog, megint tölt. Térképet vetet elő velünk, magyarázza, hogy a határ tíz kilométeres körzetébe tilos bejönni, mi meg éppen a határon vagyunk, be kell pecsételnie az útlevelünkbe. Közben hergeli magát, már megint hadonászik, felemeli a hangját, áthajol az asztalon, fölöttünk harsog. Nézzük a sofőrünket, aki eleinte szórakozik rémületünkön, aztán egyre értetlenebb az arca, látszik, már ő sem tudja, mit vegyen komolyan, mit ne. Akkor ijed meg, mikor a parancsnok váratlanul megkérdezi, lőttünk-e mormotát az úton? Ekkor még nem tudom, hogy a mormota védett állat, örülök, hogy végre értek valamit, bólogatok, hogy mi nem ejtettünk zsákmányt, de a kísérőink bizony lőttek sokat! A vezető fogja a fejét, a katona röhög, akkor mindnyájan megyünk a dutyiba! Döngeti a mellét, dicsekszik: két évet szolgált Afganisztánban, mutatja – ra-ta-ta-ta –, hogyan lőtte az embereket. A szeme elborult, nem tudom, részeg-e, vagy nem normális. Már félek, de nem mutatom.

Közben elfogy az üveg vodka, egy másik hasonló termetű katona – ő Irakban szolgált – újabb üveggel hoz. Iszunk. Ezt még bírjuk, de amikor az ételt hozzák, zsírban fürdő, kemény, inas, sótlan húsdarabokat péppé főtt, ízetlen tésztával, azzal már nem tudunk megbirkózni. Ketten gyűrünk le keservesen egy kis tálkával, a másikat – udvariasság ide vagy oda – felajánljuk a kísérőnknek. Inni viszont muszáj még, pedig már szívesen kívül lennék. Megtanultuk: ha részeg mongollal találkozunk, mindenre bólogassunk, mosolyogjunk szépen, ha rosszul szólunk vagy észreveszi, hogy félünk, akkor baj lehet. Az italt nem bírják, megbolondulnak tőle, nem tudják, mit tesznek. Mosolygunk hát, mikor nem értjük, mit kiabál, biccentgetünk a fejünkkel, szelíden válaszolunk, mutatjuk, hogy értjük a tréfát. Végül kitölti a második üveg utolsó decijét is, és mondja, csak viccelt – ha-ha-ha –, mehetünk.

Búcsúzáskor a mellére tűzök egy gyöngyös magyar kokárdát, annak nagyon örül, a szeme most nevetős, tiszta, mint egy gyereké. Még felmegyek a budiba, hadd lássa, nem sietek, aztán elköszönünk. Integetnek utánunk, visszaintegetünk. A kísérőink is nyugodtabbak, jó hangulatunk van, örülünk, hogy megúsztuk a látogatást a határsávban. Áldjuk Burmát, hogy otthagyatta velünk az iratainkat, ha ez a tiszt viccből belepecsételi a határátlépést, nem tudunk hazamenni: Oroszországba csak kétszer léphetünk be, jövet és visszafelé, harmadjára már nem engednének. A pataknál megállunk, áztatjuk egy kicsit a lábunkat, gyönyörködünk a tájban, fényképezünk, lélegzünk mélyeket. Úgy teszünk, mintha minden rendben lenne, pedig hányingerünk van a rázkódástól, izgalomtól, italtól és ételtől.

(Napokkal később tudatosul bennünk, milyen veszélyben voltunk. Kísérőinket aznap láttuk először, a nevüket sem ismerjük. Davdáékon kívül senki nem tudja, éppen merre járunk. Ha az elhagyatott vidéken belöknek bennünket egy vízmosásba, soha nem derül ki, mi történt velünk)

Az egyik szikla tetején gyönyörű obó emelkedik. Megállunk, kiszállunk, követ teszünk a tövéhez, ennivalót is. Most valóban hálás vagyok az út szellemeinek, amiért vigyáznak ránk. A tarisznyámból előkeresek egy kicsi követ, amit még Magyarországról hoztam, elhelyezem a szalagok között, a dombocska aljáról felveszek egy másikat, elteszem. A sofőr nézi, mit teszek, bólogat: „Nig ungar csolo, nig mongol csolo" – Egy magyar kő, egy mongol kő! – mutatja: elvinni mongol követ nem szabad, de magyarra kicserélni igen, az helyes!

Hazafelé a kísérőink ismét nagy vadászatot rendeznek. Soha nem járt terepen hajtunk a dombok között, oda-vissza kanyargunk föl és le, kerülgetjük a köveket és üregeket. A gödrök alig láthatók, sokszor csak akkor vesszük észre, mikor a sofőr félrerántja a kormányt, vagy nagyot huppanva hajtunk át valamelyik kerékkel a lyukon. Autónk terepjáró, jól bírja. Mi kevésbé, a gyomrunk nem örül igazán a hullámvasútnak. Ma szinte semmit nem ettünk, az elfogyasztott alkohol viszont jóval több volt, mint amennyi jólesett volna.

A mongolok a látóhatáron kibukkanó picike fejet is észreveszik, arra kanyarodnak, túlhajtanak, és amíg az állatka egy dombra felmászva kíváncsian utánunk kukucskál, lelövik. Egy alkalommal fordul elő, hogy a találat nem sikerül tökéletesre, s mikor a lyukhoz hajtunk az autóval, sehol nem találjuk a zsákmányt. Bizony az beugrott a rejtekhelyére! Úgy gondoljuk, otthagyják, de nem, drótot vesznek elő, meghajlítják, s vállig belekotorva az üregbe, előhúzzák az addigra elpusztult jószágot. Ennek örülünk: ha elvették egy élőlény életét, legalább ne hiába!

A pusztában váratlanul feltűnik szemben egy furgon, felénk kanyarodik, megáll egy párhuzamos nyomban. Vezetőnk kiszáll, odaballag pár percre beszélgetni. A hátsó ülésen bordó bársonykabátjában ül a fiatal sámán, a nyitott ablakon néz felénk. Kiszállok, megkerülöm a kocsinkat, megállok tízlépésnyire a másik autótól. A kezeimet karba teszem, kihúzom magam, arannyal átszőtt délem ragyog a napsütésben, lófarokba fogott kócos hajamat lobogtatja a pusztai szél. Most nem szenzációra éhes külföldi, hanem büszke magyar táltos-asszony, Reiki mester, gyógyító vagyok. Megtettem nyolcezer kilométert, hogy itt lehessek, azt a tíz lépést már neki kell megtennie. Odamehetnék hozzá, hogy beszéljek néhány szót vele, de minek? Nem értem a nyelvét, ő sem az enyémet.

Aztán felveszem vele a szemkontaktust és rádöbbenek, nem kellenek szavak. Tudom, kicsoda, és ő is megismer engem, tökéletesen kommunikálunk. Aztán elhajtanak, az ablakból még odaint nekem. Visszaintek. Elmegy, mégis velem marad ezután mindig.

Továbbmegyünk mi is. Már bágyaszt a kocsiút, szédülök, szívesebben lennék a jurtánknál, elfárasztott az izgalom, a hosszú nap. Mikor megállunk egy-egy kis időre az elejtett vadat megkeresni, kizsigerelni, mi is kiszállunk az autóból, kiegyenesítjük a lábainkat, sétálunk a kocsi körül, halkan beszélgetünk, gyönyörködünk a tájban.

Váratlanul megpillantok magam előtt egy követ. Teljesen közönséges, átlagos, kislabda méretű fehér szikladarab. Mégis megtorpanok, hirtelen látomásszerűvé válik a jelenet, mintha a világ eltűnne valami ködben, kiüresedne. Nincs már más, csak én, és a fénybe burkolózó kő. A fejemben megszólal egy hang:

– Azért vagy itt, hogy lásd ezt a követ!

Valahol, mélyebben, egy másik:

– Azért vagy itt, hogy tudatoddal létrehozd ezt a követ!

Soma észreveszi hirtelen változásomat, kicsit meg is tántorodom. Kérdezi, mi baj van. Akkor már ott guggolok, és simogatom a szögletes kis sziklát:

– Soma, te láttad, hogy itt van ez a kő?

– Nem – válaszolja.

– Azért nem, mert ezt most teremtettem!

Nem csodálkozik, érti, mire gondolok. Híd van közöttünk, nem kell magyarázkodnom. Érzem, hogy fontos dologra ébredtem rá. Ezt a területet, a Föld kicsike darabját, ahol most járunk, a világ teremtése óta talán még soha nem látta ember. Olyan, mintha az Univerzum, Isten számára akkor jelenne meg valamiről információ, amikor valaki azt észrevette, tudatosította. Ezt a követ megláttam, felismertem, ettől a pillanattól létezik, viszem magammal, benne van a tudatomban, és benne marad örökké, így kerül be a Kozmikus Tudatba. Hirtelen rányílik a szemem a világra: mintha más fényben ragyognának a völgyek, dombok, másképp látok, sokkal részletesebben, mint a gyerek, mikor először rácsodálkozik a karácsonyfára. Furcsa érzés, olyan, mintha minden akkor jelenne meg, amikor rápillantok. Körülöttem a nemlét, tekintetem kiélesíti a kontúrokat, s mint üreges cső, szállítom a táj gyönyörű képeit Istennek.

Nem tudjuk, merre járunk, de rákérdezünk, merre van az a hun-csoló, amit jövet említettek? Ha a táltossal nem sikerült beszélnünk, legalább a köveket szeretnénk látni!

– Itt van a domb mögött – mutatják –, de már késő van, nem akarunk arra kanyarodni, hosszú az út, meg kell kerülni a vonulatot!

Felháborodunk. Megsétáltattuk a mamát, egész nap a mi pénzünkön vadásztak, rémítgettek a határon, ők maguk említették ezt a helyet, és most el akarnak hajtani mellette, pedig itt van tőlünk légvonalban néhány kilométerre? Miért beszéltek akkor róla? Magyarul zsörtölődünk, de a hangsúly egyértelmű: mérgesek vagyunk. Működik a mongol természet: az győz, aki határozottabban nyilvánítja ki az akaratát. Kanyarodunk, nekivágunk a hegy meredekének. Megkerülni nem lehet, túl hosszú, és már valóban késő délután van. Hágó talán lenne rajta, de hát az úgy nem az igazi! Nem szólunk, ők ismerik jobban az autójukat. Kapaszkodunk az ülésbe, várjuk, mikor borul a kocsi, az oldal legalább negyvenöt fokos, ráadásul egyenetlen, teli gödrökkel, sziklákkal, a négy kerék közül csak kettő-három éri egyszerre a talajt. Odafönn veszem észre, úgy összeszorítottam az állkapcsomat, hogy megfájdult. Aztán a túloldalon megismételjük ugyanezt lefelé, át egy patakmedren, kiszáradt vízmosásokon.

A nap a látóhatárt közelíti, mikor feltűnnek a távolban a vékony, magas oszlopok. Átvágunk a pusztán, kipattanunk az autóból. Sürgetem Somát, ne bámészkodjon, mindjárt sötét lesz, fényképezzen, amennyit tud, aztán majd otthon kielemezzük a képeket. Kapja is elő a jó kis gépét, eddig is azzal dolgoztunk. Kattint, ellenőrzi, a felvételen csak elhomályosodott pacni látszik. Próbálja újra, készít vagy húsz képet, de mindet ki kell törölni, egy sem jó: olyan, mintha erősen bemozdult volna. Már toporzékol az idegességtől. Elkérem tőle a gépet, higgadtan,

stabilan tartva ráfókuszálok az oszlop oldalára faragott gyönyö-
rű mintára, leellenőrzöm – nekem is ugyanaz az elmosódott folt
látszik a felvételen. Közben a nap megy lefelé, már csak alulról
sugárzik, kevés a fény. Aztán a fényképezőgép kiírja, hogy le-
merült. Nem értjük a dolgot: két napja töltöttük, azóta alig fo-
tóztunk vele, máskor meg egy hétig is bírja.

Lehiggadunk. Rájövünk, elhibáztuk. Alkonyatkor nem szabad
temetőben fotót készíteni, az elhunytak lelkei ekkor jelenhetnek
meg a mi világunkban, és nem biztos, hogy beleegyeznének a ké-
pekbe. Nem sajnáljuk az időt, félretesszük a gépet, előszedjük a
kockacukrot, magvakat, süteményt. Áldozunk a hely szellemei-
nek, követ rakunk az oszlopok tövéhez, engedélyt kérünk a fény-
képezéshez. Utána próbáljuk újra. A gép megint töltött állapotot
mutat, nincs lemerülve. Mivel közben besötétedik, elemlámpa
fényénél végigmegyünk a hatalmas, másfél, két és fél méter ma-
gas oszlopok között, körbejárjuk, megcsodáljuk a négy oldalt bo-
rító faragásokat, a törzsi jeleket, a göndör agancsú, csőrös szar-
vast, a szerszámokat, fegyvereket, amik a stilizált övön lógnak,
felváltva fényképezünk Somával. Most is vannak homályos ké-
pek, de nagy részük elfogadható. Bosszant bennünket, hogy a
vadászat miatt csak későn jutottunk el ide, de legalább eljutot-
tunk. Tudjuk, hogy más külföldi vagyont adna egy ilyen lehető-
ségért, de ide nem tud eljönni: több kilométeres körzetben még
keréknyom sincs a pusztában, nemhogy út vagy település. Har-
minc-negyven fotót is készítünk, hihetetlenül csodálatos farag-
ványokon húzzuk végig az ujjainkat, követjük a mintát, ami kör-
befut az oszlopok négy oldalán, bárhonnan indítjuk, tökéletesen
visszaível önmagába. A kő összetétele itt is különleges: mintha
őrlemény lenne összecementezve, a formákat kirajzoló mélyedé-
sek pedig még puha, képlékeny állapotban belenyomva. Az osz-
lopokon nincs arc, de mindegyik egyértelműen utal egy-egy szemé-
lyiségre. Felső részükön a törzs jele, egyéb vonások talán nemét,
életkorát mutatják, a mintázat gazdasága a kő oldalán más és
más, az öveken szablya, egyenes tőr, balta, sőt egy felismerhe-
tő olló a foglalkozást jelzi. Izgalmunkat látva a mongolok is lel-
kesednek: sorra hívják fel a figyelmünket az érdekes részletekre.

Igyekszünk minél több információt gyűjteni, bár már most meg-
beszéljük, hogy ha még egyszer eljutunk Mongóliába, újra meg-
próbáljuk megtalálni ezt a helyet.

Éjszaka van, mire továbbindulunk. Fáradtan ülünk a kocsi sö-
tét hátuljában, autónk nagyokat huppan; a sofőr szeretne minél
gyorsabban hajtani, messze vagyunk még Cagaan Uultól. Izga-
tottságunk hamarosan félelembe vált át. Elhallgatunk, egy da-
rabig egyikünk sem szólal meg, nem tudom, hogyan mondjam
meg Somának, amit érzek. Végül mégis megkérdezem:

– Soma, te nem veszel észre semmit?

Soma rám néz:

– Te is érzed?

Mióta eljöttünk a temetkezési helytől, ködös, gomolygó, sö-
tét füstszerű tömeg tornyosul mögöttünk. Eleinte távolabbról
követte az autót, aztán egyre jobban besűrűsödött, az autó fölé
emelkedik, követi kanyargásainkat, velünk együtt fékez, gyor-
sít. Harag, gyűlölet sugárzik belőle, egyértelmű, rosszindulatú
fenyegetés. Kapaszkodom az ugráló autó oldalába, és fokozato-
san erősödik bennem a torkomat, lélegzetemet szorongató fé-
lelem. Nem szeretném, ha mongol démonok ragadnának ránk,
jönnének velünk haza Magyarországra. Végül elöveszem a fény-
képezőgépet, sorra nézem a nehezen elkészített felvételeket.
Amelyiknél a legkisebb homályt is észlelem, kitörlöm, közben
Soma figyel. Minden eltüntetett fotó után mintha leszakadna
egy foszlány a bennünket üldöző feketeségből, és visszatérne
az oszlopokhoz. Újra meg újra átnézem képeket, s mikorra el-
fogy a felettünk, mögöttünk gomolygó felhő, nem marad meg
a negyvenből csak nyolc-tíz. Érdekes, hogy ezek szinte mind
ugyanannak a kőnek a különböző oldalait ábrázolják. Úgy lát-
szik, tőle kaptuk meg a fotózáshoz az engedélyt.

Késő éjjel, éjfél körül érünk Cagaan Uulba. Nem visznek ki
bennünket a jurtához, letesznek Davdáék épülő házánál. Think-
sze két kisfiúval ott alszik velünk. Pléddel takaróznak, összebúj-
nak, mi kapunk magunk alá lepedőt, meg egy-egy függönysze-
rűen vékony selyem anyagot, amit magunkra teríthetünk. Most
bánom, hogy a hálózsákot nem hoztuk magunkkal! Hihetetlenül

fázom. Egész nap szinte semmit nem ettünk, kimerültem, a levegő pedig lehűlt két-három fokra. A fogam hallhatóan vacog, a délem alatt csak egy vékony póló van, összegömbölyödve fekszem a szőnyegen, a hidegtől nem bírok elaludni, Soma is kínlódik.

(Éjjel, félálomban ijesztő látomásom van. Helyszín Afganisztán, egy kicsike falu. Felülről látom a házak közötti teret. A lakosok körben állnak, kiparancsolta őket a tiszt. Mikor mindenki felsorakozott, egy hátrakötött kezű asszonyt hoznak elő. Ugyanolyan katonai ruha van rajta, mint a parancsnokon, csapattársak. Furcsa módon én vagyok a letérdeltetett nő, miközben kívülről is nézem a jelenetet. A tiszt körbejár, hadonászik, egyre jobban kiabál, azzal vádol, áruló vagyok, szervezkedem az ellenséggel. Nem félek, tudom, nem tettem semmi roszszat. Egy családot kísértem át az ellenőrzőponton, nagyon beteg az egyik gyerek, orvoshoz akarták vinni a városba, de nem engedték át őket. Ez nem árulás, egyébként az én rangom is magas, ha hibáztam is, nem ítélhetnek el, csak hadbíróság előtt. A katona egyre harsányabb, meg-megtántorodik. Észreveszem, hogy most is részeg, mint már hetek óta mindig. Előveszi a pisztolyát, azzal gesztikulál, majd hirtelen váltással elém térdel, és odahajolva halkan, szinte mosolyogva kérdi: – Ugye tudod, hogy én most téged megöllek? – Azt hiszem, ez csak valami gonosz tréfa lehet, de belenézek eszelős, alkoholtól ködös, homályos szemébe, s megértem, nincs magánál, nem tudja, mit tesz. Próbálok beszélni hozzá, szelíden, értelmesen, de hiába. Újra felpattan, a falusiak orra előtt hadonászik, már megint ordít, aztán hirtelen szembefordul velem, a pisztolyt a zubbonyom melléhez szorítja. Oldalra vetem magam, de hiába, a fegyver csöve követ, hallom a csattanást.

Aztán megint felülről látom a jelenetet. Fekszem a földön, alattam egyre nagyobb tócsa sötétedik. Pár pillanat eltelik, mire rádöbbenek, én vagyok ott, s az a sötétség vér. Honnan jöhet ennyi vér? Buta gondolat; katonaként én is tudom, hogy nagy kaliberű pisztollyal egy közelről leadott szívlövés nem tiszta munka. Aztán feljebb emelkedem, már nem érdekel az alsó világ. Érzem, szabad vagyok, eltölt egy eufórikus boldogságérzés, szinte hálás vagyok a parancsnoknak, hogy nem vagyok testbe zárva. Előbb lassan, majd egyre gyorsulva suhanok a bokrok, sziklák felett, szárnyalok magasabbra és magasabbra.)

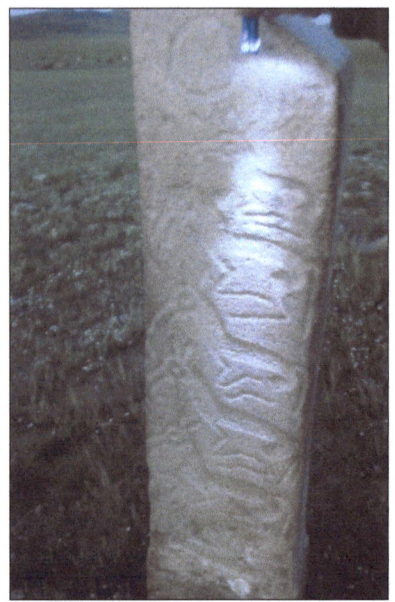

Minták egy hun csolón

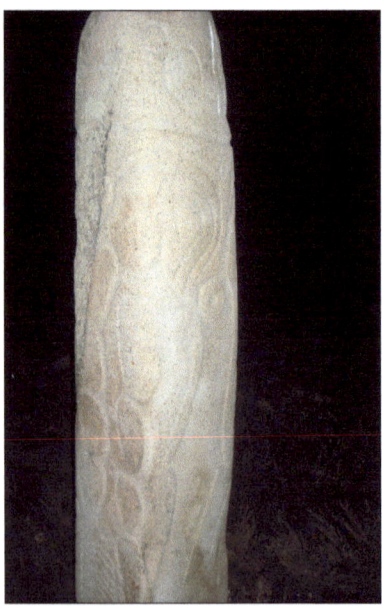

Hun csoló éjjel

Pihenőnap

Napfelkeltekor vizet melegítek, főzök teát, reszketek, össze vagyok dermedve. Lábam, kezem ujjai zsibbadtak, életre kell dörgölnöm őket. Ébred a fiam, isszuk a forró italt, megszületik az új mondásunk: „Béleld körbe a meleg jurtát, nehogy meghűljön a vendéged, utána altasd jéghideg faházban, matrac, takaró nélkül!" – Atha két nappal azelőtt, mikor hidegebbek lettek az éjszakák, lehajtotta mellettem a jurta vásznát, pokrócot is tett oda, nehogy megfázzak, most meg még a hálózsák sincs velünk. Megkínáljuk teával Thikszét és a gyerekeket is. Ők nem érezték a hideget; összebújtak, volt alattuk pléd, takarójuk is vastagabb, mint a miénk. Megfogadom, hogy soha többé nem indulok el hálózsák, meleg ruha nélkül, félórás útra sem!

Megjönnek házigazdáink, kérdezik, nem fáztunk-e? Az öszszes lehetséges módon próbálom érzékeltetni, milyen szörnyű éjszakám volt: vacogtatom a fogam, reszketek, dörgölöm a vállamat, de közben már nevetek is, hiszen a nap közben kisütött, a tea jó forró, és boldog vagyok, hogy új nap vár rám.

Mire megreggelizünk, dél van. Kimegyünk a jurtához, megnézzük, hogyan állnak az égetéssel. Már szépen pirosodnak a téglák, folyamatosan rakják a fát közötte, alatta. Megcsodáljuk, milyen ügyesen vágják, darabolják, fűrészelik a törzseket a megfelelő méretre. Hihetetlenül ügyesen bánnak a szerszámokkal, minden félelem nélkül. Segítünk a tűzrakásban, játszunk a gyerekekkel, elmegyünk autóval vízért a patakhoz, hozunk több hordónyit, a telemeregetés, fel- és lepakolás igazi szórakozás. Aztán csak henyélünk, sétálunk a pusztában, rendezzük a holminkat. Vasárnapi a hangulatunk, a tegnapi élmények után jólesik a semmittevés. Nekem még az éjszakai látomásomat is fel kell dolgoznom. Nem tudom elmesélni Somának, magamban töprengek rajta, a mongol tiszt több év afganisztáni szolgálat után miért van kihelyezve Mongólia talán legelhagyatottabb katonai állomására?

A vacsorát már nem várom meg, lefekszem korán. A tűz körül ülők beszélgetése megnyugtat, jól, álomtalanul alszom.

Látogatás Cagaan Uulban

Reggel végre kialusszuk magunkat. Mire felébredünk, senki nincs a jurtában. A forró víz a termoszban az asztal mellett, előkészítve a vaj, túró, kristálycukor, sütemény, mindenféle finomság. Készítek teát a filterrel, amit még csak egyszer főztem ki, és éjszakára kiakasztottam száradni. Takarékoskodom vele, itt nincs delguur, hogy vásároljak. Iszunk szuutej cajt is. A vajas kenyeret vastagon behintjük kristálycukorral, ropog a fogunk alatt. Van még egy kis savanyú uborkánk, eszünk azt is. Érdekes összeállítás, de a gyomrunk bírja, jobban van, mint amikor érkeztünk.

Reggeli után megnézzük a téglaégetésnél a tüzet. Segíteni nem tudunk, már nincs tennivalónk. Davdáék sehol nincsenek. Thinkszét megtaláljuk ugyan, de beszélgetni nem tudunk vele, kártyázással meg nem akarjuk az időnket tölteni. Hívnánk csavarogni egy kicsit, de mutatja a motorját, ő bizony gyalog sehová nem megy! Szemmel láthatóan nem érti, mi bajunk van: pihenhetnénk, semmi dolgunk, csak nem akarunk hegyet mászni ebben a melegben?

Unatkozunk. Nem szeretnénk ezt a napot is végighenyélni, mint a tegnapit, nem azért jöttünk! Végül nekiindulunk az út túloldalán a legmagasabb kopár dombnak, kedvünk van megmászni. Egy hete próbáljuk rávenni a házigazdáinkat a gyalogos kirándulásra, de reménytelen, szívesebben mennek mindenhová autóval.

A hegy tetejéről óriási messzeségbe ellátunk. Távolban sejlik Cagaan Uul, mélyen lenn a jurtáink, a patak, messzebb Daagiék szállása, meg ahol a kumiszt ittuk. Lovak, birkák, kecskék legelik a rövidszálú füvet. Ez sűrűn lakott területnek számít: ha körbenézünk, legalább nyolc-tíz jurtát meg tudunk számolni.

A látóhatáron feltűnik egy magányos teve, egyenesen átvág a pusztán. Olyan, mintha valami konkrét céllal menne, de sem előtte, sem mögötte nincs semmi. Békésen ballag, még legelészni sem áll meg, eltűnik a dombok között. Éles, hideg szél fúj, fázunk. Érdekes, hogy a földfelszín fölött nem mozog a levegő, ott nagyon meleg van. Ragyog ránk a napfény, heverünk a rövidszálú füvön, néha felnyújtjuk a kezünket, hűsölni egy kicsit. Tudjuk, mindent megkaptunk Mongóliától, amire vágytunk, sőt annál sokkal többet. Felettünk az ég, körülöttünk és bennünk a végtelenség. Semmi tennivalónk nincs már. Eszünkbe jut, hogyan rohantunk az első napokban, még, még és még, gyűjteni az élményeket, szívni magunkba a látványt. Magunkhoz akartuk ölelni a világot, és végül a világ ölelt magához minket.

(Talán el is szunyókálok egy kicsit. Lehunyt szemem előtt megjelenik a romváros domboldala, de most még erdők koszorúzzák a dombtetőt, a házak között sürgő élet folyik. A négyszögletes épületek fából ácsolt fala sziklákkal van körberakva: a köves talajba nem lehet oszlopot verni, s az erős szél elragadná a puszta talajra helyezett oldalakat. A nagyobb lakhelyek sarkait még támokkal is megerősítik. Belül, az egy helyiségből álló lakótér közepén hatalmas, kemencéhez hasonló, kőből épült tűzhely áll, körülötte a hagyományoknak megfelelően helyezkednek el a mindennapi élet tárgyai.

Félálomban is eszembe jut, hogy a romvárosok körül sehol nem találtunk temetkezési helyet. Hogyan temetkeztek az itt lakók?

Látomásomban a város széléről menet indul, férfiak deszkaágyra fektetett holttestet visznek a vállukon. A domb túlsó oldalára tartanak, ahol két méter magas emelvényre helyezik a tetemet. Fölé fehér jurtavásznat feszítenek, hogy az ég madarai ne háborgassák az elhunytat. Itt hever majd, társai között, addig, amíg a szél, az erős napfény csontkeménnyé szárítja. Családja kijár hozzá, ahogy a többiekhez is, ételt, italt helyeznek el mellette áldozatul. Egy napon aztán szertartásosan leemelik nyughelyéről, s a hatalmas áldozati üstben porrá törik még a csontjait is, és a dombtetőről szélbe szórják. Ekkor tekintik igazán halottnak, teste feloldódik a pusztában, de a lelke együtt marad a hátrahagyottakkal, vigyáz rájuk, őrködik fölöttük.

A hun-csolók népe más, évezredek választják el őket. Nem használ-
nak köveket az építkezésekhez, az erős vászonnal fedett jurták kö-
zött gyerekek szaladgálnak, játszanak, a település körül lovak, kecs-
kék, birkák legelésznek. A dombtetőn szorgos munka folyik, férfiak
vágják a magasba nyúló fákat. A szomszédos hegyek csúcsa már ko-
pár, az erős szél elhordja a letarolt tetőről a termőföldet. Kellenek a
szálfák a hideg éjszakákon, csikorgó teleken befűteni a lakóhelyeket,
s a kemencékhez is, amelyekben kiégetik a kötőanyagot az oszlopok-
hoz. A vörös, fekete, csillogó fehér köveket apróra zúzzák, belekeve-
rik a meszes, cementes port, vizet adnak hozzá, a földön megácsolt
formába öntik. A nép ősi jeleket ismerő művésze belenyomja a még
képlékeny felületű oszlopba a törzs szimbólumait, az elhunyt ne-
mét, korát, foglalkozását jelző vonalakat, s az ég felé száguldó szar-
vasokat, melyek a halott lelkét repítik a napba. Kinn a pusztában ál-
lítják fel az oszlopokat, emlékül hagyva az utánuk jövőknek. A nép
továbbköltözik, de itt maradnak az oszlopok, évezredek múlva is je-
lezve, kik éltek e tájon.)

Jólesik pihenni a dombtetőn. Szép dolog a henyélés, de mi lenne,
ha most, az utolsó délutánon besétálnánk körülnézni Cagaan
Uulba? A jurtánktól állítólag hét kilométerre van, de ez a mongol
mértékeket ismerve lehet négy vagy tíz is, mindenesetre a tető-
re odalátszik. Nekiindulunk hát. Elég nagy meggondolatlanság:
a hegymászás után már nem vagyunk olyan gyorsak, szédülök,
le is kell ülnöm egy óra gyaloglás után pihenni. Ha már eddig
eljöttünk, visszafordulni nem érdemes, nem is halaszthatjuk a
városnézést, holnap már indulunk Mörönbe.

Jó másfél órát megyünk, mikor szembejön velünk Davda autója.
Mikor meglát bennünket, fékez, megáll, vakarja a fejét, egyértel-
műen az arcára van írva: „Ezek nem normálisak!" Nem sértődünk
meg, tudjuk. Rábeszélne, hogy menjünk vissza vele a jurtához,
de mi megmakacsoljuk magunkat, most már mindenképpen be
akarunk jutni Cagaan Uulba. Végül nagyot sóhajtva megfordul,
felültet bennünket. Útközben elmagyarázza: Atha most dolgo-
zik, gyógyszertáros, bevisz bennünket hozzá, s ha nekünk úgy
jó, megvárhatjuk, amikor végez, megmutatja nekünk a várost.

175

Athát egy nagyon takaros, tiszta kis patikában találjuk. Három helyiség van: a kiszolgáló rész, egy kis raktár, meg egy szoba, amelyikben leültet bennünket. Lehet vizet forralni, kapunk teát, vitaminos cukrot, itt vannak a parányi mérlegek, gyógyszerkeverő felszerelések is. Pihenünk egy kicsit, közben hallgatjuk, hogyan jönnek az emberek, nem csak orvosságért, de kedves szóért, jó tanácsért is. Atha mindenkihez barátságos, a felnőttekkel mosolyogva beszélget, a gyerekeknek C-vitaminos cukorkát ad. Kell, hiszen itt nem terem gyümölcs, zöldség, a táplálék szinte teljesen állati fehérje.

Végül fél négy lesz, Atha bezárja az üzletet, elindulunk városnézőbe. Cagaan Uul nem kis helység, hiszen a térképen is rajta van! Az utcák hat, nyolc, tíz méter szélesek, embernél magasabb fakerítések között. Az udvarokon faházak, jurták. Minden harmadik ház delguur vagy autószerelő műhely. Kövezve, betonozva semmi nincs: maga a talaj köves, persze, ha esik az eső, megáll a víz, hatalmas tócsákban gyűlik össze.

A lakott házak fából épültek, bár látunk néhány kétemeletes, orosz típusú betonépületet is – talán lakótelepet próbáltak itt létrehozni évtizedekkel ezelőtt. Első pillantásra igazi kísértetházaknak tűnnek: senki nem lakja őket, az ablakokból hiányzik nem csak az üveg, de a keret is, a vakolat mállik, a lapos tetőn fű nő. Aztán meglátjuk az élet nyomait: az egyik emeleti ablakból kecske feje bukkan elő, a lépcsőházban tíz-tizenkét lóból álló kis ménes hűsöl, pont akkor érünk oda, mikor indulnak délutáni legelészésre.

Megcsodáljuk az útjelző táblákat is; rengeteg van belőlük, szinte minden sarokra jut. A művelődési ház szép, fehérre festett kétszintes épület, az emeleti koncertterembe hátul, egy külső falépcsőn lehet feljutni. Mellette a táblán egy trombita, piros festékkel áthúzva. Mögötte a tér tele kövekkel, gödrökkel, vízmosta árkokkal, s egy büszke P betű jelzi: itt lehet parkolni!

A lakóterületi övezet kék tábláján gyerekek labdáznak, a kép alatt egy jól táplált disznó sétál. Az utcákon teljes szabadságban mozognak emberek, állatok, autók: nincs járda, de úttest sem, mindenki mehet, amerre akar.

Szeretnék vásárolni magamnak még egy délt, Somának inget, az otthoniaknak öveket, ajándéktárgyakat. Atha körbevezet minket a kicsi delguurokban. Nagy bolt nincs, de minden kapható. Sajnos a ruházati üzletben sok a kínai áru, hagyományos mongol viselet alig van. Végül egy pici vegyesboltban igazán olcsón kapunk egy gyönyörű szürke selyem férfiinget, másutt ruhára vasalható mongol mintákat, öveket. Kevés ételt is veszünk a másnapi útra. Háziasszonyunk büszkén mutatja meg a főteret is a birkacsalád szobrával. Gyerekek gyűlnek körénk, fényképeztetik magukat, aztán odaráncigálnak egy hatalmas kutyát is, hogy az is legyen a képen. A félelmetes eb boldogan tűri, hogy a szájába nyúljanak, cibálják a bundáját, fülét igazgassák, hogy szebb legyen. Gyönyörű az idő, ragyogóan süt a nap, csodálatos sétát teszünk. Aztán elmegyünk Davdáék házához, teázunk, és Atha ünnepélyesen átad nekem egy fényes, világoskék, bélelt selyem délt ajándékként. Külön kihangsúlyozza, hogy ez az ő saját ruhája, már hordta, és így sokkal értékesebb, mert ezzel önmagából is átad egy kis részt nekem. Meghajolva, boldogan fogadom el.

Aztán értünk jön kocsival Davda, visszavisz a jurtához. Athának ajándékozom a dél viszonzásaként egy hosszú ujjú felsőrészemet, gyönyörű, kézi hímzésű „Aum" jel van az elején. Örül neki, fel is próbálja, körülbelül egy a méretünk.

Vissza Mörönbe

Tíz órára beszéljük meg az indulást. Most is furgonnal akarunk menni, reméljük, kényelmesebb lesz, mint eddig. Későn ébredünk, kényelmesen megreggelizünk. Egyedül vagyunk, Davdáék elmentek valamerre. A polcra teszem a maradék pálinkát, körbeterítem a még Magyarországról hozott kék selyem anyaggal a hatalmas papírdobozt, amiben az ágyneműket tartják.

Amikor a szomszédok észreveszik, hogy mozgolódunk, begyűlik a jurtába a nagycsalád. Búcsúajándékokat osztunk, mi is kapunk süteményt, kilónyi aaruult. Aztán Soma kimegy, közben próbálok a bennmaradt felnőttekkel kommunikálni. Nem tudom olyan jól kifejezni magam, mint ő, de a mutogatásban én vagyok a jobb. Izgatottan beszélgetnek egymás között, tőlem is megkérdeznek valamit, de csak a „Soma" és „boo" (sámán) szavakat értem. Rábólintok: „Dza, Soma ungar boo!" (Igen, Soma magyar sámán!) Eljátszom, hogyan emeli a kezét az ég felé, mutatom, hogyan dobol, mekkora dobja van Magyarországon. Büszkén mondom mongolul: „Én a sámán anyja vagyok!" Pillanatok alatt megértik, felpattannak, s mire Soma visszajön, már csak néhányan vannak a jurtában. Nem értjük, mi történt, de már érkeznek is vissza, mintha készültek volna rá, s igazi táltos-ajándékokat raknak Soma elé: jósló birkacsontokat és egy hatalmas fehér farkas metszőfogat, amit bőrcsíkra felfűzve a dobjára, övére köthet. A férfiak ejtették a veszedelmes ragadozót, s a fogát amulettként, varázstárgyként ajánlják fel a fiamnak. Tudják, érzik, hogy ez a tizennyolc éves, sovány kamasz, aki hajnaltól késő estig szinte teljesen étel, víz nélkül már második hete pakolja a téglát, fáradhatatlanul játszik a gyerekekkel, minden hegycsúcsra legelsőnek szalad fel, soha nem panaszkodik és árad belőle a boldogság – nem lehet akárki.

Megjönnek Davdáék. Éppen a jósló csontok használatát tanuljuk, úgyhogy nem zavarnak, csak jó félóra múlva szólnak, hogy ideje lenne indulni. Összekapkodjuk a táskákat, elköszönünk, felülünk az autóra, az otthon maradottak a jurta elé gyűlve integetnek nekünk.

Beérve Cagaan Uulba kiderül, hogy a furgon közben elindult, két nap múlva megy a következő – annyi időnk nincs. Óriási nyargalás kezdődik! Davda árkon-bokron át (nem pontos, árok van, bokor nincs) hajt a kocsi után. Végre megpillantjuk a pusztában a járművet. Megáll, bevár, a teherautóról lekapkodjuk a holminkat, begyömöszöljük a furgonba – tömött, büdös, szűk. Eddig is tele volt, most mégis mosolyogva szorítanak nekünk és a holminknak helyet. Nagy búcsúzkodásra nincs idő, integetünk Atháéknak, és reméljük, hogy találkozunk még.

Visszafelé Mörönbe ugyanazon az úton megyünk, mint amelyiken érkeztünk. Remélem, meg tudom mutatni Somának azt a hegyoldalt, ahol jövet annyira féltem. Az út keskeny, ferde, egyik oldalon a szikla, másik oldalon a keréktől harminc centiméternyire a szakadék, korlát nincs. Az apró köveken meg-megcsúszik a kerék, az ablakon át látjuk a mélyen alattunk kanyargó, gyors sodrású folyót. Most süt a nap, nem annyira félelmetes, mint este, az esőben volt, de azért mégis izgulok, míg átjutunk. Ezen a vidéken nem szelíd lejtők, hanem magas, sziklás hegyek magasodnak, közöttük széles patakok, vízmosások.

Nagyon sok csúcson emelkedik feldíszített, kék szalagos obó. Látomásszerűen ugrik elő a kép. Annakidején az obók őrhelyek voltak, itt álltak a vigyázók, az „óvók", akik a tájat figyelték éjjel-nappal, nincs-e ellenség, tűz, bármi veszedelem a vidéken. Az úton haladók fel-felpillantottak, s ha látták az alakot a hegy csúcsán, tudták, biztonságban haladhatnak tovább. Most is az obókat figyeljük; ha rájuk nézünk, nem félünk annyira.

Az elmúlt két hét esőzései átformálták a tájat: a talaj nedvesebb, jobban csúszik, sokkal több a patak, a vízmosások megteltek. A furgon már jó félórája halad egy fennsík szélén, alattunk a folyócska kanyarog, valahogy át kellene jutni rajta. Végül a vezető elveszti a türelmét, motort kézifékkel váltogatva ferdén nekiindul a szakadék hatvan fokos oldalán lefelé. Megijedek: ha megcsúszunk, semmi nem állíthat meg bennünket, a mélyben a víz erős sodrással rohan, elsöpri a járművünket! Rémületem kiül az arcomra, a velem szemben ülő fiatalember megnyugtatóan rám mosolyog. Összeteszi két kezét, fejét meghajtja és derűsen mondja:„Om mani padme hum!" Elnevetem magam, elkezdjük mondani a mantrát, kapaszkodom az ülésbe, és már lenn is vagyunk a patakmeder víz melletti vékony sávján.

A problémánk ezzel még nem oldódott meg teljesen: valahogy át is kellene kerülnünk a túloldalra. Kiszállunk, a férfiak álldogálnak a parton, méricskélik a meder mélységét, a sodrás erősségét, mutogatnak, beszélgetnek. Várunk. Végül jön egy terepjáró, rövid töprengés után nekivág, ferdén behajt a vízbe, a meder közepén elkanyarodik, és igaz, hogy ajtójának az alja is elmerül jó tíz centire, de zúgva, bőgve átjut. Lehet, hogy ismer valami gázlót? Rendes; a túloldalon megáll, vár bennünket egy ideig, hogy ha elakadnánk, esetleg kihúzzon. A sofőrünk mégsem mer elindulni: furgonunk alacsonyabb járású, ha a motorházba víz jut, elakad, az erős sodrás felboríthatja. Az sem megoldás, hogy az embereket kirakva kockáztasson, mert akkor mivelünk mi lesz?

Alkonyodik, nem jön másik jármű. Nem túl nagy a forgalom errefelé! Aztán a férfiak látszólag minden egyeztetés nélkül döntenek: mindenkit beültetnek, elindulunk. Viszonylag nagy sebességgel hajtunk a terepjáró láthatatlan nyomán, a patak közepén attól néhány méternyire eltérve kanyarodunk. Jó döntés. A furgon alja megmerül a vízben, de a lendület átviszi a legveszélyesebb négy-öt méteren, aztán megint gázt ad a sofőr – hála Istennek, nem fullad le a motor. Már majdnem kijutunk a túlsó parton, mikor észrevesszük, hogy mély sár fogad bennünket. Az autó nekivág, visszacsúszik, elsüllyed a kerék. Bőg a motor, hátrahajtunk, próbálkozunk másutt. Közben a terepjáró elment, nincs segítség. Félő, hogy visszacsúszunk a sodrásba. A patakmeder fala meredek, nem sziklás, látszik, más járművel hol próbálkoztak: szét van gázolva, felpuhítva a part. Végül teljesen elakadunk. Akkor szól a sofőr, kiszállnak a férfiak. Soma is indulna, de visszatartom: egy szakadt tornacipője van, meg a csizma, ha szétáztatja, Isten tudja, mikor jutunk száraz lábbelihez! Így bennmaradunk a furgonban a nőkkel és a gyerekekkel, meg néhány vállát vonogató fiatalemberrel. Nagy nekirugaszkodás, a kocsi fröcsköli a sarat minden irányba, a férfiak nevetnek, látszólag nem is törődnek vele, hogy életveszélyesen csúszkálnak az autó körül, a jármű mozgása teljesen kiszámíthatatlan.

Aztán még egy lendület, fenn vagyunk a parton. Az emberek úgy-ahogy megtisztálkodnak, aztán indulunk is tovább, még átintegetünk a túlparton most megjelenő terepjáró utasainak.

Örülök, hogy idejében visszaindultunk: azt mondják az utastársaink, hogy ezen a patakon néhány nap múlva már lehetetlen lesz átkelni, több száz kilométert kell hajtani a következő használható gázlóig.

Este érkezünk Mörönbe. Ez nem olyan hosszú út, csak hat-hét órás. A szűk helyet is elviseljük valahogy: három ülésen nem öten, csak négyen ülünk. Ez a sofőr valamivel jobban is vezet, de az is lehet, hogy mi szoktuk meg a rázkódást. A táj változatos, van hegy, víz, erdő, dombok, és elég gyakran meg is állunk egy-egy kis időre.

Nem tudjuk, hogyan működik a mongolok információs hálózata, mert térerő a hegyek között nincs, telefonálni nem lehet. Izgulunk, hol tesznek le bennünket, mi lesz velünk? Kár tépelődnünk: a furgon éppen régi szállásunk kapuja előtt áll meg. Már várnak bennünket. Az udvaron felütjük a sátrat, behívnak a jurtába, kész a tea, szuutej caj, hósor, lakoma. Beszélgetünk, aztán a lányokkal sétálunk egyet a környéken, megbeszéljük, hogy két-három napig maradunk, addig mindent megmutatnak.

A sátorban kicsit szűk a hely, az eső miatt nem merjük kívülre rakni a holminkat. Középen a két hatalmas hátizsák, lábunknál a csizmák, cipők, szatyrok. Ráadásul a ponyva egyrétegű, elvileg vízhatlan, de ha bármi hozzáér, vidám patakocskák kezdenek csordogálni a belső falán. Somának nehezebb: ő hosszú, a lábait sem tudja nyugodtan kinyújtani. Összekuporodva, mélyen alszunk a hosszú, fárasztó nap után.

Múzeum-park

Reggel megreggeliztetnek bennünket, kapunk kávét is, ami itt ritkaságnak számít. Igaz, hogy csak instant kávé, de nagyon jólesik. Batáék meghívnak bennünket a városközpontba sétálni, nézelődni. Végre nem autóval megyünk! Meg is lepődöm, mert kiderül, a főutca alig tízpercnyire van; mikor kocsival jöttünk, sokkal hoszszabbnak tűnt. Persze itt is mongolos a közlekedés, a járművek lassú lépésben hajtanak, a fürgébb gyalogos simán megelőzi őket.

Megcsodáljuk a Nádam-stadiont, előtte a kikövezett teret és a kis virágos, bokros parkot, ami azért érdekes, mert a talaj sziklás, ha ültetni akarnak valamit, hozni kell a földet, s a szélsőséges időjárás miatt a növényzet állandó felügyeletet, gondozást kíván. Különleges látványosság a stadion előtti téren a három, ember méretű szobor, három Mörön-beli sportoló élethű, hagyományos sas-táncot járó alakja. A város szülöttei ők, s mint országos Nádam-bajnokok, dicsőséget szereztek otthonuknak.

A főtéren Batáék elköszönnek tőlünk egy kis időre: dolgaikat intézik, s biztatnak bennünket, nézzünk addig széjjel, amíg vissza nem jönnek értünk. Nem merünk messzire elmenni, nehogy elkerüljük egymást, de a téren is akad elég látnivaló. Megcsodáljuk a legszebb szobrot, amit életünkben láttunk. Mongol nemzeti hőst ábrázol, kezében üzenet-tekerccsel vágtat. Nem ismerjük a hozzá kapcsolódó történetet, de lenyűgöz bennünket az ágaskodó ló tökéletes kidolgozása, a hihetetlenül precíz munka, amivel még a tegezből kiálló nyílvesszők tollainak szálát is kidolgozták. Körbejárjuk, több fényképet is készítünk róla. Furcsa, hogy a mongol nép, akiknél még egy lépcsőt sem találtunk pontosan kivitelezve, ilyen csodára képes.

Amíg körbe-körbe járjuk a szobrot, odajön hozzánk egy férfi. Látja, hogy külföldiek vagyunk, érdeklődik, honnan érkeztünk.

Hamar összebarátkozunk vele, nagyon közvetlen. Igaz, hogy a szavainak töredékét sem értjük, nem csak azért, mert mongolul beszél, hanem azért sem, mert eléggé be van rúgva. Már nem félünk: láttunk ittas mongolt, de hozzánk mindegyik kedves volt. Dülöngél, veregeti Soma vállát, mindenáron meg akar hívni bennünket, látogassunk el hozzá, nem messze van az otthona. Végső érvként azt hozza fel, hogy szeretné megmutatni a nemrég született pici fiát, akire nagyon büszke. Mikor erre sem megyünk vele, azt mondja, várjunk itt, hazaszalad, elhozza a gyereket, hogy megnézhessük. Végül nem tudjuk meg, hogy a felesége odaadta-e neki dicsekedni a babát vagy nem, mert értünk jön háziasszonyunk és a lánya, hogy elvigyenek bennünket még egy kicsit városnézőbe.

A főúton megcsodáljuk egy hatalmas, jó két és fél méteres férfi szobrát, aki mellett egy pici lovacska áll, szinte csak a derekáig ér. Mint megtudjuk, ez is éppen életnagyságú, Mongólia legmagasabb emberét ábrázolja. A ló mellette szintén eredeti méret, s azért tették oda, hogy még jobban kihangsúlyozzák az alak nagyságát. A férfi arányos testű, szimpatikus, szép mongolos arca van, magas, de látszik rajta, hogy csupa izom. Ha annakidején ilyen harcosok indultak meghódítani a világot, nem csoda, hogy rettegtek tőlük az emberek!

Bemegyünk egy üzletbe is, de nem veszünk semmit. Ajándéktárgyak, ruhaneműk, háztartási cikkek kaphatók, de zömében kínai áruk. Magyar pénzre átszámítva olcsók, de nincs szükségünk semmire, és a csomagunk így is súlyos. Megbeszéljük háziigazdáinkkal, hogy másnap kivisznek bennünket a piacra, ott szívesebben vásárolunk, és alkudni is lehet.

Mikor visszaérünk a szállásunkhoz, a kisboltban veszünk kenyeret, aszalt, cukrozott kivit, paradicsomot. Émelyítően édes ugyan, de más gyümölcsöt nem lehet kapni. Van viszont filteres tea, instant kávé, fél kilós orosz kenyér, lekvár, ami nem tudjuk, miből készült, erdei gyümölcsök vannak az oldalára festve, de benne nem sok lehet. Savanykás-édes, a sok hús után jólesik.

Délután a háziak tizenhét éves lánya elkeseredetten búcsúzik tőlünk. Könyörtelen apja, anyja furgonba rakja, elküldik Cagaan

Uulba, ahol mi voltunk, pedig már megbeszéltük, hogy másnap nagy kirándulásra megyünk a környező hegyvidéken. Hirtelen elutazásának egyik oka lehet az, hogy észrevették, gyermekük nem igazán idegenkedne attól, hogy Somával románcba keveredjen. Sajnáljuk, már elterveztük a kislánnyal a következő néhány nap programját. Házigazdáink azt is elmagyarázzák, hogy két nap múlva ők is mennek utána, meglátogatják a rokonaikat még az őszi esőzések előtt. Felajánlják, hogy maradhatunk az ő távollétükben is az udvaron, de inkább megkérjük őket, szerezzenek nekünk járművet Ulánbátorba.

Soma így sem marad udvarló nélkül: a szomszéd jurtában lakó két másik tini lány elhív bennünket este még sétálni egy kicsit.

Újra elmegyünk a városközpontba, ahonnan egy szép, kiépült sugárút vezet valahová. A két oldalán emeletes házak emelkednek, felismerjük a szállodát is, ahol ideérkezésünkkor egy éjszakát eltöltöttünk. Kívülről nagyon jól mutat, a festett, faragott faerkélyek igazán dekoratívak – lentről nem látszik, hogy az aljuk vékony, repedezett beton, néhány szál korhadt deszkával megerősítve. A lányok már szívesen visszafordulnának, azt mondják, nincsenek elég szépen öltözve egy főutcai sétához, de mi jelbeszéddel megmagyarázzuk nekik, hogy ha hazamennénk, közben ránk esteledne, és egyébként is nagyon szépek így, ahogy vannak. Aranyosak, nagyon jól megértjük egymást a nemzetközi mutogatás-nyelven.

Azért vagyok kíváncsi a sugárútra, mert nem látom a végét. Ott, ahol el kellene kanyarodnia vagy valamilyen épülettel lezáródnia, egyszerűen egy hegy emelkedik. Elindulok, a fiatalok először húzódozva, aztán egyre lendületesebben követnek. Megint érvényesül az erősebb akarat törvénye.

Nagyon érdekes az út két oldala is. Látunk lakótelepeket többemeletes házakkal, egymással párhuzamosan emelkednek, az elsők már teljesen leromlottak, a vakolat lemállott, a lépcsőház ajtaja lóg, függöny sehol, néhol még ablak sem, aztán jönnek a jobb állapotúak, ez már elegánsabb környezet, az utolsókat pedig most építik. Rájövünk, hogy egy több évre elhúzódó építkezést látunk, s valószínűleg olcsóbb új házakat emelni, mint a régieket vakolgatni, festeni, felújítani. Hely van, ha az épület teljesen tönkrement, otthagyják, s beköltöznek az újba.

Furcsa az is, hogy maga a főút bármelyik nagyvárosban megállná a helyét, de a keresztutcák egyre rövidebbek, az elején még a nálunk is megszokott városi épületekkel, de hátrébb már megjelennek a magas deszkakerítések, mögöttük pedig a síkság, az emelkedő dombok. Mire elérünk a sugárút végére, már csak az utca két oldalán látunk házakat: változatlanul szépek, rendben tartottak, de mögöttük nincs semmi. Aztán egyszerre csak vége, egy benzinkút, egy kanyar, és ott már beton sincs.

Csalódom, többet vártam ettől a másfél órás gyaloglástól, nem tudom, miért vágytam ennyire végigmenni ezen az úton. Megpillantok a benzinkút mögött egy kolostort, gondolom, ha már idáig eljöttünk, legalább azt megnézem. Átmegyünk az úttesten, ott látunk egy kaput, mögötte igazi park, és itt megtalálom a csodát, amiért jöttem.

A parkban kicsinyítetten ki van építve teljes Hövszgöl megye térképe, a folyók kis vizes árkocskákkal, a síkságok homokkal leszórva, a hegyek felmagasodó sziklahalmok, a járáshatárok szép kis ösvények. A bokrok között a pusztákon, a sivatagban őshonos állatok szobrai. Ámulva sétálunk körbe, megkeressük a Hövszgöl-tavat, ahol jártunk, találgatjuk, hol lehet Cagaan Uul, a cátánok földjének területén megtaláljuk a rénszarvast és a tipit – ők nem jurtában laknak –, sajnos a térkép nincs nálunk, nem tudjuk pontosan beazonosítani a területeket. Márványfalon mongol írással verset látunk, előtte mellszobor. Próbáljuk elolvasni, mit írtak a megye híres szülötte, a költő szobra alá, ott már cirill betűk vannak.

Látunk szép kis pavilonokat is padokkal, egyik mellett egy gyönyörű, vörös, fából faragott, doboló táltos szobra. A lányok elmondják, náluk az iskolások ide jönnek ki, a kis utakon sétálva ismerik meg hazájukat, az őshonos állatokat, vadakat és szelídítetteket, a tóban élő hatalmas halakat, itt tábláról olvashatják a verseket, melyek íróját rögtön hozzá is kapcsolják az egyes járásokhoz, de láthatnak szobrokat, festményeket, leírásokat csatákról, nemzeti hősökről is. Amikor pedig

elfáradtak, leülhetnek a pavilonokban, ahol a tanárral össze-
foglalják a látottakat. Pedagógusként fel tudom fogni a taní-
tási módszer tökéletességét. Első pillanattól kezdve csodáltam
a mongolok gyerekközpontúságát, azt, hogy az elmúlt hetek
alatt nem láttam elcsattanó pofont, nem hallottam felemelt
hangot, de hogy az oktatást is ilyen ötletesen oldják meg, ezt
nem is gondoltam. Egészen alkonyig járkálunk a kertben, gyö-
nyörködve a tekergős kis utacskákban – egy-egy járáshatár –,
a szobrokban, próbáljuk elolvasni a táblákat. A felírások latin
vagy cirill betűsek, de sok helyen a régi mongol zsinórírás is
megtalálható. A minket kísérő két kamaszlány mindet folyé-
konyan olvassa.

Számunkra szokatlan az is, hogy sehol nem látunk egy pa-
pírdarabnyi szemetet, a pázsit nincs letaposva, az útjelző kis kö-
vecskéket sem rugdosták szét. Nincs nyoma rongálásnak, pe-
dig sötétedés után nem jelenik meg őr, a múzeum-park kapuja
éjjel-nappal nyitva. Úgy látszik, hogy itt a felnőttek, gyerekek
valóban vigyáznak arra, ami az övék.

Megnézzük a szomszédos kis vidámparkot is, aztán átsétá-
lunk a kolostorhoz. Itt nem laknak folyamatosan szerzetesek,
csak az ünnepeken jönnek el szertartásokat tartani. Gyönyö-
rűen rendben tartott, festett falú, mesébe illő épületek, csodá-
latos fodros szélű tetővel. Körbejárjuk, a kezünket lépésenként
rárakjuk a fal foltjaira. Aki minden foltot megérint, teljesül a kí-
vánsága. Nem kívánunk semmit, de tesszük azt, amit a lányok.

Hazafelé már sötétedik, mire végigmegyünk vissza a főúton.
Jövet már kinéztem egy ottani nagyobb élelmiszerboltot, az
volt kiírva rá, hogy fél kilencig nyitva. Most még nyolc sincs,
de már bezárt, pedig itt akartam valami jobb élelmet venni a
hazaútra. Nem baj, kissé távolabb találunk egy delguurt, a be-
járata olyan, mint egy lakásajtó, először be sem merünk nyitni.
Aztán kiderül, hogy odabenn egy remek kis önkiszolgáló élel-
miszerbolt van, veszünk lekvárt, sűrített, cukros tejet, csoko-
ládét, kekszet is. Mindegy, csak ne hús legyen!

A jurtában Batáék azzal fogadnak, hogy másnap indul egy
busz Ulánbátorba. Csak kétnaponként megy, ez a hivatalos

közlekedési eszköz, kényelmesebb, mint a furgon. Örülünk neki, csak az a baj, hogy délelőtt tizenegy órakor indul, mi pedig még szeretnénk kimenni a piacra. Végül megbeszéljük, hogy reggel korábban kelünk, s akkor még lesz időnk vásárolni.

Busszal Ulánbátorba

Reggel korán kelünk, összepakolunk, a sátrat is lebontjuk, hogy ha menni kell a buszhoz, csak felkapjuk a csomagokat, és már indulhatunk is. Sajnos, mint várható volt, a táskák kicsinek bizonyulnak, hiszen Cagaan Uulban is vettünk már néhány holmit, ott van a kapott dél, a csizmák, a két zacskó aaruul is. Azon is tépelődöm, hová tegyem a sámántól kapott szentképet? Erre Batáék vigyáztak, amíg mi Davdáéknál voltunk, de most szeretném elvinni valahogy. Ismerve a mongolok csomag elhelyezési módszerét, biztosan nem jutna a hátizsákban épen Ulánbátorba. Végül úgy döntünk, rászánjuk a pénzt, és a piacon veszünk egy keményfedelű bőröndöt is. A jurtában lakó két fiatalasszony vállalja, hogy elkísér bennünket – sehogy sem akarnak egyedül engedni, „aggódnak értünk". Nem tudjuk, kinek milyen rokonai, teljesen összekeverednek előttünk a kapcsolatok, de nagyon kedvesek. Sajnos egyikük nagyon megfázott, csúnyán köhög, másikuk negyven percig szépítkezik a tükrös fésülködőasztalnál – mert az van ám a jurtában! Végül elindulunk. Közben elkezd esni az eső, hideg is van, de minket nem lehet lebeszélni: ha ők nem akarnak jönni, mutassák meg az utat, odatalálunk egyedül is! Javasolják, hogy hívnak taxit, de elegünk van a járművekből: rájöttünk, hogy egy cseppet sem gyorsabb, és a pénzünket sem szeretnénk kényelemre pazarolni. Valójában megint az a konfliktus forrása, hogy ők vigyáznának ránk, mi meg nem akarjuk.

A piac gyalog valóban közel van, kb. 8-10 perc, igaz, hogy mire végre tényleg odaérünk, már esik az eső. Az árusok tető alatt vannak, de a vásárlóknak a kifeszített ponyvák széléről pont a nyakába csorog a víz. Ennek ellenére roppantul élvezzük a helyzetet – zsibogóba, vásárokra járni itthon is szeretünk.

A mongol piac szisztematikusan épül fel: külön utcában vannak a cipőárusok, ruhások, külön a süveg, bőrönd, apró holmik. Kísérőink kérdezik, mit akarunk venni, de nincs konkrét célunk, szívesebben bóklásznánk mindenfelé, de nem hagyják. Összekacsintunk Somával: profi módon tudunk mindketten „elveszni". Egy óvatlan pillanatban két irányban kerülünk meg egy sort, ezzel megzavarjuk a fiatalasszonyokat, de csak tíz percet nyerünk vele: kicsi a terület, újra megtalálnak, s ettől kezdve egyikük előttünk, másikuk mögöttünk halad, gondosan őriznek bennünket.

Megvesszük a bőröndöt – itt nem alkudunk, mert az árus ismerős, találkoztunk vele a jurtában, és valóban olcsón adja a húzós, kerekes, keményfedelű koffert. Utána már csak nézegetünk, hol mit lehet kapni. Imádunk alkudozni, Magyarországon is szívesen járunk vásárokra, Mongóliában pedig, hogy többé-kevésbé ismeretlen a nyelv, nagyobb szerepe van a mutogatásnak, testbeszédnek, hangsúlynak. Így sokkal szórakoztatóbb az egész, az árusok is élvezik, mi is. Az első körben még csak tájékozódunk az árak felől, a második visszatéréskor már felkínáljuk a mondott összeg 50-70%-át. Aztán jön a vita, mutogatjuk a pénztárcánkat, hogy üres, az eladó lobogtatja az övet előttünk, kopogtatja, dicséri rajta a vereteket, felajánljuk, hogy megvesszük, de azért az árért adjon mellé még egy kisebbet, persze nevetünk közben, locsogunk magyarul, mongolul. Általában a külföldieknek magasabb árat mondanak, a szokott összeg többszörösét nyerik rajtuk, de tetszik nekik a mi show műsorunk, meg hát a magyar az testvér!

Úgy látszik, sikerül igazi mongol módjára viselkednünk, mert mindent megkapunk olcsóbban. Ha nem adják, megvonjuk a vállunkat, mosolyogva továbbmegyünk a következő pulthoz. Általában ez a jel az alku befejezésére, mert az esetek nagy részében utánunk szólnak, hogy mégis vihetjük az árut. Ha pedig nem, összenevetünk, néhány lépés múlva visszamegyünk, és a kitartó eladótól a legutolsó összegnél többért vásároljuk meg a kiválasztott tárgyat. Egy nagydarab mongol férfival játszszuk el ezt: lealkudjuk a két övet majdnem felére, de nem akar lejjebb menni. Otthagyjuk, aztán tíz lépés után visszafordulunk és leszámolunk a kezébe valamivel többet, mint az utolsó ár volt, közben saját nyelvünkön dicsérjük, hogy milyen ügyesen, magyarosan intézte a vásárt. Az övek valóban a legszebbek a piacon, jóval többet is megérnének. Annyira tetszik neki az üzletünk, hogy még mellérak két női övet egy áráért. Veszünk fonalat, kulcstartót, tárcát mongol mintával, sapkát is szeretnénk, de ott egy mogorva kövér asszony van, mond egy irreálisan magas árat, aztán hátat fordít – otthagyjuk. Néz utánunk, de eszünk ágában sincs visszamenni, elúszott az üzlete. Miért bánt velünk úgy, mint idegenekkel? Magára vessen!

Akármennyi időt eltöltenénk itt, de az asszonyok sürgetnek; nekik a piac nem szórakozás, az eső is egyre jobban esik. Egyikük nagyon köhög, úgyhogy rábeszélnek, taxival menjünk haza. Az idő is eltelt, beleegyezünk. Nemsokára megy a buszunk, a ruhánk vizes, nincs mibe átöltözni. Most is a dél van rajtunk, – amióta megvettük, nem is járunk másban, praktikus, kényelmes, hidegben, melegben jó. A taxiban előre ülök, ölemben a tarisznyám, a bőrönd, ki sem látok tőle, lábamnál két tele szatyor, Soma és kísérőink hátulra gyömöszölik be magukat. Ez elég nehezen megy, mert már ott van a sofőr felesége és két kicsi gyereke. Megoldjuk a gondot, percek alatt hazaérünk.

A jurtában már vár az ebéd, aztán még van egy kis időnk. Érdeklődünk, mikor megyünk a buszállomásra, de csak legyintenek, vagy nem értik, vagy fölöslegesnek tartják, hogy válaszoljanak. Pakolnak ők is, estére indul a család Cagaan Uulba.

Jellegzetes epizód, mikor csomagolás közben letörik a műanyag szemeteslapát fém nyele. Házigazdánk kényelmesen ölébe veszi a darabokat, tubusos ragasztót szed elő, próbálja rendbe hozni, de hiába nyom a hosszú rúd két törött végére ragasztót, az nem tart semmit sem. Aztán cigarettára gyújt, a cigi izzó végével próbálja megolvasztani a műanyagot, nyomkodja egymáshoz a végeket, de így sem sikerül. Mi érdeklődve figyeljük, milyen türelmesen próbálkozik új és újabb módszerekkel – a mongolok „műszaki" megoldásai számunkra csodaszámba mennek. Teljesen mindegy, értenek-e valamihez, vagy nem, bátran, örömmel küzdenek minden problémával. Ezért van az, hogy akinek van egy pumpája, néhány csavarkulcsa, egy tuskó az udvarán, meg jókora kalapácsa, az már nyugodtan nyithat autószerelő műhelyt, az autó tulajdonosa úgyis ott van a barátaival a karbantartás ideje alatt, viszik magukkal a szerszámaikat is, az autószerelés igazi férfimulatság.

Most a bácsi sajnos nem tud kibontakozni: a felesége, mikor észreveszi a nadrágján a ragasztó pecsétjét és a kiégett foltot, magához ragadja a szemeteslapátot, és nagyon csúnyán néz az öregre.

A minket elkísérő beteg fiatalasszony köhög, kapkodja a levegőt. Leültetem egy székre, melléállok, reikizem. Eleinte zavarban vagyok, de máskor is kezelhették már kézrátétellel, mert rögtön megérti, mit teszek, ül türelmesen. Mikor az anyja kérdi, mit érez, mongolul mondja, hogy forró a kezem. Ezt a kifejezést már értem, örülök neki, szívesen segítenék rajta. Jó negyedóráig foglalkozom vele, a lélegzése lecsitul, nyugodtabbá, tisztábbá válik. Utána még lesimogatom, a mozdulataim egy kicsit látványosabbak, mint Magyarországon, bár meg sem közelítem egy igazi táltos gesztusait. Nem baj, remélem, ettől is jobban lesz.

Megiszunk még egy teát, kapunk útravalónak süteményt. A táskákból kimaradt holmit belerakom a bőröndbe, az is tele lesz. Elhoztunk a pusztából néhány eldobott kecskeszarvat, naptól kifehéredett csontot is. Visszaemlékszem, milyen kísérteties érzés volt, amikor a dombok között eltévedve kerestük az utat a kocsival, felettünk suhantak a sohoo-k (ragadozó madarak), s a napfényben fürdő völgyben megpillantottuk az elpusztult tehenet, aminek a belső részeit már kitépték a ragadozók. Másutt rég elhullt marha bordái íveltek fehéren. Volt olyan terület, ahol talán még soha nem járt ember, s ha valami történik a kocsival vagy velünk, ki tudja, mikor találnának meg bennünket is. Vidéken több száz kilométeres távolságra nincs város, a telefon nem működik, az utak a semmibe vezetnek, s aki nem talál szállást éjszakára, az életveszélyesen kihűlhet. Az életet jelenti a vendégbarátság, s a halált az, ha valakit nem megfelelő viselkedése miatt kiutasítanak.

Minket mindig, mindenütt szeretettel fogadtak, ételt, szállást adtak, soha nem kértek viszonzást. Bata, akihez csak véletlenül keveredtünk – ő volt a sofőrünk a Hövszgöl-tónál –, rokonaihoz vitt, napokig vendégül láttak bennünket, vigyáztak a náluk hagyott holminkra, amíg a pusztában voltunk, úgy bántak velünk, mint régi, kedves barátaikkal.

Hamar tizenegy óra lesz. Dudaszó hangzik a kapu előtt: megérkezett a busz. Ezek szerint nem kell az állomásra mennünk, ez is háznál veszi fel az utasokat. Nagyon jó, mert a csomagjainkkal nem bírnánk menni: van két óriási hátitáskánk, tarisznya, tarsoly, bőrönd, szatyrok vízzel, ennivalóval. Jó, hogy a képet a bőröndbe tettem: a sofőr egyik hátizsákot benyomja a hátsó ülésre, ami már úgyis tele van, a másikat meg a csizmákat a vezetőfülke és az utastér közötti keskeny hézagba. A szatyrokat a lábunkhoz tesszük. A hely egyelőre tetszik: a busz kicsike, egyik oldalában kettő, a másikban egy üléssor van, közöttük pici, lehajtható lap. Soma a lapon ül, mellette egy nagydarab, széles vállú mongol fiatalember, a két ülésen én osztozom egy anyukával és a két év körüli kisfiával. Az út elején még meg is beszéljük Somával, milyen buták az emberek, hogy inkább furgonnal utaznak, mikor az sokkal rosszabb.

Aztán elindulunk, és utazunk egész délután. Soma az elején még örül: a kis ülés alacsony, nem veri a fejét a tetőbe, az ablakon is kilát valamennyire, és most nem háttal ülünk a menetiránynak. Később rájön, hogy a lábait nem tudja hová tenni, ülése alatt a háta mögött ülő fiatalember cipője van, körülötte a szatyrok, maximum egy centit tudja a talpát elmozdítani, kényelmetlenül kuporog, ráadásul nincs alatta csak a deszkalap, minden huppanásnál keményen beveri a fenekét. A busz pedig ugrál a keréknyomban, néha szabályosan felrepülünk a levegőbe, úgy esünk vissza tizenöt-húsz centiről. Próbál minden helyzetet, nehézkedik hol a jobb, hol a baloldalára, de már néhány óra múlva feljajdul minden zökkenőnél. Cserélnék vele helyet, de nekem sem sokkal jobb: az anyuka maga mellé tette a táskáját, nem törődik vele, hogy ott már én ülök, a gyerek sem ismeri a személyes tér fogalmát. A két év körüli kisfiú már szobatiszta, időnként az anyja megpisilteti egy flakonba, amit aztán visszatesz a táskájába. Figyelem, pihenőnél kiüríti-e a flakont, de nem, még másnap délben is visszük magunkkal az állott gyerekpisit. Aznap egyébként kétszer állunk meg, ki-ki elvégzi a dolgát a pusztában, aztán indulunk is tovább, arra sem igazán van időnk, hogy a lábunkat kiegyenesítsük. Azt reméljük, ilyen tempóban másnap korán reggel Ulánbátorban leszünk. Próbálunk enni, de a nehéz, zsíros sütemény már nem megy le a torkunkon, a rázkódás miatt nem is vagyunk éhesek. A vízzel viszont takarékoskodnunk kell: kb. két és fél liter van még, és nem tudjuk, mikor vehetünk megint.

Végigutazzuk a délutánt. Gyönyörködünk a tájban, élvezzük, hogy jobban kilátunk, mint a furgonból. Beszélgetünk, próbálom Soma figyelmét elterelni a kényelmetlenségekről, de nehezen megy. A mongolok egyszerűbben megoldják: teljes relaxációban ülnek, néznek maguk elé, vagy alszanak, nem esznek, nem beszélgetnek. A Soma mellett ülő fiatalember is szunyókál, közben egyre jobban dől oldalra, hamarosan békésen nyugtatja fejét Soma vállán. Én sem tudok odébb húzódni, hogy helyet adjak a fiamnak, mert az asszonyka végigfektette a kicsit kettőnk ölében, a lábamat sem tudom mozdítani. Ez így megy órákon keresztül.

Lassan bealkonyodik. Az előttünk ülő lány elalszik ültében, a busz ringására himbálózik jobbra-balra. Aztán egy nagyobb kilengés, bedől a busz közepe felé, visszacsapódik, a feje óriási döndüléssel vágódik az ablaküvegnek. Erre még a szunyókáló mongolok is felkapják a fejüket. A lány felébred, körbemosolyog, megdörzsöli egy kicsit a homlokát, szemét lehunyja, és alszik tovább. Normális európai egy ilyen ütéstől el is ájult volna, neki semmi baja. Aztán ezt a becsapódást hajnalig minden negyedórában megismétli, de még egy takarót sem tesz a feje mellé. Reggel derűsen kel, a homloka egy kicsit piros, de remekül kialudta magát.

Mi nem tudunk elaludni, zavar bennünket az egész éjjel égő villany és az üvöltő mulatós zene, amit már kívülről tudunk, mivel itt is ugyanaz a CD ismétlődik óránként. Irigyen nézzük előttünk a fiatalembert, aki a csuklyás pulóverét átfordítja, az elejét veszi hátul, a csuklyát ráhúzza az arcára, és békésen szuszogva alszik egész éjjel. Odakinn fekete az éjszaka, csak ketten vagyunk ébren. A szemünket le-lehunyjuk, pihentetjük, de így még rosszabb: nem tudunk annyira koncentrálni a busz ugrálására, keményen csapódunk vissza az ülésre. Gyorsan hajtunk, rugózás semmi. Az éjszaka közepén megállunk, Soma begyalogol a pusztába a dolgát végezni, és nem jön vissza. Várok rá egy darabig, aztán megijedek: a vaksötétben egy méterre sem lehet látni, ha bekeveredik a dűnék közé, menthetetlenül eltéved. Utána indulok, megtalálom, elkeseredetten álldogál a semmi közepén. Rosszul érzi magát, fáj a hasa, a dereka, hányingere van, több mint tizenkét órája utazik három néhány perces megállóval, nem bírja tovább. Suttogva vitatkozom vele. Vissza kell szállnunk, a csomagjaink a buszon, a többiek indulnának. Ulánbátorig nem bírunk elgyalogolni, ha felvesz bennünket valami jármű, az sem lesz kényelmesebb, ha meg nem jön erre semmi – miért jönne épp erre, mikor út sehol? –, lekéssük a hazafelé menő vonatot is. Szóval nem jó ötlet kiszállni. Tudja ő, hogy igazam van, de már valóban nagyon rosszul érzi magát. Én sem vagyok sokkal jobban, de erősnek kell lennem, a Soma miatti aggodalmam nagyobb, mint a saját gondom. Végül visszaszállunk a buszra, ami azonnal indul. Folytatódik a nyargalás a sötétségben.

Érkezés Erdzsalékhoz

08. 06, péntek

Soma kínlódik nagyon, a hasát összerázta a busz, amúgy sem a legjobb állapotban van. Ráadásul sovány, kékre veri a kemény deszkaülés. Vigasztaljuk egymást, emlékszünk a térképre: akár keleti, akár déli irányban indulunk, az út kétharmadánál, tehát számításaink szerint legkésőbb hajnalban betonútra kell érkeznünk, onnan már zökkenőmentesen, gyorsan haladhatunk. Aztán felkel a nap, a puszta közepén vagyunk, a látvány ugyanaz, mintha nem is haladtunk volna semmit az éjjel. Órákig figyeljük, mikor érkezünk valami helységhez, találjuk meg a betont, végül rádöbbenünk, hogy a sofőr délkeleti irányban halad, elkerülve minden normális utat. Esélyünk sincs rá, hogy kényelmesebb legyen egy kicsit a haladásunk. Soma úgy elkeseredik, hogy kijelenti, a következő pihenőnél valóban leszáll, inkább begyalogol Ulánbátorba, nem lehet már olyan messze! Komolyan fontolgatjuk az ötletet, de végül elvetjük, még autóstopra sincs lehetőség, ha megunjuk a gyaloglást. Lehet, hogy hetekig nem jelenik meg a látóhatáron jármű, s ha mégis, legalább olyan zsúfolt, mint a miénk. A gyaloglás a táskákkal, bőröndökkel nem lenne éppen gyors, éjjel pedig hideg van. Végül úgy döntünk, maradunk még egy kicsit a buszon. Nyolc óra lesz, egyre türelmetlenebbek vagyunk.

Délelőtt kilenc óra körül az út mellett néhány faház tűnik fel: delguurok, autószerelő műhelyek, kerítések, deszkabódék. Óriási az örömünk, reméljük, ez már Ulánbátor határa! Beton ugyan nincs, de hát kerülő úton jöttünk, valószínűleg másutt jutunk be. Megkérdezzük a mellettünk szunyókáló fiatalembert, milyen messze vagyunk még a fővárostól?„Két kilométerre" – válaszolja lazán, aztán kényelmesen elhelyezkedik, lehunyja a szemét, alszik tovább. Körbekérdezgetünk mindenkit, a legeltérőbb válaszokat kapjuk. Aztán rájövünk, hogy ez rajtunk kívül senkit nem érdekel, nem is tudják a feleletet, a távolság érzékelése mintha teljesen kimaradt volna náluk. A sofőr tíz kilométert, időben egy órát mond, de ez is gyanús, annyira lassan azért nem megyünk. Persze a kilométerórája nem működik, de ha a műszerei rendben lennének, akkor is bizonytalan lenne a távolság, hiszen az út a kövek, mormotaüregek, kitérők miatt kiszámíthatatlan.

Végül sikerül felhívnunk Erdzsalt. Kérdi, hol járunk már? Ezzel rendesen megzavar bennünket, mivel helységtáblát Mörön óta nem láttunk (sőt Mörönnél sem). Jó, akkor mondjuk el, milyen a környék! Milyen? Hát milyen lenne? Puszta, meg dombok. Hát ő ebből nem tudja, mennyire messze vagyunk még. Végül sikerül neki leírnunk egy út menti delguurt. Jobban jártunk volna, ha bizonytalanságban maradunk, mert kedélyesen válaszolja: jó, akkor ő elmegy dolgozni, egy darabig még rázódunk, körülbelül ötven kilométerre vagyunk. Nem értjük, miért olyan ráérős, aztán kiderül, ez az ötven kilométer még két és fél órát jelent. Nagyon szenvedünk már, második napja nem aludtunk, hetek óta nem eszünk rendesen, a vizünk rég elfogyott. Kiszáradtunk, lefogytunk, a fejünk szédül, a hasunk csikar, a rázkódás, zsúfoltság, benzinszag teljesen kikészít.

Aztán még át kell vergődnünk Ulánbátor külvárosán. Bámuljuk a rengeteg autót, a tömeget – teljesen elszoktunk a város látványától. A tömény kipufogógáztól erősödik a hányingerünk, bár hányni már úgysem lenne mit, a zaj kábít, a haladás sem jobb, hiába van már beton a kerekek alatt, a sofőr jobbra-balra rángatja a kormányt, fékez és gyorsít teljesen váratlanul, jobban dülöngélünk, mint a pusztában. Izgulunk is: nem tudjuk, hol tesznek le bennünket, képesek leszünk-e még valaha kiegyenesedni, járni? Reggel óta nem nyújtottuk ki a lábainkat! Hogyan jutunk el így a rengeteg csomaggal Burmáékhoz? Erdzsalt nem tudjuk újra elérni, nem veszi fel a telefont.

Aztán egy autókkal telezsúfolt téren megáll a busz, kinyitják az ajtót. Az előttünk ülők fogják a holmijukat, szállnak le. Ezek szerint megérkeztünk? Hátulról összekotorjuk a két nagy hátizsákot, a két párösszekötözött, hatalmas csizmát, a vásárolt bőröndöt, a szatyrokat, tarisznyát, görnyedve előrecipelünk mindent az ajtóhoz – alacsony a busz, nem tudunk felegyenesedni –, és az ajtóban megpillantjuk Erdzsal mosolygó, kerek arcát. Elmondhatatlan megkönnyebbülés!

Mikor házigazdánk meglát bennünket – főleg Somát –, kipukkan belőle a nevetés. Próbálja visszafogni magát, de nem megy. Valóban borzalmasan nézhetünk ki. Soma nyaka a szokásosnál is hosszabb, az arca beesett, a dél úgy lóg rajta, mint egy vállfán, csont-bőr, de hősiesen mosolyog. Erdzsal elkapkodja tőlünk a csomagokat, egyszerre visz mindent, mintha száz keze lenne, átvág a tömegen, zsibbadt lábbal tántorgunk utána. Mire az autóhoz érünk, már mindent bepakolt, beültet bennünket. Nagyon hiányzott már az ereje, derűje! Hol van már a félelem, mikor első napon ránk veszekedett az állomáson, és elszaladt a csomagjainkkal? Most az sem zavar, hogy a visszapillantó tükörben figyel bennünket, hátrafordul, újra meg újra elneveti magát, csóválja a fejét, minden lehetséges módon a tudomásunkra hozza, milyen rémes látványt nyújthatunk. Ki törődik vele? Biztonságban vagyunk!

A lakásba érve Burma mosolyogva, fejét csóválva fogad bennünket. Ő jobban palástolja gondolatait, mint Erdzsal, de amikor a cipőnket levesszük és jól érezhető szag árasztja el az előszobát, tapintatosan megkér, hogy ebéd előtt jó lenne, ha megfürödnénk, hajat is mosnánk. Vidéken nem volt kellemetlen az illat, még fel is idéztük a mondák könyvéből a „tejillatú puszta" kifejezést, a jurtában is égett a tűz, száradt a sajt, a hús, párologtak a ruhák, mégis tiszta, friss levegő járt. Itt, a zárt lakásban viszont ezek a természetes szagok besűrűsödnek, a légfrissítővel olyan elegyet alkotnak, ami már nehezen elviselhető.

Áztatom magam a kádban, kimosom a fehérneműket, öblítem a hajam. Óriási ebédet kapunk: Erdzsal kenyeret ken, a legfinomabb húsfalatkákat, olajoshal-szeletkéket, szalámi darabkákat rakja rá, pakolja a fiam tányérjára. Soma egyértelműen kiváltotta belőle az apai ösztönöket. Nem csoda, hiszen kevesebbet eszik, mint a pici fiú. A gyomra összeszűkült, ahogy

Erdzsal csúfolódva mutatja, nem kifelé domborodik, mint minden valamirevaló mongolnak, hanem befelé horpad. Nyolc kilót fogyott az elmúlt néhány hétben, de beesett arcában ragyog a szeme. Hasát simogatva jelzi, mennyire jóllakott pár falattól, de Erdzsal nem adja fel: vastagon májkrémet ken a kenyérre, púposan tetézi mindenféle finomsággal. Szegény Soma már rosszul van a rengeteg húsfélétől, végül kiköt a süteménynél, ez már egy kicsit elviselhetőbb neki, bár súlyos a zsiradéktól.

Házigazdánk keveset eszik, elrontotta a gyomrát. Felajánlom, hogy reikizem, mutatom neki az érkezésünk utáni napon vásárolt mongol nyelvű reiki könyvet is, de nem akarja.

Este már nem megyünk sehová, mosok még, pakolgatjuk a holminkat, lefekszünk korán.

Múzeumban

Reggel Burmáékkal megreggelizünk, aztán Erdzsal kivisz bennünket Ulánbátor határában egy kolostormúzeumhoz. Itt végre magunkra mer hagyni bennünket. Mennie kell dolgozni, de a lelkünkre köti, hogy ha bármilyen gondunk van, telefonáljunk neki, értünk jön akármikor. Örülünk, hogy végre szabadabban mozoghatunk. Úgy látszik, bíznak benne, hogy ha a pusztában nem vesztünk el, a városban is elboldogulunk valahogy. Most nem cipelünk túl sok holmit: egy szatyor van nálunk a vízzel, kevés mongol sütemény, a zsebemben az állandó tökmag és dió– nem baj, ha nincs más, ez az egész napi élelmünk, sem éhen, sem szomjan nem halunk.

Belépünk egy magas kőfallal elkerített területre, s ezzel egy egészen más világba jutunk. Eltűnik a város moraja, a beton és a por. Füves-bokros parkban bóklászunk, pagodatetős épületek között, mozaikköves utakon, kicsi ösvényeken. Valószínűtlen csend van, mintha autók nem is lennének a világon. Itt valamikor megállt az idő. Az épületek felismerhető rendszer nélkül, egymástól függetlenül állnak. Ajtajuk nyitva, bármelyikbe benézhetünk. Beszívjuk a füstölők illatát, csodáljuk a gyertyák vibráló fényében ragyogó arany szobrokat, a falfestmények tiszta színeit.

Elgondolkozunk, milyen tökéletesen épült be a buddhizmus az ősi hitvilágba. Jól megfér egymás mellett a létkerék, a koponyákkal kirakott fejdíszű, vicsorgó démon, a sarkával emberi holttesteket tipró, farkasfogú szörny, a lótuszkehelyben meditáló szent, a gyógyító serleget kínáló, kékruhás, gyönyörű asszony. Idegenvezető nincs, látogató is csak néhány. Mindenki csendben mozog, a küszöb fölött magasra emelt lábbal lép át – mi is –, hogy meg ne sértsük a hely szellemeit. A hűvös termekben lobogó gyertyák lángja élővé varázsolja az ijesztő, dülledt szemű, félelmetes, rontó isteneket, és a jóságos arcú remetéket. Órákig bolyongunk a területen, senki nem sürget bennünket. A lelkünk megnyugszik, pihenünk. Az eltelt néhány hét rohanása után jólesik a semmittevés. Mindent megkaptunk Mongóliától, amit vártunk, már minden élmény ráadás.

Átmegyünk a hatalmas, faragott kapuboltozat alatt is, a festett faépületen átvezető út két oldalán termek nyílnak, bennük emberméretnél hatalmasabb istenszobrok. Megcsodáljuk a monumentális alkotásokat, aztán elmerülünk a részletekben. Minden koponya, minden fegyver, kéztartás, lábemelés jelent valamit, egyetlen mozdulat sincs, ami ne hordozna mélyebb értelmet. A szobrok körül elhelyezett tárgyak is kifejezik tulajdonosuk életét, tulajdonságait. Idegenvezető nincs, nem tudjuk feltenni a kérdéseinket, de elhatározzuk, hogy utánanézünk ezeknek az ismereteknek.

Kifelé menet még benézünk a kolostormúzeum kis boltjába. Végigtapogatjuk a prémsapkákat, a régi és régiről másolt szertartási kellékeket. Veszünk néhány csomag kártyát mongol népviseletekről és régi uralkodókról. Részben ajándéktárgyaknak szánjuk, részben mintának visszük, ha otthon majd ruhákat varrunk magunknak.

A kolostorkapun kilépve visszacsöppenünk a huszadik századba. Kívül, a kapu mellett fehér házacskában mosdót találunk. Természetesen nem fizetős – itt nem kérnek sehol a WC-ért pénzt. Bemegyek, és meglepett örömmel tapasztalom, hogy igazi, ráülős, vízöblítéses kagyló vár odabenn, sőt WC-papír is van. Micsoda higiénia! Aztán, mikor rá akarok ülni, valahogy nincs gusztusom hozzá. Rájövök, hogy a guggolós WC-nél sokkal kevésbé érintkeztem a szennyeződéssel, mint itt. Végül körbeteregetem az ülőkét, s igyekszem minél enyhébben ránehezedni.

Kinn a mosdóban élvezem a hideg és meleg vizet, megmosom az arcom, karomat, pocskolok egészen addig, míg be nem libben néhány mongol tini lány. Kipakolják a piperéiket, s csacsogva kezdenek szépítkezni a tükrök előtt. Mosolyogva nézem őket: hiába, a lányok mindenütt egyformák!

Soma már türelmetlenül vár odakinn. Elmesélem, hogy milyen szép, tiszta, ragyogóan csempézett mosdó van odabenn. Ő is bemegy a maga részébe, s hasonló lelkesedéssel jön ki. Mennyire tudunk örülni most egy WC-nek! A szomszéd kisboltban veszünk még vizet, kenyeret, aztán elindulunk felfedezni a várost. Érdekes, egy pillanatig nem jut eszünkbe, hogy el is tévedhetünk. Három hét nomádélet a pusztában rengeteg félelmet kiölt belőlünk, ami a civilizált embert kínozza. Tudjuk, hogy nagyon nehéz éhen, szomjan pusztulni, nem rettegünk attól, hogy segítség nélkül maradunk, tétován kell bolyonganunk egy idegen nagyvárosban. Határozottan kanyarodunk be az utcasarkokon, fordulunk a megfelelő irányba. A városközpontba akarunk eljutni, megnézni a főteret, és bemenni abba a múzeumba, ahová érkezésünkkor nem jutottunk el. Soma szeretné a Mongol Zeneművészeti Főiskolát is meglátogatni: márkás dobverőket hozott Magyarországról ajándékba az ütős tanszéknek. Szóval rengeteg tervünk van még.

Lassan megszokjuk a jellegzetes mongol közlekedést is. Rengeteg az autó, a zsúfoltság miatt csak lépésben tudnak haladni, néha-néha megiramodva. Régi, nálunk már roncsnak számító orosz Ladától a legmodernebb kisautókig minden előfordul, bár roncsból egy kicsit több van. Van jobb- és balkormányos, biztonsági öv viszont sehol, a rendőrautóban sem. Onnan tudjuk, hogy közelről megfigyelünk egy kéklámpás autót, amelyik majdnem elüt bennünket egy útkereszteződésben – mindkettőnknek pirosat mutatott a lámpa, és mindketten elindultunk. Ez a merész indulás egyébként itt teljesen természetes. Az utcák minimum négysávosak, plusz a járda, amin elvileg a gyalogosok közlekednek, de ezzel itt senki nem törődik. Útburkolati jel szinte sehol nincs, a jobbkéz-szabályt többé-kevésbé betartják ugyan, de ha valaki jónak látja, simán felhajt akár a balkéz felőli járdára is. Hamar rájövünk, hogy ha kellő bátorsággal, semerre sem nézve lelépünk az úttestre, lazán átcikázhatunk a járművek között, mintha egy tökéletes koreográfiával megtervezett balett részesei lennénk. Még a kóbor kutyáknál is működik a dolog: egyetlen koccanást, balesetet sem látunk az utcákon, és a zsúfoltság ellenére mindenki mosolyog, nincs szitkozódás, hangos szó; egy-egy jól sikerült bevágódást elismerő mosollyal nyugtáznak még a hátrányba szorult vezetők is. Átmegyünk egy nagyon hosszú felüljárón. A nap éget, kitikkadok, a lábam is fáj. Soma viszi a szatyrot, már alig bírok menni. Aztán hirtelen megpillantunk egy Nomád Burgert. Nem tévedés, valóban az. Itthoni ismerősünk, mikor Mongóliáról ábrándoztunk, csak legyintett: Ott is tele van már minden McDonald's-szal! Hát nem! Az étterem plakátján három délbe öltözött mongol harcos egy közös tűz mellett leszúrt kardokra helyezett pajzson pecsenyét sütöget. Benn hagyományos nemzeti ételt, hósort, bócot árulnak. Nagy faasztalok melletti faragott székekre lehet leülni. Itt rúgunk ki – először és utoljára – a hámból: Somával ketten megiszunk egy-egy pohár sört, közben nézegetjük a kínálatot. Árulnak helyben fogyasztható ételt, de kis zacskókban elvihetőt is. Szeretnénk venni, hogy a zacskót eltegyük emlékbe, de rájövünk, hogy egyikünk sem képes a tartalmát megenni. Nagyon elegünk van már a húsos ételekből!

A városközpontban teszünk egy kört a hatalmas téren, akkora, hogy még végignézni is fárasztó rajta. Megcsodáljuk Dzsingisz kán óriási szobrát, a régi és modern épületek tökéletes összhangját. Aztán térképen megkeressük a Zeneművészeti Főiskolát. Soma menne, de én érzem, hogy képtelen vagyok oda elgyalogolni. A cipőm bélése felgyűrődött, töri a lábam, minden lépés fáj, így inkább a múzeumlátogatás mellett döntünk.

A Nemzeti Múzeum bejáratánál hatalmas faragott oszlopok fogadnak, olyanok, amilyenekkel a pusztában is találkoztunk. Körbejárjuk őket, végighúzzuk az ujjunkat a mintákon, a szarvasok jellegzetes, csőrszerű orrán, a csigásan kunkorodó végű agancsokon. A kő összetétele ugyanolyan, mint amit eddig láttunk: háromfajta őrölt kőzetből összetömörített, a rajzok rajta éppen férfiujjnyi mélységűek, vésőnyom nincs sehol. Nem tudom, hogyan készítették, egyre inkább meggyőződésemmé válik, hogy mesterséges anyagból, még viszonylag képlékeny formában mintázták valamikor az ősidőkben. Itt különleges, fehér rajzolatokat is találunk az egyik oszlopon, ugyanaz a mintatípus, csak a horpadások világosabb kőzettel vannak kitöltve. Jó lenne régésszel megbeszélni ezeket a leleteket. Így csak a kérdéseink gyűlnek, felelet pedig sehol. A múzeum nagyon olcsó, néhányszáz forintnak megfelelő összeg a belépőjegy. Ha fotózni is akarunk, akkor jóval drágább. Persze itt is az olcsóbb lehetőséget választjuk.

Az első teremben a legősibb, Mongóliában talált tárgyak gyűjteményét csodáljuk meg. Barlangrajzok képeit, faragott köveket, csonteszközöket. Sorban hívjuk fel egymás figyelmét a különleges leletekre. Lenyűgöz bennünket a pici csonttű, a finoman megmunkált eszközök, de az igazi csoda az a kőnyaklánc, amelyik több száz gyöngyből áll, mindegyik három-öt milliméter hosszú, körülbelül ugyanilyen átmérőjű, és tökéletes, kicsike furat vezet át rajta. Hogyan tudtak egy fél centis kőbe egymilliméteres lyukat fúrni? Milyen eszközzel? Újra meg újra visszatérünk, találgatunk. Megint egy olyan kérdés, amire nincs válasz.

Aztán következnek a gyönyörűen megmunkált nyílhegyek, fegyverek, arany ékszerek, a valaha volt paloták mintás járólapjai, a több ezer éves vízvezetékek ma is ép kő (vagy beton?) elemei. Körbejárjuk a hatalmas, két és fél méter magas kőtömböt, amelyiket apró rovásjelekkel sűrűn televéstek. A fejünkben összekeverednek a hun, szkíta emlékek. Aztán a lépcsőfordulóban megtalálom „apámat", egy több ezer éves faragott kőszobrot. Kerek arcú harcos ül kaftánban egy összecsukható tábori széken, a szék hátulján és a zömök férfi ruháján jól felismerhető a magyar tulipános tarsolymotívum. Ekkor már bánjuk, hogy nem fényképezhetünk!

Elérünk Dzsingisz kán korszakába. Látjuk a hatalmas birodalomból maradt emlékeket, a régi főváros félteremnyi makettjét, ahol külön városnegyedekben ugyan, de békésen elférnek egymás mellett a jurták, a buddhista kolostorok, háromszögtetejű kőházak, a lapos tetejű, muzulmán épületek. Ekkor már nagyon fáradt vagyok, a lábam sajog, alig bírok menni. Leülök a termek közepén a padra, úgy nézegetek körbe.

A népviseleteknél újra felvillanyozódom. Az összes mongol törzs öltözetét megcsodálhatjuk, a Góbi-sivatagtól a rénszarvastenyésztőkig. Gyönyörű hímzett öltözetek, különböző típusú délek, lazák, vagy vastag prémmel szegélyezettek. Aztán a mongol-kazak törzs felöltöztetett bábui előtt megtorpanunk. A férfi sötét nadrágban, hímzett, elöl gombolódó mellényben feszít, mellette az asszonykán bő, rakott szoknya, vállaira, fejére fehér nagykendő terül, mintha most léptek volna ki egy kicsi vidéki magyar templomból, valahol a Duna-Tisza közén. Egyértelműen megtaláltuk hát újra azokat a gyökereket, amik visszahúztak bennünket Mongóliába.

A múzeum többi része összemosódik kábult fejemben. A XIX., XX. század történéseit már nem bírom követni. Aztán szerencsére bemondják, hogy zár a múzeum, hagyjuk el a helyiségeket. Még visszavánszorgok „ősapámhoz", megsimogatom a vállát és megígérem neki, hogy holnap ismét eljövök. Megbeszéljük Somával, hogy másnap rászánjuk a pénzt fényképezős jegyre, és pihentebben újra végignézzük a múzeumot.

Mikor leérünk az előcsarnokba, megszólal a telefon. Burmáék keresnek, merre vagyunk ilyen sokáig. Szeretnének elvinni bennünket vendégségbe Erdzsal szüleihez. Beszéltek nekik arról, hogy reikizek. Házigazdánk ugyan nem vette igénybe a segítségemet, de az anyukájának nagyon fáj a lába, és ha kezelném, akkor szívesen látnak bennünket vacsorára.

Mikor kilépünk a múzeum kapuján, éppen akkor kanyarodnak oda Erdzsalék. Hosszú, zsúfolt úton hajtunk kifelé Ulánbátor szélére. A főváros ötven kilométer széles, ennek kb. a középső harmada a központ, a többi a szokásos palánkkerítéses faház, illetve szélen körben a jurta város. Itt utcák, házszámok, lakcímek nincsenek, a lakók is elég gyakran cserélődnek: akinek kedve van, bármikor felkerekedhet, mehet vissza a pusztába.

A busz csak a hegy közepéig jár, onnan felfelé nagyon szűk, kanyargós, deszkakerítések közé szorított utak vezetnek, az autó épp, hogy be tud fordulni a sarkokon. Imádkozunk, hogy ne jöjjön velünk szembe nagyobb jármű: itt képtelenség visszatolatni! Épp, mire a fohászomat végigmondom, megjelenik egy elképesztően nagy teherautó, betölti velünk szemben a teljes útszélességet. Elképzelni sem tudom, hogyan jutott el idáig! Erdzsalnak szeme sem rebben. Anélkül, hogy fékezne, bevágódik

egy éppen mellettünk nyíló kapualjba, a teherautó harsány tül-
köléssel néhány centire húz el mellettünk, s már haladunk is to-
vább. Tökéletes koreográfiával megírt mutatvány.

Kicsi zsákutca végén hajtunk be egy meredek udvarra. Szép
kis faház, garázs, melléképület között fogadnak bennünket az
ott lakók. Tessékelnek befelé, de előbb meglátogatom a budit.
Éppen olyan lógó ajtajú bódé, mint amilyenekkel eddig találkoz-
koztunk, de benn igazi luxus vár. Az alja ép deszka, rajta für-
dőszobaszőnyeg, s nem guggolós, hanem egy porcelán WC-csé-
sze van a lyuk fölé illesztve, az ülőkén puha borító, oldalt tartó,
nagy tekercs papírral.

A házban mosdóállványon lavór, öntenek bele vizet, hogy a
kezem meg tudjam mosni. Vezeték nincs, el sem tudom képzel-
ni, honnan hoznak vizet: ilyen magasan patakot sem lehet ta-
lálni. Kutat egész Mongóliában egyet sem láttunk: a sziklás ta-
lajban képtelenség leásni, de hiába is próbálkoznának, talajvíz
nincs, a tömör kövön nem szivárog át a víz. Ugyanezért nincs
az ország nagy részén forrás sem. Az úton felfelé jövet láttunk
gyerekeket, akik kis szekéren hordókat húztak, de csak most
tudatosul bennem, hogy itt minden pohár víz a messze lent ka-
nyargó patakból származik.

A kis házban többen is várnak bennünket: felnőttek, gyere-
kek. A tornác néhány lépcsőjén fellépkedve egy kis konyhába ér-
kezünk, itt a mosdóállvány, sőt mosogatót is látunk. Benn egy
pici nappali, asztal, székek, szekrény, rajta rengeteg dísztárgy, a
másik falnál a TV. Betöltjük a kis helyiséget: Erdzsal anyja, apja,
testvérei, mi öten és a gyerekek, nem is tudjuk, ki kicsoda. Elénk
rakják a rengeteg süteményt, cukorkákat, aztán fölséges vacso-
rát is kapunk, igazi zöldséglevest, amiben valódi répák, krump-
lik vannak. Boldogan esszük a szokatlan csemegét. A húst külön
hozzák ki nagy tálon, a többiek a csontokat rágcsálják elégedet-
ten. Látszik rajtunk az öröm, nagyon dicsérünk minden fala-
tot. Büszkén magyarázzák, Erdzsal anyukája szállodában volt
szakács, ott tanult meg európai módra főzni. Valóban ízletes
az étel, jóllakunk. Túl sokat enni nem bírunk. Házigazdánk fe-
jét csóválja, elégedetlen Soma étvágyával. A csontokról finom

húsfalatkákat tépdes le, kínálja a fiamat. Soma nevetve csóválja a fejét, hasát simogatva jelzi, mennyire tele van. Erdzsal csalódottan adja a húsdarabkákat kicsi fiának.

A gyerek nagyon jól érzi itt magát, felszabadult, kacagva rendetlenkedik, nekiugrik a nagyapjának, hatalmasakat üt rá, de az még össze sem szidja, csak hessegeti magától. A kicsi az apját is próbálja mérkőzésre csábítani, de az bokájánál fogva felkapja, csóválja a levegőben, hajigálja, a kisfiú visít a gyönyörűségtől, de meglepő módon semmit nem vernek le, nem törnek össze. Aztán a játéknak, vacsorának vége, a gyerekeket beterelik a belső szobába TV-t nézni. Amelyik elfárad, csak végigfekszik a szőnyegen, alszik.

A mama kényelmesen elhelyezkedik a heverőn, odahív, itt az ideje, hogy a vacsorát megszolgáljam. Panaszkodik szegény, mutatja a bekékült bokáját. Ahogy orvosi dologra terelődik a szó, nyelvtudás híján is azonnal értem. Legalább száz-százhúsz kilós, óriási, felfújódott hassal, a lába viszont maximum 35-ös lehet, picike, a bokája is olyan vékony, hogy a hüvelyk- és mutatóujjammal át tudom fogni; nem csoda, hogy rendszeresen kibicsaklik, van, hogy napokig nem tud ráállni. Végigkezelem mindkét lába szárát, de nem állok meg itt, reikizem a máját, beleit, hatalmas gyomrát, aztán a mellkasát, mert a levegőt is nagyon nehezen szedi, végül a fejét, hogy lazítson egy kicsit. Dicsér, hogy jó meleg a kezem, aztán szépen elszunyókál. Befejezem a reikizést, auráját szépen lesimítom, felrajzolom a szimbólumokat, aztán kimegyek kezet mosni, s csak mikor visszajövök, akkor kezd ébredezni. A többiek csendben, figyelmesen várják végig az egyórás gyógyítást. Aztán felbolydulnak: újra enni kell, a mama hatalmasakat szellent, hangosat és kacskaringósat. Összemosolygunk Somával: a reiki megindította a bélműködést! Szegény tényleg minden mozdulatnál elenged egy-egy hangot, de ez senkit nem zavar.

Aztán szól Erdzsal testvére, hogy neki a dereka fáj. Őt székre ültetem, majd letelepszik újabb rokon, este tízig váltják egymást kisebb-nagyobb megszakításokkal. Itt teljesen természetes, hogy valaki kézrátétellel gyógyít. Úgy látszik, valami táltosfélének tekintenek, bizalommal fordulnak hozzám.

Már sötétedik, mikor hazafelé indulunk. Elfáradtam, de mégis boldog vagyok: részben a reiki engem is felpezsdített, részben örülök, hogy viszonozhattam a szeretetüket.

Somával sokáig nem tudunk aludni, megbeszéljük a napot, és a másnapi programot.

Kő gyöngysor

Nomád burger kapható!

Séta Ulánbátorban

Reggel Erdzsal megint autóba ültet bennünket, elvisz egy másik templommúzeumba. Ez majdnem a város közepén van, körülötte hatalmas, modern házak, szállodák, közvetlen mellette sötét üvegű, ívelt vonalú, csodálatos felhőkarcoló emelkedik, a kolostor udvarán pedig egy szép jurtában van a múzeum kisboltja. Soma le is fényképezi ezt az összhangot – az üvegpalotát, a pagoda-tetejű kolostort és a jurtát –, mint a mai Mongólia szimbólumát. A kolostorban megcsodáljuk a fakazettás mennyezetet, a furcsa ellentétet a buddhizmus békéjét kifejező, felhők között meditáló szentek, és a vicsorgó, holttesteken tipró, koponyás fejdíszű démonok között. Hamar ki is jövök az épületből: itt túl sok a horrorisztikus elem, s a képek, szobrok annyira élethűek, hogy nem bírom sokáig nézni őket. Az egészet még félelmetesebbé teszi az, hogy csak ketten vagyunk benn az épületben, a gyertyák fénye kísértetiesen lobog, s a füstölő illata kábító.

Sétálok inkább a kolostor parkjában, melynek végéből csodálatos kilátás nyílik egy meredek hegyoldalra, a lejjebb sorakozó házakra. Itt gyönyörű, faragott kőfalat emeltek. A kőfal három szárnyán szentek életéből vett jelenetek láthatók, tökéletes, kidolgozott kivitelezéssel.

A jurtába is bemegyünk, mindent végigtapogatunk, mindennek megkérdezzük az árát. Végül egy sakk-készletet veszünk: kerámiafigurák, feltekert nemeztábla, szintén nemez tokban. Nem túl drága, de nagyon különleges. Jól meg kell gondolnunk, miket veszünk: a maradék pénzünket beosztjuk, a csomagunkat sem terhelhetjük meg jobban.

Tizenegy óra körül visszamegyünk ismét a tegnap meglátogatott múzeumba, s veszünk nekem egy sima belépőt, Somának egy fényképezős jegyet. Most végre kipihentebben végig tudunk nézni minden érdekeset, amin előző nap csak átsiklottunk. Eleinte válogatunk, mit fotózzunk le, de annyi érdekeset találunk, hogy abbahagyjuk a szelektálást, szinte mindenről készítünk felvételt. Így kerül bele a képgyűjteménybe a kő-nyaklánc, a viszszacsapó íj, a kő vízvezeték, a hatalmas, rovásírással televésett szikla, az arany ékszerek, népviseletek, a Magyarországon is jól ismert, vesszőből font halfogó varsa, a szent szövegek sokszorosítására való nyomdai vésetek mongol írással, jóval Gutenberg előtt, a játékok, faragószerszámok, s találunk olyan szakállas puskát is, amilyennel néhány nappal ezelőtt a kísérőink mormotára vadásztak.

Órákig bolyongunk a termekben, újra meg újra visszamegyünk a már bejárt részekre. A lépcsőfordulóban is lefényképezzük a kőszobrot, „ősömet". Megbeszélem vele, ha lehet, még meglátogatom valamikor.

Nehezen hagyjuk ott a múzeumot, mindkettőnkben marad egy kis hiányérzet, úgy érezzük, nem tudtuk igazán magunkba gyűjteni az összes információt.

Aztán az épület előtt a sugárzó napfényben összeszedjük magunkat, s elindulunk megkeresni a Mongol Zeneművészeti Főiskolát.

Körbesétálunk a főtéren, betájoljuk magunkat, de nem igazán tudjuk, merre haladjunk tovább. Aztán véletlenül találunk egy információs irodát, ahol kapunk egy kicsike térképet, s ezen bekarikázzák a főiskola helyét, az útvonalat is elmagyarázzák.

Nagyon messze van, legalábbis az én fájós lábamnak. A cipőmben felgyűrődött a talpbélés, a sarkamon a hólyag kiszakadt, véres, de rendületlenül megyek tovább. Most már értem, a mongolok miért mennek mindenhová autóval!

A főiskolán a portás néni fogad bennünket. Először nem érti, mit akarunk, magyarázza, hogy ő van benn egyedül az egész épületben, a többiek szünidőznek. Tudjuk persze, hogy nyár van, de Magyarországon ilyenkor is bejárnak a hallgatók gyakorolni. Soma márkás dobverőket hozott Magyarországról az ütős tanszéknek, szeretné odaadni valakinek, de a beszélgetés során kiderül, hogy a Mongol Zeneművészetin egyáltalán nincs ütős tanszék. Óriási csalódás ez, de egyben magyarázatot ad a mulatós zenék iszonyú, számítógéppel szerkesztett ritmusára. A portás néni csalódásunkat látva azt javasolja, menjünk el a Zeneművészeti Szakközépiskolába, ott próbáljunk dobosokat keresni. Meg is mutatja a térképen a város túlsó szegletét. Mindegy, ha már itt vagyunk, nekivágunk.

A belváros szélén járunk, itt az utcák már nem annyira kidekoráltak, de szélesek, tiszták. Rengeteg a kicsi gyorsétkezde, néhányba be is nézünk, éhesek vagyunk már nagyon, de mindenütt csak frissen készített „bóc"-ot, és „hósor"-t árulnak, egyik főtt, másik megsütött húsos tészta, ebből túl sokat ettünk az elmúlt hetekben, már rá sem bírunk nézni, igyekszünk, hogy levegőt se vegyünk a kifőzde előtt elhaladva. Az iskolát nagyon nehezen találjuk meg, ide-oda irányítgatnak bennünket, végül egy építési területre beóvakodva, udvar mélyén bukkanunk a kicsike, földszintes épületre. Bentről zongoraszó hallik – diák gyakorol. Itt Soma már biztosan mozog: a körénk gyűlőknek magyarázza, hogy Magyarországról jött, a Zeneművészeti Egyetemre jár, az ütősöket keresi. Aztán szomorúan vesszük tudomásul, hogy a középiskolában sincsenek dobosok, csak zongora, fúvós és vonós hangszerek. Nem értjük, hiszen nekünk elképzelhetetlen akár a klasszikus, akár a modern zenekar üstdob, marimba, dobfelszerelés, egyéb nélkül, de úgy látszik, itt csak magánórákon lehet ilyet tanulni.

Elkeseredetten köszönünk el. Nem kerülünk vissza az utcára; mongol módra az iskola hátsó kerítésén átmászunk egy kidőlt részen, így is megtakarítunk pár száz métert. A fájós lábammal már alig bírok menni. Mikor kiérünk az építkezésről, lehúzom a cipőmet, kitépem belőle a szétrongyolódott talpbélést, a sarkam alá teszek egy darab összehajtogatott papírt – így már jobb, nem ugyanott dörzsöli. Pihenünk egy kicsit, iszom egy kevés vizet, a szatyrot a „túlélővel" már régóta Soma viszi. Rengeteg időnk van még.

Gyönyörűen ragyog a nap, visszasétálunk a főtérre, bámészkodunk, de a csodás épületek, szobrok nem kötnek le annyira, a város valahogy szűk a puszta szabadsága után.

Aztán ugyanezt a szabadságot találjuk meg a közlekedésben. Bárki mehet, amerre a kedve tartja, lámpák, zebrák, szabályok senkit nem kötnek. Mindenki vigyáz magára, ahogy tud, a merészebbek szemrebbenés nélkül haladnak, a bátortalanok ügyesen cikáznak a járművek között. Itt végre kedvem szerint járhatok-kelhetek. Az utakat sok helyen még építik, az autók kerülgetik a félig kész burkolatot, mi átgyalogolhatunk az építési területeken, levághatjuk a sarkokat, a legrövidebb úton mehetünk.

Ulánbátorban két széles, szép, rendben tartott vásárlóutcát is találunk, kifejezetten gazdag turistáknak szánva. Itt egy öv nyolcszor annyiba kerül, mint vidéken, ugyanaz a minőség, csak a bolt csillog-villog. Vannak ezüst, arany, kristály ékszerek, régiségek, ruhaüzletek, és sok-sok kávézó, étterem. Be-betérünk, megcsodáljuk az árukészletet.

Az egyik üzletből kilépve sötétség fogad bennünket. Az alatt a néhány perc alatt, amíg benn voltunk, fekete felhő kerekedett, az emberek igyekeznek eltűnni az utcáról. Tétován nézegetünk körbe, nem tudjuk mi történt, mikor egyik pillanatról a másikra irtózatos felhőszakadás zúdul a nyakunkba. Szabályosan fejest ugrunk a mellettünk nyíló, alagsori kicsi boltba. Ha nincs az eső, simán elmentünk volna mellette.

Lent meglepően szép üzlet fogad. Szóba elegyedünk az egyik elárusító asszonnyal. Kiderül, hogy ő a bolt tulajdonosa, s az áruja csupa kazak jellegű háziipari termék. Többek között gyönyörű, kerek kazak sapkákat árulnak: Soma régi vágya, hogy ilyet szerezzen. Nem győzünk válogatni, egyik szebb, mint a másik. Oldaluk tulipános motívummal díszített, olyan, mint amilyen a magyar tarsolyokon látható. Végül veszünk hármat is.

A boltból kilépve megint napsütésbe érkezünk. Az utcán áll a víz, néhol bokáig ér a tócsa, negyedóra alatt hatalmas folyadékmennyiség zúdult le. A levegő friss, tiszta, kellemes meleg idő van. A két sétálóutcát végigbámulva visszafelé indulunk. Nem csak az üzletek kötik le a figyelmünket, hanem a hatalmas, modern épületek, üzletközpontok, szállodák is. Nagyon szépen épül ki a város, az újat és hagyományost kedvelő külföldiek egyaránt megtalálják a kedvükre való látványosságokat. Mongólia tökéletes turistaút annak is, aki csak a fővárost tekinti meg, s soha nem jön rá, mit veszít, ha nem jut el a pusztába. Nekünk az az igazi emlék: a furgon, a dombok, a szabadság, a vidéki emberek tisztasága, őszinte vendégszeretete.

Hazafelé betévedünk egy hétemeletes bevásárlóközpontba. Az alagsorában hatalmas önkiszolgáló bolt, ugyanolyan rácsos bevásárlókocsival, mint Magyarországon, csak itt nem kell pénzt beledobni: természetes, hogy senki nem viszi el. Az emeleteken szintenként más és más áru van: ékszerek, ruhaneműk, könyvek, sportszerek, bútorok, stb. Sok kis üzletet még most rendeznek be, ezután fog kinyitni. A mozgólépcsőn végigjárjuk a szinteket, bámészkodunk, míg el nem ér bennünket Burma telefonja. Merre járunk? Erdzsalék szülei ismét számítanak ránk.

Mongólia arcai

A lakásba érve lepakoljuk a vásárolt holmikat, s már indulunk is. Ismét fenséges vacsorát kapunk – zöldséges rizs, egészen kevés hússal –, s ismét este tízig kezelem a családot. Szerencsére ebbe nem lehet belefáradni. Közben beszélgetünk sokat, az alapszavakat értjük, használjuk, harminc-negyven kifejezéssel nagyon sokat el lehet mondani.

Piacon

Ez az utolsó napunk indulás előtt. Reggel korán kelünk. Napok óta nyaggatjuk Erdzsalt, hogy szeretnénk a piacra eljutni, már nem halaszthatja tovább. Magyarázzuk neki, hogy csak mutassa meg, merre menjünk, vagy tegyen ki bennünket a bejáratnál, mi nagyon jól elboldogulunk, de a fejét rázza: szó sem lehet róla. Végül beleegyezik, elvisz bennünket.

A piac hatalmas parkolójában sűrűn egymás mellett, mögött állnak a kocsik. Semmi kijáró nincs közöttük, aki érkezik, szorosan beáll az előtte lévők mögé. Sejtelmünk sincs, hogy aki el szeretne menni, hogyan fog kikeveredni a tömegből, de ezt is csak elkönyveljük, mint egy jellegzetes mongol furcsaságot. Megkérdezni nem tudjuk: Erdzsal nem beszél angolul, a mi szókincsünk pedig nem elég egy hosszas mongol párbeszédhez. Odajön egy néni, felírja a rendszámot és Erdzsal telefonszámát, aztán bemegyünk a piacra.

Alig jutunk el az első pultokig, mikor csörög a telefon. Erdzsal kézzel-lábbal elmagyarázza, hogy a parkolós néni keresi. Most derül fény a rejtélyre: mindenkinek felírják a számát, és mikor valaki ki akar állni, akkor rácsörögnek az összes vezetőre, aki eltorlaszolja a kivezető utat. Ők félbehagyják a vásárlást, kimennek, és szépen, türelmesen kiszabadítják a bennragadt autóst. Utána visszamennek a vásárba. Így kétszer annyi jármű fér el. Senki nem morgolódik, senki nem aggódik, hogyan tud elhajtani, ha végez. Ez az összehangolt, egymást segítő hozzáállás a mongolok egyik jellemző tulajdonsága.

Erdzsal leállít bennünket a bejáratnál egy oszlop mellé, és a lelkünkre köti, el ne moccanjunk onnan! Annyira szigorú, hogy szinte félünk; nem a ránk leselkedő veszélyektől, hanem attól, hogy megharagszik ránk. Még mindig „aggódik" miattunk. Így csak a szomszédos pultokig settenkedünk el, közben lessük a bejáratot, hogy ha hirtelen megjelenik, vissza tudjunk iszkolni az oszlophoz. Jó negyedóráig távol van, én már lovalom Somát, hogy lépjünk le, de ő fegyelmezettebb nálam.

Házigazdánk jókedvűen érkezik vissza: sikerült jobb parkolóhelyet találnia. Érdeklődik, mit szeretnénk venni, mivel ez a vásár is áruk szerint rendeződik. Mit? Hát mindent! Amit majd meglátunk! Hát itt ez nem így megy ám! Végül megegyezünk, hogy elmegyünk a régiségekhez, ott kezdünk, aztán majd meglátjuk.

Egész utcasor van tele fegyverekkel, kegytárgyakkal, különböző patinás eszközökkel. Most nem törődünk azzal, Erdzsal mennyire türelmetlen – ő szemmel láthatóan mérhetetlenül unja az egész vásárlást, mint általában a férfiak –, az első körben még csak nézelődünk, a másodikban kérdezgetjük az árakat, a harmadikban az eladók már mosolyogva, ismerősként üdvözölnek bennünket, tetszik nekik a lelkendezésünk. Sok a kínai mű-régiség, de van néhány szép darab is. Soma vesz egy gyönyörű bronz tőrt, bezöldült, patinás, itt-ott csorba, olyan, mintha most ásták volna elő egy ókori sírból. A patina alatt megcsillan egy kis fémfény, ezért gondoljuk, hogy nem eredeti, de nem is baj, így legalább nem lesz gond vele a határon. A lányomnak veszünk szertartási pipát, aztán egy hétköznapit is, mert nem tudunk választani a kettő közül, meg így olcsóbban megkérhetjük. Persze itt is alkudozunk keményen – soha nem vásárolunk olyantól, aki nem megy bele egy kis játékba, hiszen a vásárlásban nem csak a megszerzett tárgy a fontos, hanem az a hangulat, amivel hozzájutottunk. A mongolok nagyon jól reagálnak, rögtön felcsillan a szemük, mikor elkezdünk árajánlatokat tenni. Mi magyarok vagyunk, nem pedig unalmas, gazdag külföldiek!

Nézegetünk még apróságokat, aztán megyünk tovább. Akarunk venni Kristófnak délt, csizmát, Somának még inget, unokahúgomnak gyerekruhát, mindent – szívünk szerint hazahoznánk az egész piacot. A csizma nem sikerül, az egész vásárban nincs akkora, ami Kristóf lábára jó lenne. A ruhás soron elakadunk: rengeteg csodálatosabbnál csodálatosabb anyag ragyog előttünk. Főleg női ruhák, de férfinak való is annyi van, hogy egyszerűen nem tudunk választani. Rögtön az elején kinézek egy sötét, kékesszürke anyagú délt ezüst mongol mintával, de nagyon drága, visszadugom a többi közé, úgy teszek, mintha nem is érdekelne. Megyünk tovább, megtapogatunk száz másikat, Soma felpróbál Isten tudja hányat, ládákból húzgálnak ki újabb öltözeteket. Közben mindig visszatérünk az első elárusítóhoz, felajánlunk neki kevesebb összeget, aztán járjuk tovább a kört. Végül szegény elbizonytalanodik, vagy fél, hogy életrevalóbb árus ránk beszél valamit, megkapjuk a ruhát szinte fél áron. Örülök neki, simogatom a fényes anyagot, futtatom az ujjam az ezüst mintán.

Megyünk az övesekhez. Ez ajándéknak is szép, esetleg el is adhatjuk Magyarországon. Ráadásul egy szimpatikus, nevető arcú férfi árulja, azonnal belemegy az alkudozásba, vásárolunk is tőle. Erdzsal visz tovább bennünket, szívünk sajog a nyergekért, nyeregtakarókért, de sajnos nem csak a holmik árát kell figyelembe vennünk, hanem a méretét is – amit összeszedünk, azt még haza is kell vinni, vonatra fel-leszállni vele, átfuvarozni egész Moszkván. Gyönyörű morin húrt – hangszert – is látunk, meg is tudnánk venni, de nincs hová tennünk, egy ráadás kezet igényelne, de abból mindegyikünknek csak kettő van. Aztán indulunk haza:Erdzsalnak délután még dolga van, pedig mi egész nap elbolyonganánk a piacon.

Nem búsulunk, ebéd után még bemegyünk újra a központba. Burma azt tanácsolja, nézzünk be a postára, vehetünk bélyegritkaságokat, esetleg itthon eladhatjuk. Bámészkodunk egy darabig, de üzleti érzéke egyikünknek sincs, egyszerűen sajnáljuk a pénzt néhány kis papírkára. Így csak pár szebb sorozatot, képeslapokat veszünk az itthoniaknak, megyünk tovább.

Benézünk még a háziipari boltba, veszünk még kazak sapkákat ajándéknak, és jósló csontokat, olyanokat, amilyeneket Soma kapott a pusztában. Ezek szebbek, fehérek, kis hímzett tasakban, igazi érdekesség. Bolyongunk a vásárlóutcán, nehezen szánjuk el magunkat a hazaindulásra. Szeretnénk még egyszer elmenni a Gandan kolostorba, de arra már nincs időnk. Jókora kerülőt teszünk, a külvárosi részbe is betévedünk, s itt találunk egy kicsike szalag- és rövidáru boltot. Ez már nem a vásárlóutca, nincsenek nézelődő külföldiek, vevők sem, csak mi. Tágra nyílt szemmel bámulom a szebbnél szebb, arannyal, ezüsttel átszőtt szalagokat, szegélydíszeket, zsinórokat. A minták között kevés a modern, többségük hagyományos mongol, kazak motívum. Muszáj vennem belőle; magyarázom Somának, hogy ezt itthon felhasználhatjuk hagyományőrző ruháknál, a jurtánk dekorálásánál, bárhol. Méretünk az egyikből, a másikból, a harmadikból is, aztán az elárusító odavezet egy dobozhoz, ahol rengeteg szalagvég van, néhány méteresek, olcsón beárazva. A pénztárnál összeszámoltatom a zsákmányt, s kiderül, hogy tizenhatezer tugruk. Tudom, hogy annyi már nincs nálunk. Kiborítom a vagyonkánk maradékát a pultra, számolgatom. Az eladó néz egy darabig, aztán elmosolyogja magát, besepri markába a nagyobb címleteket – tíz-tizenkétezer lehet –, a többit visszatolja elénk: „Ungar, ungar" – mondja. Tudja, hogy magyarok vagyunk, beszélgettünk vele válogatás közben. Még alkudni sem kellett, a magyar testvérnek mindent olcsóbban számítanak meg, mi rokonnak számítunk. Ugyanezt a testvéries hozzáállást tapasztaltuk egész utunk során, s mi sem éreztük soha azt, mintha idegenben lennénk: otthonról hazajöttünk, mikor ide utaztunk.

Végül Burmáék hívnak megint, merre vagyunk, mert megint várnak bennünket Erdzsal szülei. Még egy búcsúvacsora, kezelem megint a mamát és a rokonokat, aztán viszonylag hamar „hazamegyünk".

Szervusz, civilizáció, megérkeztünk!

08. 10, kedd

Reggel korán kelünk, reggelizünk. A maradék ajándékokat oda-adjuk házigazdáinknak, elkészült az a kis sapka is, amit Burmá-nak horgoltam. Az idő pillanatok alatt elrohan, végül szaladva megyünk a vonathoz, el ne késsünk. Rengeteg a csomagunk: két nagy hátizsák, sátor, bőrönd, két szatyor, ráadásul Burma is ránk bíz két táskát, amit itt élő nővérének és Toyának küld. Egyszerűen nincs elég kezünk. Az állomásra csak Erdzsal kísér ki bennünket, viszi a csomagok egy részét, de így sem könnyű. Mire odaérünk, már megkezdődött a beszállás. A mongol vonat jó hangulatára számítunk, de az ajtónál két ideges orosz nő fogadja az utasokat, ellenőrzik az útlevelet, vonatjegyeket, veszekednek, sürgetik az embereket. Erdzsal belódít bennün-ket a tömegbe, de a vagon lépcsőjéhez már nem jön oda, el sem tudok köszönni tőle. Küzdünk a csomagokkal, a kalauzok nem engedik, hogy felpakoljuk addig, amíg a papírokat le nem ellen-őrizték, utána meg türelmetlenkednek. Felszállok, Soma fel-adja a nagy hátitáskát, beljebb húzom, de a következőért nem tudok visszamenni: teljesen eltorlaszolja a folyosót, sem átmász-ni, sem megkerülni nem lehet, a többi felszálló meg már ott to-long a szűkületben. Végül valahogy visszajutok a lépcsőhöz, a következő táska a ráerősített sátorral beszorul, a sátrat le kell venni róla. Mire mindent bevonszolunk a fülkébe, a vonat el-indul, még integetni sem tudok Erdzsalnak. Ideges vagyok, fá-radt, bánt, hogy nem tudtam elköszönni nem csak a házigaz-dáinktól, de Mongóliától sem rendesen. Vágyom már haza, de a szívem mégis húz vissza a puszta békéjéhez.

Elhelyezkedünk, kipakolunk. Csak ketten vagyunk a fülkében, de a helyünk így is elég szűk. A táskákat egyelőre az ágyra tesz-szük, előszedjük a legszükségesebb holmikat. Plédet, törülközőt kapunk. Nem olyan, mint az idefelé vezető úton – akkor nagyon szép, hagyományos mongol mintás ágytakarókat, kispárnákat osztottak –, de minden tiszta. Közben ki-kitekintünk az ablakon, fájó szívvel búcsúzunk a hullámzó mongol tájtól. Itt a vonaton minden szokatlan, rideg. A szomszéd fülkében mongol pár utazik egy német származású, de évekig Mongóliában élő asszonykával, a többiek külföldiek – idegenek. Lehúznánk az ablakot, hogy a vonat hősége helyett a tiszta, friss levegőt szívjuk be, de a szőke kalauznő odapattan, kiabál, visszarángatja az üveget a helyére, egyértelműen megtiltja, hogy a folyosó felől szellőztessünk. Durva és agresszív. A fülkénk ablaka nyithatatlan, elkeseredetten ülünk a büdös melegben. Szervusz, civilizáció, megérkeztünk!

Nagyon éhesek vagyunk. Az első nap megesszük szinte az összes, öt napra hozott finomságunkat. A lecsószerű savanyúságot kenyérre rakjuk, a negyedkilós, gyümölcslevespor-szerű kockát, amit gondosan be akartunk osztani, félóra alatt szárazon benyalogatjuk – émelyítően édes, de határozott gyümölcsíze van –, a lekvárt kanalazzuk. Szerencsére semmi bajunk sincs tőle.

Az esti vacsoránál kiderül, hogy az egész hónapban hazaútra tartogatott müzli keverékünk megmolyosodott. Valószínűleg ezek még magyarországi molyok voltak, s szépen kikeltek, felszaporodtak az elmúlt hetekben. Választhatunk: vagy kidobjuk az egészet és a hátralévő héten Moszkváig nem eszünk semmit, vagy ügyesen kiszedegetjük belőle a gondosan szőtt hálót a benne rejtőző kukackákkal, és „ez is hús!" felkiáltással, behunyt szemmel megvacsorázunk. Somára bízom a döntést. Szegény egy éppen „nekem mindegy" hangulat közepén van, s mivel az én kötelességem gondoskodni az ételről, a nap hátralévő részét arra szánom, hogy Hamupipőke módjára müzlit válogatok. Szerencsére forró vizet itt is kapunk, a szamovár folyamatosan töltve van a vagon végénél.

A határt éjjel lépjük át. A kalauzok pánikhangulatban intézkednek, Jenő díszruhában kiabál. Soma nevezte el a vékonyabbik, festett-szőkébb kísérőnket Jenőnek: ez a Hülye Nő rövidített változata. Ez aztán rajta is marad egész közös utunkon. A határ átlépése után egy kicsit megnyugszik a hangulat, de Jenő tartja a távolságot.

Az Oroszországon keresztül vezető utunkról csak szaggatott emlékeim maradnak.

Megjelennek az első nyírfák, a sötétlő fenyvesek. A látóhatárig érő lila virágok ragyognak a napfényben. A vonat töltésen halad, gyönyörű, zöld füves, virágos réten, itt-ott nyírfák, fűzfák, erdőfoltok. Szinte kedve lenne az embernek kiszállni, sétálni egy kicsit. Aztán feltűnik egy őrház, ajtajától palló vezet ki a sínekig. Akkor döbbenek rá, hogy a mező látóhatárig érő mocsár, s mikor jobban figyelek, meglátom a fűcsomók között feketéllő vizet.

A Bajkál tó ködbe burkolózva tűnik fel reggel. Aztán kitisztul az idő, a tengernyi, végeláthatatlan víztükör a töltéstől néhány méternyire hullámzik. Annyira tiszta, hogy több méternyire le lehet tekinteni a mélyére. Az egyik agresszívabb utas kiharcolja, hogy rövid ideig lehúzhassa az ablakot, az alkalmat kihasználva mi is készítünk néhány felvételt.

Késő délutánig a tó mellett haladunk, nem tudom a szemem levenni a tájról, a félszigeteken, nyírfák között megbújó, faházas kis falucskákról, a napfényben fürdő, virágos rétekről, a fenyők között kanyargó, csillogó vizű patakokról.

Hatalmas folyón átívelő hídon csattog a vonatunk, csak az árterülete Dunányi szélességű. A híd keskeny, le lehet látni az alattunk sötétlő víz mélyére. Félelmetes.

Soma minden éjjel maga mellé teszi a vásárolt régi tőrt, nagyon örül neki. Megkapirgáltuk, kiderült, hogy valóban bronz. A mongolokról feltételezzük, hogy gondolkodás nélkül kivisznek a piacra és eladnak egy pusztában talált, használhatatlan fegyvert. Minek az nekik? Egy határon már áthoztuk, reméljük, hogy a másik vámnál sem lesz baj miatta.

Naponta öt-hat alkalommal áll meg a vonat, kétszer általában hosszabb ideig. Alig várjuk azt a negyedórát, amikor végre leszállhatunk, kinyújthatjuk, megmozgathatjuk egy kicsit a lábainkat. Ilyenkor veszünk vizet, esetleg kenyeret, mást nem, mert az állomásokon főleg kínai készételeket árulnak, azt meg nem szeretjük. Mikor végre a leszálláshoz készülődünk, Somának kiugrik a térde a helyéről. Könnybe lábadó szemmel, jajgatva görnyed össze. A várva várt testmozgás elmarad, a vonat régen maga mögött hagyta az állomást, mire estére sikerül végre a Soma térdét milliméterről milliméterre helyreigazítani. Orvosról, más segítségről szó sem lehet, nekünk kell megoldani a problémát. Az innivalónk elfogyott, van még néhány filteres teánk, a szamovárból hozunk hozzá meleg vizet.

Végre tudunk venni kvaszt, jobban oltja a szomjat, mint az ásványvíz. Az evésről lassan leszokunk. Van még Mongóliából hozott süteményünk, a molyos müzliből is néhány maroknyi, meg az ajándékba kapott aaruul, a tökmag sem fogyott még el. Igazán nem panaszkodhatunk.

Egyre idegesebb vagyok, félek a moszkvai átutazástól. A rengeteg csomaggal el kell jutni egyik vasútállomásról a másikra, a helyjegyünket is beváltani két nappal előbbre. Soma útközben oroszul tanul. Mikor elhangzik az a mondat, hogy „Hol lehet olcsó szállodát találni?", nem bírom tovább. Mindent hajlandó vagyok felkérdezni tőle, de ezt a mondatot nem és nem! Ez egyszerűen szóba sem jöhet! Pénzünk nincs, Moszkva a világ egyik legdrágább városa, muszáj minél előbb hazajutnunk.

Olcsó szálloda Moszkvában?!

08. 14, szombat

Négy nap szinte észrevétlenül telt el a vonaton. Sokat pihenünk, nézzük a tájat, beszélgetünk.

Késő délelőtt érkezünk Moszkvába. A Mongóliában élő német asszonykával együtt szállunk le a vonatról, ő is át szeretne jutni a másik pályaudvarra. Budapesten keresztül akar hazautazni, megbeszéljük vele, hogy segítünk neki Nyíregyházán átszállni. Az ő helyjegye szombat estére szól, reméljük, hogy mi is be tudjuk váltani a miénket.

A taxisok körberajzanak bennünket, a rengeteg holmit látva felajánlják a segítségüket, de a közel harmincezer forintnyi összeget hallva csak legyintünk, annyi pénzért estig gyalog is átmegyünk a városon. Elszánt arcunkat látva egy élelmesebb sofőr lejjebb viszi a tarifát. Gyors fejszámolás, ez már csak ötezer forintnyi, megoszlik közöttünk, beleegyezünk. Annyira örül, hogy lazán, udvariasan fel akarja kapni a hátizsákomat, de szinte megrogy a súly alatt. Az bizony bőven van harminc kiló! Végül csak eljutunk a kis furgonig – ismerős jármű –, bepakolunk, a hatalmas csúcsforgalmon keresztül szinte lépésben – néha még úgy sem – araszolunk végig az utcákon. Ha a táskáink nem lennének, gyalog hamarabb eljutnánk. Nem is visz egészen az állomás bejáratáig, bő negyedórás állás után az úttest közepén kipakolunk, otthagyjuk a reménytelenül beszorult járművet.

A csomagjaink nagyját megőrzőbe tesszük, keresni kezdjük a pénztárakat, az információt, a forgalmi irodát, ahol a helyjegyeinket beválthatnánk, de nem találunk semmit. Kóválygunk a hodálynyi várótermekben, az idő telik, már dél van, mi este utaznánk tovább. Végül megszólítunk egy szimpatikusabb, nagydarab, fiatal rendőrt, érdeklődünk, merre kell mennünk. Elmagyarázza, hogy menjünk ki az épületből, kerüljük meg, oldalt van egy másik bejárat, ott jutunk el a pénztárakhoz. Megköszönjük a tájékoztatást. Mikor megtudja, hogy magyarok vagyunk, megkérdezi, nem tudunk-e neki adni magyar pénzt: gyűjti a különböző országok érméit. Hogyne tudnánk! Markába borítom a pénztárcámból az aprók nagy részét, nagyon örül neki. Megkeressük a helyjegybeváltót. Az ablaknál nincs senki, pedig már három óra, és a kiírás szerint kettőtől van nyitva tartás. Végre megérkezik egy nagytestű, fehérbőrű, szőke nő, ám mikor elmondom neki oroszul a gondosan megtanult szöveget– „Szeretnénk a helyjegyünket a mai Tisza expresszre beváltani" –, a benyújtott papírjainkat durván visszalöki, s odadobja a szót: „Nincs!"

Kétségbeesek. Kézzel-lábbal magyarázom, hogy muszáj elmennünk, nem tudunk itt maradni még két napig. Kegyesen végigfuttatja ujját a számítógépen, s közli, hogy egy helyjegyet tud adni mára. De hát mi ketten vagyunk! Nem igaz, hogy nincs jegy, félig üresen futnak a vonatok, aki teheti, repülővel utazik! Dühbe gurul, már kiabál, durván hesseget el bennünket az ablaktól.

Mutatom az útlevelet, tíz napig maradhatunk Oroszországban, ebből már nyolc lejárt, még egy, míg eljutunk a határig, ha nincs érvényes vízumunk, mehetünk a magyar nagykövetségre, kitoloncolnak, súlyos büntetéseket kell fizetnünk...

– Holnap estére van két jegy – közli kegyesen. Kapok a lehetőségen, mielőtt meggondolná magát. Beadom az eredeti helyjegyünket, lehúzgálja, érvényteleníti, kitölt két másikat, és tartja a markát, fizessem ki. Meghökkenek; én nem venni akartam, hanem becserélni, miért kell most kifizetnem a teljes értéket? S ha ki kell fizetnem, miért érvénytelenítette a másikat? Így hogyan váltsam vissza itthon? Nem merek szólni, fizetek, majdnem sírok, mire eljövünk onnan. Mi lesz velünk, hol töltjük az éjszakát? Este a csomagjainkat is ki kell venni, a megőrző csak nyolcig üzemel!

Soma nyugtat. Visszamegyünk a váróterembe, nagyon el vagyok keseredve. A mongol vendégszeretet után szíven üt ez az elutasító magatartás. A fiam átveszi az irányítást, férfiszerepbe lép, most ő irányít engem. Megkeressük a nagydarab, mosolygós rendőrt, és Soma elmondja a bűvös, ezerszer elutasított orosz mondatot: „Nem tudja, hol lehet olcsó szállodát találni? Megsemmisülten állok mellette: olcsó szálloda nincs Moszkvában. Az egyenruhás fiatalember int, hogy menjünk utána, s az állomás hátsó bejáratához vezet bennünket. Itt lehet feljutni a vasutasok szállójába. Felvezet, magyaráz a recepciósnak. A vasutasok szoktak itt aludni, ha a vonatuk hajnalban indul vissza. Ennél olcsóbb hely valóban nem lehet. Biztatóan ránk mosolyog és elmegy. Megint megsegített a sors bennünket.

Mikor közlik, hogy mennyibe kerül a szoba, kipakolom az összes maradék pénzemet. Kiborítjuk a pultra a rubeleket, dollárokat, számolgatjuk. Az egyik hölgy felajánlja, hogy elmegy Somával a pénzt beváltani, tud a közelben olyan helyet, ahol viszonylag jobb összeget kapunk. Amíg odavannak, ülök egy fotelben és imádkozom. Mikor megérkeznek, újra összeszámoljuk a vagyonkánkat. Fejenként kb. 8000 Ft a szállás. Mire fillérre kiszámolják, az összes pénzünk eltűnik a fiókban, nekünk csak egy kis apró marad.

Megmutatják a szobánkat. Kicsike, kétszer öt méteres helyiség, a hosszú fal mellett a két heverő, két éjjeliszekrény, a szemközti falnál kisasztal, használhatatlan TV-vel, használható vízforralóval. A picike ablak az állomás fedett csarnokára néz, hiába nyitjuk ki, csak a vonatok szaga, hősége dől be rajta. WC mosdóval a folyosón, meg egy közös zuhanyozó az emelet lakóinak.

Lerakjuk a holminkat, megmosdunk, iszunk teát. Még csak délután öt óra van. A nap feszültsége után képtelenek vagyunk nyugton heverészni, kis pihenés után indulunk megnézni a környéket. A kulcsot vihetjük magunkkal, a recepción adnak egy igazolást arról, hogy van szállásunk éjszakára. Mint mondják, ha a rendőr igazoltat és nincs nálunk ez a papír, bevisznek a rendőrségre, megbüntetnek bennünket.

Az utcán rengeteg az egyenruhás, mégis, mikor elhaladunk egy piac kapuja előtt, csak éppen bekukkantunk, nem merünk bemenni. Mongóliában sohasem féltünk az utcán, de itt riasztó a sok rossz ruhás ember, a katonák, a szépen felsepert, tiszta járdán a köpés- és italfoltok nyomai. Ez itt nem a belváros. A távolban gyönyörű üvegtornyokat látunk, arrafelé vesszük az irányt. A táj elmosódott a Moszkva-környéki erdőtüzek miatt, de a jó húszemeletes épületeket nem lehet eltéveszteni. Lejutunk a Moszkva folyóig, keressük, vajon hol lehetett az a síkos rész, ahol a párom annakidején belecsúszott a hideg vízbe. Egyre jobban hiányzik a család.

Üvegfolyosós, elegáns hídon megyünk át a túlsó partra, bejutunk egy óriási, nemrég felépült üzletközpontba. Mozgólépcsők, mozgójárda, minden ragyog. Kiélvezzük, a mozgójárdán többször is fordulnánk, de észrevesszük, hogy egy biztonsági őr figyel bennünket, ezután már nem merünk olyan önfeledten játszani.

A Lomonoszov Egyetem épületeit is megcsodáljuk, közben telik az idő, fáj a lábam. Visszafelé veszünk vizet, kenyeret, meg egy picike sárgadinnyét. Magyar pénzben kb. ötszáz forint, de nagyon kiéheztünk valami gyümölcsre, és a többi még drágább.

A szállóban nehezen alszunk el, zavar a folyamatosan rikoltozó hangosbemondó, a csarnok zúgása, a vonatok zaja, pedig nagyon kimerült vagyok. Nem csak fizikailag, inkább lelkileg fáradtam el. Éjjel forgolódom, többször felébredek.

Moszkvai városnézés

08. 15, vasárnap

A mai napot arra használjuk, hogy alaposabban megnézzük Moszkvát. Jövet nem volt rá lehetőségünk: a rengeteg csomaggal örültünk, hogy átjutottunk a városon. Most viszont csak egy kis szatyor van nálunk a minimális vízzel, kenyérrel. A táskáinkat a szállóban hagyhattuk, azt mondták, maradhat estig, elég, ha vonatindulás előtt egy órával elvisszük onnan őket.

Korán reggel indulunk az állomás szállójáról, természetesen gyalog. Odakinn sűrű füst fogad bennünket. Előző napon hallottuk, hogy égnek a Moszkva-környéki erdők, de nem gondoltuk, hogy az úttest túloldalán emelkedő házak is eltűnnek. A járókelők többsége kendőt szorít az arca elé, a mi torkunkat is csípi a füst. Kevés emberrel találkozunk, az utcák, a nagy, széles terek tágassága így még szembetűnőbb.

Sétálunk a tiszta járdán, messze vagyunk még a központtól. Szeretnénk toronyiránt haladni, de a párhuzamos körforgalmon egyszerűen nem tudunk átjutni. Megkerüljük fél Moszkvát, mire találunk egy aluljárót, aztán visszafelé a másik körön megyünk sokáig, ott is egy aluljárón lehet áthaladni. Az úttesten simán átsétálni nem merünk: itt nagyon nagy a fegyelem, a moszkvaiak a betorkoló, kihalt kis utcáknál öt percig is állnak a piros lámpánál, hiába nem jön autó semerről. Sok rendőr, egyenruhás alak tűnik fel az utakon. Nézzük a kirakatokat, figyeljük az árakat. Hát biztos, hogy ide nem jönnénk vásárolni!

Reggel nyolc után nem sokkal indultunk, majdnem tíz, mire a központba érünk.

Megcsodáljuk a szökőkutas parkot. Már szabadabban mozgunk, beállunk a gyerekek közé a vízpermetbe, átegyensúlyozunk a kőpárkányon, megmossuk a kezünket, arcunkat– úgy látszik, hogy Moszkva megmutatja nekünk a szebbik arcát is. Tetszik a sok tiszta gyerek, a vasárnapi kirándulók tömege. Találunk a park szélén egy emlékhelyet, a külföldiek rubeleket dugnak a fal réseibe, tőlük néhány méterre suhancok dróttal piszkálják ki az elrejtett pénzeket. Semmi baj, nekik is meg kell élni!

A Vörös tér előtti területen kirakodóvásár van, olyan, mint Magyarországon szokott lenni. Rengeteg kis emléktárgy, az igazán értékes népművészeti remekműtől a Lenin-plakettig minden. Öngyújtók, zászlók, ingek, sapkák, kulcstartók... Egy soron mézet árulnak, szeretnénk venni, de kilója a legolcsóbbnak is magyar pénzben kb. nyolcezer forint. Nem baj, ha hazaérünk, otthon mézet is ehetünk!

Körbesétálunk a Vörös téren, megcsodáljuk a múzeum bejáratánál álló középkori katonák díszruháját, nézegetnénk az előcsarnokban is – ahogy Mongóliában tettük –, de itt rögtön az ajtónál őrök állnak: csak az mehet beljebb, aki jegyet vált. A mi maradék pénzünket sajnos elvitte a szálló és a helyjegy.

Átmegyünk a túloldalon a GUM áruházba. Nagyon sokat hallottam már róla, az itthoniak a lelkünkre kötötték, ha már ott vagyunk, ki ne hagyjuk!

Nem várok tőle túl sokat–Magyarországon is sok nagyáruházban jártam már–, de a látvány minden képzeletet felülmúl. Egy utcasor négyemeletes házakkal, üvegkupolával lefedve, három folyosó, körgaléria, az üzletek csillognak-villognak. A földszinten régi autók kiállítása, ragyognak, azt sem tudjuk, melyiket fényképezzük. A boltok változatosak, ruhák, cipők, ékszerek, CD-k, drága konyhafelszerelés... Betévedünk egy élelmiszerboltba, sóvárogva nézzük a sajtokat, csokoládékat, a márkás termékeket, süteményeket. Sokáig kóválygunk éhesen a pultok között, végül veszünk két pogácsát, egy kis magvas kenyérkét, ezzel meg is van az ebédünk.

Utána jön Soma álma: a hagymakupolás templom. Körbejárjuk többször is, benn múzeum van, de arra már nincs pénzünk. Végül mégis bejutunk, mert alul van egy kis szuvenír bolt, oda le lehet menni, így a folyosókon is járkálunk, megcsodáljuk a méteres falakat, megsimítjuk, megszagoljuk, magunkba szívjuk a hely szellemét. Ez nekünk elég is, a hatást csak rontaná egy neonnal kivilágított múzeumi rész látványa.

Három óra körül indulunk vissza. Annyira fáradt vagyok, hogy park szélénél le kell ülnöm, majdnem sírok a kimerültségtől. Bennem van még az előző napi feszültség, a mai nap bizonytalansága. Ráadásul reggel, míg Soma még aludt, megnéztem a vonatjegyeinket, hozzáraktam a borítékba az új helyjegyeket, és akkor vettem észre, hogy a Tisza expresszre szóló menetjegyünkre nagy betűkkel rá van pecsételve, hogy visszafelé harminc napig érvényes. Most augusztus tizenötödike van, a kiváltás dátuma június 27. Régen letelt az egy hónap. Átvillannak a fejemen a képek, szállnánk fel a vonatra a rengeteg csomaggal, de a kalauz nem enged, a vonat lassan elindul, megy-megy nélkülünk, mi ott maradunk a peronon, semmi pénzünk, szállás nélkül bevisznek a rendőrségre, kereshetjük a magyar nagykövetséget, hazatoloncolnak, kitiltanak, stb. stb. Somának nem merek szólni; félek, ha mindketten koncentrálunk a problémára, bevonzzuk a bajt. Így ő tartja bennem a lelket, bár nem érti, miért vagyok ilyen ideges. Visszaballagunk a szállóba, hála Istennek már ismerjük az utat, még rövidíteni is tudunk rajta.

Megmosdunk, próbáljuk a csomagjainkat kisebbre átpakolni, de lehetetlen. A vonatunk este háromnegyed tízkor indul, de fél nyolckor már majdnem megbolondulok a türelmetlenségtől. Soma csitítana, de hiába magyarázza, hogy attól nem indul előbb a vonat, ha mi a sínek mellett állunk. Tudom én, hogy igaza van, de nem bírok már tétlenül üldögélni. Nyolc előtt összeszedjük a holminkat, kijelentkezünk.

Levonszoljuk a táskákat a három emeleten. Az összetákolt görgő a lépcsőn nem működik, többször fordulunk, mire minden lekerül. Somán egy hátizsák, húzza a Mongóliában vásárolt bőröndöt is, aminek egyik kereke tegnap kitört, szabad kezében egy szatyor, én küzdök a másik, állandóan kiforduló óriási táskával, a vállamról lecsúszó tarisznyával, Burmáék ajándékokkal megpakolt csomagjaival, a túlélő felszereléssel, közben arra is kell figyelni, nehogy ellopjanak valamit tőlünk. Az állomás épületébe ismét lépcsőn kell felmenni. Egy férfi becsapja az orrom előtt a súlyos lengőajtót, képtelen vagyok kinyitni, minden kezem tele van, végül Soma lép vissza, hogy én is be tudjak jutni. A csarnok közepén a hátizsák újra kicsavarodik, felborul, nem bírom a görgőkön megtartani. Földhöz vágom, amit a kezemben tartok, belerúgok a táskába és elkezdek hangosan káromkodni. Hisztizek, közönségesen és csúnyán. Egy rendőr odalép, csóválja a fejét, mond valami ejnye-ejnyét oroszul, nem kiabál, de látszik, hogy muszáj sürgősen lecsillapodnom. Soma nem igazán érti, hogy mi bajom van – még mindig nem tud a lejárt jegyről –, de higgadtan és türelmesen próbál nyugtatni. Valami csoda révén még el tud venni tőlem néhány holmit, hogy újra lábra tudjam állítani a táskát. Leülünk a váróteremben, nézzük a faliképeket, mit kell tennünk, ha a terroristák lövöldöznének, vagy gázzal árasztanák el a helyiségeket, közben egy zárt láncú TV-n folyamatosan megy az adás elrabolt és megkínzott gyerekekről, kábítószeres bódulatban fetrengő fiatalokról, robbanószeres autókról – igazán megnyugtató. Háromnegyed kilencig bírom, akkor írják ki, melyik vágányra fog beállni a mi vonatunk. Kimegyünk a sínek mellé. Türelmetlen vagyok, ráncigálom a táskát. Egy felújított járdaszakaszon állunk; mire észreveszem, a cipőm, a kerekek, a táska alja is tiszta fekete szurok, a ruhámra is jut belőle.

Besötétedik, mire beérkezik a vonat. Megnézik az útlevelünket, a jegyet, helyjegyet, de nincs baj, felszállhatunk. Gyorsan, mielőtt a kalauz meggondolná magát, kapkodva felrángatom a nagy táskát, teljesen eltorlaszolja a bejáratot, nem tudok átmászni rajta, hogy Somának segítsek. Vonszolnám végig a folyosón, hogy beráncigáljam a fülkébe, de a szurkos kerékre ráragad a szőnyeg, húzza maga után a több méter hosszú, eredetileg fehér, most már fekete pecsétes, elkoszolódott, gyűrött vásznat. Végül egy férfi megszán – vagy nagyon útjában vagyok –, beemeli a csomagot a fülkébe, nyargalok vissza Somához, segítek felpakolni a többi holmit. Végül elhelyezkedünk. Szerencsére ketten vagyunk a fülkében, közben a vonat indul is, az egész felszállás tíz perc alatt lezajlott.

Takarítom a kerekeket, de a szurkot nem tudom eltüntetni. A fülke szőnyege is pecsétes, szégyellem, hogy nem tudom megtisztítani. Soma szól rám, hogy most már ne idegeskedjek, inkább feküdjünk le, majd másnap meglátjuk, mit tehetünk. Nehezen alszom el, kezem-lábam remeg a feszültségtől. Aztán éjféltájban jönnek az ukrán–orosz határőrök, költenek bennünket. Nem olyan harsányak, mint jövet, de a fél éjszaka eltelik a vámvizsgálatokkal. Olyan szerencsénk van, hogy Oroszországba kevéssel éjfél után léptünk be, most pedig éjfél előtt hagyjuk el, így az útlevélbe bepecsételt dátumok szerint tíz napot töltöttünk az országban. Néhány órán múlott, hogy nem futottunk ki a tíznapos vízum határidejéből.

Úton hazafelé

Reggel derűs napsütésre ébredünk. A tegnapi izgalom kiszállt belőlem, a táj gyönyörű. Most még síkok, enyhe lapályok között haladunk, de tudjuk, hogy a nap folyamán elérjük a Kárpátokat is. Végtelen a látóhatár, a nyírfák, erdőcskék között, völgyek rejtekében szép kis faházas falvak tűnnek fel, körülöttük aprócska megművelt földek. Az állomásokon csak néhány percig állunk, a hosszabb megállóknál is csak kis időre szállunk le, kiegyenesíteni a lábainkat. Most, az utolsó napon Soma nagy örömére előveszem a hat hete dugdosott marcipán rudat, ünnepélyesen elosztjuk, megesszük, a müzlink is éppen elfogy. Tökéletes a beosztás!

A vagonban senki nem áll szóba velünk, mi sem igyekszünk barátkozni senkivel. Mindenki beszélget az anyanyelvén a társaival, itt-ott angol szó is felhangzik, de a hangulatot össze sem lehet hasonlítani az első utunkkal, amikor a csecsen kisgyerekek és a szerb Ilja vonatozott velünk. Lehet, hogy most mi is zárkózottabbak vagyunk, az átélt élmények kezdenek besűrűsödni bennünk.

Délelőtt végre felhívom telefonon a családomat. Amíg Moszkvából el nem indultunk, nem mertem keresni az itthon maradtakat, nehogy valami bonyodalom miatt tévesen tájékoztassam őket. Most viszont már szinte óránként jut eszembe valami halaszthatatlan mondanivaló. Hazafelé közeledve egyre jobban hiányoznak.

A tájat nagyon figyeljük; szeretném Somának megmutatni azt a viaduktot, amin jövet napfelkeltekor átutaztunk. Úszott a hajnali ködben, recsegett-ropogott, a boltívek alatt nagyszarvú teheneket hajtottak át kurjongatva. A fiam aludt, azon a pirkadaton csak én voltam ébren az egész vagonban. Most nem ismerem már fel a tájat, sok az alagút, hidak, viaduktok, minden más, ragyog a nap, élénkzöld a táj. Gyönyörű a hegység, a tajga lassan eltűnik, egyre ismerősebbek a fák, bokrok.

Délután elkezdünk pakolni, nem hagyjuk elől, csak a napi cikkeket. Este azzal a tudattal alszunk el, hogy holnap már otthon leszünk.

Hazaérkeztünk!

Éjjel jönnek a magyar vámosok. Nagybajuszú, erős, testes férfi lép fel, hangja végigzeng a folyosón:
– Jó napot kívánok!
Boldogan köszönünk neki vissza, ellenőrzi az útlevelünket:
– Hát maguk meg hol jártak? Mongóliában? Komolyan? Aztán minek?
Meglep a kérdés.
– Hát azért, hogy megnézzük, milyen!
– Nem semmi! – válaszolja mosolyogva. – Akkor további jó utat!
Az útitársaink, akik egyetlen szót sem váltottak velünk az elmúlt napon, bár tudták, hogy magyarok vagyunk, most harsány köszönéssel fogadják a vámosokat. Kiderül, hogy többen közülük elég jól beszélnek magyarul. Nem baj, már nem akarunk barátkozni.
Korán reggel ébredünk, lehúzzuk az ágyneműt, mindent öszszepakolunk. Sietünk; tudjuk, hogy a szerelvény csak néhány percig áll Debrecenben. A vonat annyira gyorsan megy, hogy mire rájövünk, Újfehértót láttuk, már Hadházon vagyunk. A családot már felhívtam, remélem, hogy kijönnek az állomásra idejében, ketten nem tudnánk a csomagokat hazavinni.
Kipakolunk az ajtóhoz. Lassít a vonat, az ablakon keresztül először a lányom arcát pillantom meg. Siet a vonat mellett– nagyon felhúznak a vagonok, elől ülünk. Pár méterre tőle a kisebbik fiam mosolygó szeme ragyog fel. A férjemet még nem látom. Amilyen állapotban elköszönéskor volt, azon sem csodálkoznék, ha nem jönne ki elénk. Aztán megállunk, elkezdjük leadogatni a csomagokat, lépek le én is, két erős kar ölel át, szorít magához, emel le táskástól, mindenestől. Hazaérkeztünk!

A szerző

Bitta Jagja Nagylétán született, 1954-ben. A M.A. Gépipari Technikum elvégzése után a Debreceni Tudományegyetem pedagógia előadói és tanári szakán végzett. Középiskolai tanárként matematika-geometria, kézműves tantárgyakat oktatott. Férjezett, három gyermeke van. Hobbijai az utazás, kézművesség (fafaragás, bőrmunkák, kristályékszerek), olvasás, kertgondozás, állatok. Különleges képességének jó fantáziáját tartja. E könyve előtt pályázatokon, Ki Mit Tud-okon, más irodalmi megmérettetéseken vett részt novellákkal, mesékkel, versekkel. Megjelent műve: Életmesék, 2019, 2020.

A kiadó

Aki feladja,
hogy jobbá váljon,
feladta,
hogy jobb legyen!

E mottó alapján a novum publishing kiadó célja az
új kéziratok felkutatása, megjelentetése, és szerzőik
hosszútávú segítése. Az 1997-ben alapított, többszörösen
kitüntetett kiadó az egyik legjelentősebb, újdonsült
szerzőkre specializálódott kiadónak számít többek között
Ausztriában, Németországban és Svájcban.

Valamennyi új kézirat rövid időn belül egy
ingyenes, kötelezettségek nélküli kiadói
véleményezésen esik át.

További információkat a kiadóról és a könyvekről az
alábbi oldalon talál:

www.novumpublishing.hu